中央财政支持地方高校发展专项资金项目

贵州省区域内一流学科建设项目

贵州省特色重点学科建设项目

21世纪中国地方公共治理现代化研究

新生代进城农民工人力资源开发的政府行为研究

王见敏 著

中国社会科学出版社

图书在版编目（CIP）数据

新生代进城农民工人力资源开发的政府行为研究/王见敏著．—北京：中国社会科学出版社，2017.12
ISBN 978-7-5203-1317-9

Ⅰ.①新… Ⅱ.①王… Ⅲ.①民工—人力资源开发—政府行为—研究—中国 Ⅳ.①F323.6

中国版本图书馆 CIP 数据核字（2017）第 267027 号

出 版 人	赵剑英
责任编辑	刘晓红
责任校对	沈丁晨
责任印制	戴 宽

出　　版	中国社会科学出版社
社　　址	北京鼓楼西大街甲 158 号
邮　　编	100720
网　　址	http：//www.csspw.cn
发 行 部	010-84083685
门 市 部	010-84029450
经　　销	新华书店及其他书店
印　　刷	北京明恒达印务有限公司
装　　订	廊坊市广阳区广增装订厂
版　　次	2017 年 12 月第 1 版
印　　次	2017 年 12 月第 1 次印刷
开　　本	710×1000　1/16
印　　张	18
插　　页	2
字　　数	263 千字
定　　价	86.00 元

凡购买中国社会科学出版社图书，如有质量问题请与本社营销中心联系调换
电话：010-84083683
版权所有　侵权必究

摘 要

新生代进城农民工是城镇劳动力的重要组成部分,是我国经济发展与城镇化进程重大推动力量。作为新生的一代,他们在就业动力、权益诉求、职业角色认同、务工心态、维权意识等方面有着与上一代农民工不同的人口特征。他们拥有比上一代农民工更高的学历、与城市同龄人相仿的生活经历、更强烈的城市融入愿望、更高的成就动机与发展诉求。但是,同上一代农民工一样,新生代农民工的户籍身份决定了他们生活在城市却得不到与城市户籍居民同等的权利,他们创造着与户籍人口同样价值的劳动却无法享受城市户籍人口同等的公共福利与社会机会;许多企业雇用了大量的农民工,为了追求利润而克扣工资和偷逃社保,漠视社会责任;农民工的基本权益得不到保障,他们所享受的教育、医疗保健等公共服务也被差别对待,他们在经济社会发展中的弱势地位与其贡献极不相符,亟须改变。但是,他们任何改变的努力却面临着许多有形无形的阻力,他们在迁移入户时手续繁杂、限制与障碍重重,他们在追求自身弱势地位改变时没有受到中国社会的公平对待。这一社会问题不仅关系到他们自身的发展、城市融入与社会弱势地位的改变,还关系到中国当前和谐社会的构建与中国工业现代化的未来。

本书选取新生代进城农民工作为研究对象,分析了农民工的基本内涵,对比了新生代进城农民工与老一代进城农民工的禀赋差异,同时还通过对比国外政府对弱势群体的人力资源开发经验并结合中国当前的国情,对新生代进城农民工的当代社会地位状况、造成当前状况的成因以及未来的发展出路进行了系统总结。此外,本书还以深圳市政府的人力资源开发行为为例,通过对政府行为目标、政府的政治行为、经济行为、法律行为与行政行为进行了细致分析,总结了政府各类行为对新生代进城农民工的人力资源开发产生的影响，编制了新生代进城农民工的人力资源开发行为制约分析图，并根据该图构建了新生代进城农民工人力资源开发的政府行为模式建议。本书还针对人力资源开发的限制性因素与政府行为模型构建了人力资源开发行为的效用评价模型，构建了效用评价指数，并以深圳市的新生代进城农民工的人力资源开发政府行为为例，计算出深圳市新生代进城农民工人力资源开发的政府行为效用指数，进而对指数模型进行了验证，最后给出了研究结论与政策建议。

本书认为，对新生代进城农民工等弱势群体的人力资源开发行为与政府行为目标有着内在的一致性；新生代进城农民工的社会弱势地位是政府行为安排的必然结果，政府的政治行为对新生代进城农民工的人力资源开发影响深远却不被重视；中间组织的缺位使得政府对新生代进城农民工的人力资源开发行为效用低下；提供平等的公共服务、构建平等发展的环境与权利、配置均等的社会资源对提升新生代进城农民工的政府开发行为效用有限，这些措施并不能从根本上改变新生代进城农民工的弱势地位。只有加大资金投入、建立健全中间组织、引导企业与新生代农民工主体积极参与对新生代进城农民工的人力资源开发，并对其开发资源进行优先配置，构建农民工的职业技术发展通道，营造公平的人力资源使用环境，才能使这类群体改变当前的社会弱势地位。而政府在弱势群体人力资源开发行为中的主导性作用无可替代。

因此，本书建议，政府需要统一认识，转变救济式的弱势群体权利保障思维，树立人力资源开发优先的思想，理顺政府协调机制，构建配套的财税保障体系、转变以经济增长为导向的政府绩效考核模式、转变户籍导向的公共服务模式，促进公共基础服务均等化，通过政治、经济、法律与行政行为鼓励多主体参与，特别是建立健全并促进中间组织的积极参与，构建公平的人力资源使用环境，改革收入分配机制以缩小收入差距，全面提升新生代进城农民工的人力资源开发动力，是提升新生代进城农民工人力资源开发的政府行为效用的关键。

关键词： 新生代进城农民工　人力资源开发　政府行为　效用指数

ABSTRACT

The new generation of rural migrant workers is an important part of urban labor and is a major force to promote the process of the economic development and urbanization in China. Compared with the old generation, there are many different characteristics of the migrant population in the new generation, such as in the employment power, rights, occupation role identification, attitude, consciousness of rights safeguarding and so on. In addition, there have more stronger demand to become urban people than the last generation of migrant workers for their living experience, achievement motivations and development demands. But their lives are determined by the identity of migrant workers in the city, and for that they don't have the equal rights with the city residents to share the public welfare and acquire the development opportunity even if they offered the same value of labor as the registered population. For the pursuit of profit, many enterprises have tried their best to escape security tax, to reduce the pay bill of the wages and to ignore the social responsibility when they employed the large numbers of migrant workers, which make the gaps to guaranteed the basic rights, to acquire the health care and the opportunity of being educated and to share the other public services. It is needed to change the vulnerable status for their contributions to promote the economic and social development. However, they are faced with many tangible and intangible resistance when they try to change, and they are faced with the complicated procedures and many restrictions and obstacles in the household, and the social unfairness in the process of changing their weak position. It is not only related to acquire the opportunities of their own personal development, city integration and the social vulnerable status change, but also related to China's current social harmony and modernization of Chinese industry in the future.

In order to summarize what is caused to the current status of migrant workers and how to find the future development prospects, this paper selects the new generation of migrant workers as the research object, analyzes the connotation of migrant workers, endowment difference compared Cenozoic migrant workers with the older generation of migrant workers and acquires the experience of the foreign governments to develop human resource of vulnerable groups combined with China's current situation. Besides, based on detailed analysis of the target of government action, the government's political behaviors, economic behaviors, legal and administrative behaviors, this paper also takes the human resources development in Shenzhen city as an example to construct government behavior model of the Cenozoic migrant workers' human resources development according to the graph of the restriction of the impact on the new generation of migrant workers in the development of human resources of all kinds of government behavior. In addition, Taking Shenzhen city as an example, this paper built the human resource development behavior model, constructed the utility evaluation index, calculated the utility index of the government behavior and verified the index model of the Cenozoic migrant workers' human resource development of the government behavior according to the utility evaluation and restrictive factors . Then the relevant conclusions and policy recommendations are given .

This paper thinks that there is the inherent consistency between the target of human resource development and governmental behavior of the new generation of migrant workers and other vulnerable groups, the social disadvantage of the new-generation migrant workers is the inevitable outcome of the government behavior arrangements, political behavior of government the has far-reaching influence in the development of human resources of new-generation migrant workers but not been valued, the absence of the intermediate organization makes low efficiency of the government behavior on the human resources development of new-generation migrant workers. It is limited to offer the equal public services, to provide the environment, to allocate the equal power of construction, equal social resources of development for changing the vulnerable position of Cenozoic migrant workers, only to increase investment, to establish a sound organization, to guide enterprises to actively participate in, to offer the priority allocation of the resources, to construct the occupation technology development channel of migrant workers and to construct the fair environment of human resources are the right ways. The paper believes that the role of government leading behavior in the development of human resources is irreplaceable.

Therefore, suggestions of this paper are that the government needs to unify the understanding, to change the thinking way of the security of vulnerable groups power, to establish the priority of human resource development, to straighten governmental coordination mechanism, to change the performance appraisal model of supporting economic growth into the model of promoting equal access to offer the public service, to encourage more participation by political, economic, legal and administrative actions, to establish sound intermediate organizations and promote them active participation, to construct fair environment for human resource and to reform the income distribution system for narrowing the income gap. To promote the development of human resources of the new-generation migrant workers is the key to enhance the utility power of government behavior.

Key Words: Cainozoic Urban Rural Workers, The Development of Human Resource, Government Behavior, Utility Index

目 录

第一章 绪论 … 1

第一节 研究的背景与意义 … 1
一 研究的背景 … 1
二 问题的提出 … 3
三 选题的意义 … 4

第二节 文献综述 … 12
一 国外的研究进展 … 12
二 国内的研究进展 … 14
三 关于国内外研究的评价 … 18

第三节 结构安排、创新与不足 … 20
一 结构安排 … 20
二 主要创新 … 22
三 存在的不足 … 28
四 研究方法 … 28

第四节 对部分概念的说明 … 30
一 人力资源开发与人力资本 … 30
二 农民工 … 34
三 政府 … 37

第二章 新生代进城农民工人力资源开发的政府行为的分析框架 … 39

第一节 政府行为分析 … 39
一 政府行为类别 … 39

二　政府行为目标与价值取向 …………………………… 42
　　三　政府的人力资源开发行为 …………………………… 44
第二节　新生代进城农民工人力资源开发的目标与内涵 …… 46
　　一　新生代进城农民工人力资源开发的现状分析 ……… 46
　　二　新生代进城农民工人力资源开发的内涵 …………… 47
　　三　新生代进城农民工的人力资源开发目标分析 ……… 59
第三节　新生代进城农民工人力资源开发主体与内容 ……… 66
　　一　新生代进城农民工的人力资源开发主体分析 ……… 66
　　二　新生代进城农民工的人力资源开发方式分析 ……… 67
　　三　新生代进城农民工的人力资源开发内容分析 ……… 74
第四节　新生代进城农民工人力资源开发的
　　　　制约因素分析 ………………………………………… 76
　　一　制约性因素分析 ……………………………………… 76
　　二　政府在新生代进城农民工人力资源开发中的
　　　　主导性作用分析 ……………………………………… 78
　　三　新生代进城农民工人力资源开发路径演进与
　　　　政府行为关系分析 …………………………………… 83
第五节　新生代进城农民工人力资源开发的
　　　　政府行为机制分析 …………………………………… 87
　　一　内源性行为刺激机制分析 …………………………… 87
　　二　外源性行为刺激机制分析 …………………………… 90
　　三　政府行为路径与效用评价机制构建分析 …………… 96

第三章　新生代进城农民工的现状与期待 …………………… 98
第一节　进城农民工的形成与发展 …………………………… 99
　　一　农民工形成与发展 …………………………………… 99
　　二　农民工发展动因分析 ………………………………… 100
　　三　进城农民工的现状——兼代际差异比较 …………… 101
　　四　小结 …………………………………………………… 107
第二节　农民工的贡献 ………………………………………… 108
　　一　对中国宏观经济社会的贡献 ………………………… 109

二　对深圳经济社会的贡献 …………………………… 114
　第三节　进城农民工的困境与风险 …………………………… 117
　　一　面临的困境 ………………………………………… 117
　　二　农民工问题的成因 ………………………………… 122
　　三　可能导致的社会风险 ……………………………… 124
　第四节　进城农民工的发展期待 ……………………………… 128
　　一　经济期待 …………………………………………… 129
　　二　法律期待 …………………………………………… 130
　　三　行政期待 …………………………………………… 131
　　四　政治期待 …………………………………………… 131
　　五　人力资源开发期待 ………………………………… 132

第四章　国外政府的人力资源开发行为研究 ……………… 133
　第一节　欧美国家人力资源开发行为研究 …………………… 134
　　一　美国政府的人力资源开发行为 …………………… 134
　　二　德国政府的人力资源开发行为 …………………… 139
　　三　英国政府的人力资源开发行为 …………………… 141
　　四　巴西政府的人力资源开发行为 …………………… 145
　第二节　准发达国家人力资源开发的政府行为研究 ………… 150
　　一　日本政府的人力资源开发行为 …………………… 150
　　二　韩国政府的人力资源开发行为 …………………… 154
　　三　新加坡政府的人力资源开发行为 ………………… 158
　　四　印度政府的人资源开发行为 ……………………… 159
　第三节　小结 …………………………………………………… 160

**第五章　深圳市新生代进城农民工人力资源开发的
　　　　政府行为分析** ……………………………………… 165
　第一节　新生代进城农民工人力资源开发的政府
　　　　政治行为分析 ………………………………………… 166
　　一　政府政治行为 ……………………………………… 167
　　二　政府政治行为与新生代进城农民工人力

　　　　　资源开发之间的关系 …………………………… 168
　　　三　深圳的新生代进城农民工的人力资源开发的
　　　　　政府政治行为现状 ……………………………… 170
　　　四　新生代进城农民工人力资源开发的政府政治
　　　　　行为改善构想 …………………………………… 176
第二节　新生代进城农民工人力资源开发的政府
　　　　经济行为分析 …………………………………… 181
　　　一　政府的经济行为 ………………………………… 181
　　　二　政府经济行为与新生代进城农民工的
　　　　　人力资源开发之间的关系 ……………………… 182
　　　三　深圳新生代进城农民工的人力资源开发的
　　　　　政府经济行为现状分析 ………………………… 185
　　　四　新生代进城农民工的人力资源开发的政府
　　　　　经济行为改善构想 ……………………………… 191
第三节　新生代进城农民工人力资源开发的政府
　　　　法律行为分析 …………………………………… 193
　　　一　政府的法律行为 ………………………………… 194
　　　二　政府的法律行为与新生代进城农民工人力
　　　　　资源开发之间的关系 …………………………… 195
　　　三　深圳市新生代进城农民工人力资源开发的
　　　　　政府法律行为现状分析 ………………………… 196
　　　四　新生代进城农民工人力资源开发的政府法律
　　　　　行为改善建议 …………………………………… 204
第四节　新生代进城农民工人力资源开发的
　　　　政府行政行为分析 ……………………………… 208
　　　一　政府的行政行为 ………………………………… 208
　　　二　政府行政行为与新生代进城农民工人力资源
　　　　　开发之间的关系 ………………………………… 209
　　　三　深圳市新生代进城农民工人力资源开发的
　　　　　政府行政行为现状分析 ………………………… 211
　　　四　新生代进城农民工人力资源开发的政府行政

　　　　　　行为改善建议 …………………………………………… 224
　第五节　新生代进城农民工人力资源开发的政府行为
　　　　　体系与模式构建 ……………………………………… 227
　　　一　新生代进城农民工人力资源开发的政府行为
　　　　　制约逻辑 ………………………………………………… 227
　　　二　新生代进城农民工人力资源开发的政府行为
　　　　　模式构建 ………………………………………………… 231

第六章　深圳市新生代进城农民工人力资源开发的政府行为
　　　　效用研究 …………………………………………………… 233
　第一节　人力资源开发的政府行为效用指数体系的构建 …… 234
　　　一　构建原则 …………………………………………………… 234
　　　二　评价指标选取 ……………………………………………… 236
　　　三　新生代进城农民工人力资源开发的政府行为
　　　　　效用指数构建方法 ……………………………………… 239
　第二节　深圳市新生代进城农民工人力资源开发的
　　　　　政府行为效用评价 ……………………………………… 242
　　　一　分项指数的计算 …………………………………………… 243
　　　二　分项权重确定 ……………………………………………… 245
　　　三　深圳市新生代进城农民工人力资源开发的
　　　　　政府行为效用指数计算 ………………………………… 249
　　　四　深圳市新生代进城农民工人力资源开发的
　　　　　政府行为效用指数评价 ………………………………… 250

第七章　结论与政策建议 …………………………………………… 252
　第一节　基本观点 …………………………………………………… 252
　第二节　政策启示与建议 …………………………………………… 258

参考文献 ……………………………………………………………… 263

后　记 ………………………………………………………………… 273

第一章 绪论

在我国人多地少的现实条件下,源于1958年正式确立的城乡二元户籍体制分割并先后历经城镇供应体制、统包统分就业制度、农村人民公社等制度的强化,农民工应运而生成为我国特定历史条件的产物。农民工整体数量在改革开放的现实环境中持续增长,演变成推进中国工业现代化与农村城市化进程中的重要力量。农民工的职业身份是产业工人,而户籍身份仍然是农民,这种双重身份给中国城乡社会治理带来了新的挑战。

在此背景下,新生代进城农民工人力资源开发的政府行为研究具有了基本的社会意义。本章的主要内容包括研究的背景、问题的提出、选题的意义、文献综述、结构安排、主要创新与不足等,最后对农民工、人力资源与人力资本、政府等概念进行了描述。

第一节 研究的背景与意义

一 研究的背景

改革开放以来,我国农村发生了巨大而深刻的变化,这种变化推动着整个社会结构的变化,尤其是城乡结构的变化。农民工成为中国社会分层中正在形成和发展的一个特殊社会群体。改革开放以来,由乡村流向城市的农民工没有间断过。进入21世纪以来,进城的打工的农民工持续增长,成为一个庞大的特殊社会群体。我们把这个特殊的群体称作新生代农民工。新生代农民工这一概念由王春光较早提出,并很快引起学界的广泛关注。① 按照全国总工会新生代农民工问题课题组的定义,新生代进城农民工是指出生于20世纪80年代以后、年龄在16岁以上、受雇于城市企事业单位或者从事个体经济活动、以非农就业为主的农业户籍人口。新生代进城农民工是在改革开放环境中成长起来的新一代群体,在城镇化、工业化和城乡二元经济体制的社会结构下,受制于政治、经济、法律、行政体制等多因素的影响,他们同传统农民工一样伴生并凸显了很多社会问题,这些问题实质上是中国农民问题在新时期与新阶段的体现、延续和发展。

根据国家统计局2017年4月公布的数据显示,2016年全国农民工总量达到28171万人,比上年增加424万人,增长1.5%,增速比上年加快0.2个百分点。其中,本地农民工11237万人,比上年增加374万人,增长3.4%,增速比上年加快0.7个百分点;外出农民工16934万人,比上年增加50万人,增长0.3%,增速较上年回落0.1个百分点。本地农民工增量占新增农民工的88.2%。在外出农民工中,新生代进城农民工约为13585万人。② 这一庞大人群是城镇劳动力的重要组成部分,是我国经济发展与城镇化进程的重大推动力量。作为新生的一代,他们在就业动力、权益诉求、职业角色认同、务工心态、维权意识等方面有着与上一代农民工不同的人口特征,此外,他们拥有比上一代农民工更高的学历、与城市同龄人相仿的生活经历、更强烈的城市融入愿望、更高的成就动机和发展诉求。但是与上一代农民工一样,新生代农民工的户籍身份决定了他们生活在城市却得不到与城市户籍居民同等的权益,他们创造着与户籍人口同样价值的劳动却无法享受与城市户籍人口同等的公共福利与社会机会;许多企业雇用了大量的农民工,为了追求利润而克扣工资和偷逃社保,漠视社会责任;农民工的基本权益得不到保障,他们所享受的教育、医疗保健等公共服务也被差别对待,他们在经济社会发展中的弱势地位

---

① 沈群彬:《促进新生代农民工城市融入的积极社会政策体系:理念、特征、实践》,《中共福建省委党校学报》2011年8月。

② 资料来源于2016年农民工监测调查报告。

与其贡献极不相符，亟须改变。但是，他们任何改变的努力却面临着许多有形无形的阻力，他们在入户时却面临着众多繁杂的手续与诸多的限制和障碍，他们在追求自身弱势地位改变时没有受到中国社会的公平对待，而这一问题不仅关系到他们自身的发展、城市融入与社会弱势地位的改变，还关系到中国当前和谐社会的构建与中国工业化发展的未来。

魏城（2008）认为，人口流动不等于人口迁徙，移民是有归属感的，而流动人口没有归属感；城市不把农民工当自己人，就不要幻想农民工能把城市当自己的城市，长期缺少稳定预期的制度安排，就很难指望农民工能有建设性的长期行为。长期候鸟式的流动带来的问题有夫妻问题、留守子女问题、农村劳动力外出后的养老问题；中国人民大学农业与农村发展学院的白南生教授认为，中国政府应该给农民工一个稳定的制度安排与行为预期，从而降低因为流动带来的社会成本。进城农民工面临着政治参与不平等、公共基础服务的权利不平等、就业机会不均等、发展权力不平等等一系列问题，这些问题的背后是法律保护不健全、社会保障的缺失与政府职能的缺位。这些问题已经引起了政府与社会各界学者的强烈关注。中国共产党第十八次全国代表大会报告指出，发展中国特色的社会主义是一项长期而艰巨的任务，应该坚持以人为本与全面协调发展的科学发展观，解放和发展社会生产力，必须通过逐步建立权利公平、机会公平、规则公平为主要内容的社会公平与正义保障体系来保障人民平等参与、平等发展的权利，通过收入分配改革来缩小收入分配差距以实现共同富裕与促进社会和谐。新生代进城农民工作为一个特殊而庞大的群体，促进其权利保障、人力资本提升与城市融入，是党的十八大精神的集中体现。

二 问题的提出

在中国现行户籍制度下，我们必然要面对这样的现实：处于教育机会、公共服务权利、社会保障权益、就业机会等多重弱势地位的新生代进城农民工，要获得平等参与、平等发展的机会，是采取权利救济措施还是构建促进人力资本提升的全面发展权更有效？假设是全面发展权更能有效地保障其平等参与、平等发展与社会融入，那么对这一人力资源群体的全面发展权的构建是否等同于政府的人力资源开发行为？假设促进新生代进城农民工的全面发展权构建等同于政府对这一群体进行全面的人力资源开发，那么其开发资源投入、开发体系的科学性、开发对象的针对性与开发资源的利用效率等却受制于政府决策与制度安排。在这一现实条件下，政府（假设中央政府与地方政府为一个不可分割的整体）的哪些行为将会影响进城农民工的人力资源开发？政府的行为将怎样影响进城农民工的人力资源开发？这些影响主要表现在哪些方面并会产生怎样的效用与后果？什么样的行为体系或协调机制能够提升其开发的针对性与效率？这些问题的研究对于新生代农民工的社会弱势地位改变与发展目标实现、企业的升级与转型、社会的和谐治理与中国人力资源强国地位的建立具有理论价值与现实意义。

三 选题的意义

本书将新生代进城农民工人力资源开发的政府行为作为研究对象，有以下现实意义：

（1）对新生代进城农民工进行人力资源开发有利于提升经济增长质量。侯风云（2007）分析了国外就业、人力资本供给与经济增长的相关性，认为国民生产总值环比增长率与劳动力再生产费用环比增长率、人力资本存量环比增长率之间呈现高度的正相关性；人力资本投资年环比增长率对国民生产总值增长率的影响远高于固定资产环比增长率对国民生产总值增长率的贡献。娄碧贵（2011）认为，新生代农民工已经成为城市生活中不可缺少的一部分，成为城市中基础设施建设、服务业、工业等行业的劳动主体，占全国劳动职工的半壁江山。提高新生代农民工的劳动素质、增进其劳动技能，可以加快现代化的进程，拉动我国现代经济增长。据有关学者测算，劳动力流动对我国改革开放以来年均9%的GDP增长率的贡献为16.3%，也有统计表明，劳动力受教育的平均时间增加一年，GDP就会增加9%。因而，增加新生代进城农民工的人力资本投资，可以提高国民生产总值的增长率并带来经济增长方式的变化。

（2）有利于社会风险的治理。萨缪尔·亨廷顿在《变革社会中的政治秩序》一书中提出,社会动员发展与经济发展都是现代化过程所造成的必然结果,但是两者具有不同的社会功能,社会动员发展往往比经济发展的速度更快,这样,需求的形成与需求满足之间就会形成一个差距,这种差距便会使人们产生"社会挫折感"。如果社会存在着纵向和横向流动的机会和可能,这种"社会挫折感"将可能得到缓解;否则,它就会促使人们通过政治体系施加压力。如果在这种政治参与迅速扩大的同时,该社会的政治制度化水平仍未相应地提高,就会造成政治动乱。社会成员的利益受损而产生的挫折感是反叛社会行为产生并进而导致社会风险的根源。此外,相对剥夺理论也告诉我们,人的挫折感产生于相互比较之中,当人们在某一参照系下经过比较感受到利益受损时,就会产生挫折感,从而产生危害社会的行为。

胡滨(2012)认为城市化是资本为追求利润最大化而不断突破城市空间的壁垒和界限,使城市空间规模与外延不断扩张和延伸的过程。[①] 这一过程既是城市空间拓展、农村人口向城市迁移的城市化过程,同时也是资本扩张的城市化过程;资本突破城市空间的界限需要政府权力清除一切障碍,为资本积累保驾护航。因为"只有建立了某种法律、私有财产、契约和货币安全制度框架之后,资本积累才能通过以价格垄断为基础的城市交换而繁荣起来"(哈维,2009);但是,在中国城市市民社会中,非政府组织(NGO)的力量微弱,以 GDP 政绩为导向的政府考核模式下,新生代进城农民工被排斥在权力与资本勾兑的城市增长联盟之外,并且这种增长联盟不受监督,这种被制度抛弃的群体产生了被剥夺感、社会挫折感、无安全感和对制度的不信任。

潘泽泉(2008)在农民工研究中引入生存生态和对秩序建构的关注,他认为,首先,农民工在城市中的秩序建构过程体现为一种"自愿性隔离"和"自我封闭"的过程;这种底层生存生态封闭与隔离可能导致底层生态的恶化与沦陷。

中国这种由政府主导的自上而下的、制度投入型城市化,是一种

[①] 胡滨:《我国城市化进路中社会风险探析》,《西部论坛》2012 年第 22 卷第 2 期。

基于经济增长的城市化；是一种城市早熟、市民社会晚出的城市化；这种重经济建设而轻社会建设的城市化，将使社会主体，特别是底层群体由于利益诉求和纵向流动的渠道狭窄而深感缺乏"尊严""被尊重感"和安全感，从而产生挫折感和相对剥夺感，使社会信任度和凝聚度下降，引发社会冲突和失序。

新生代农民工与农村渐行渐远，又与城市若亲若疏，且处于城镇生活的"显歧视"和"潜歧视"之中，从制度到政策再到具体措施，城市显然还没有做好接纳他们的准备。"工作接纳、身份拒入，经济接纳、社会拒入"，是新生代农民工"融城与逆城"的真实写照。但是，如果外来务工人员不能与城里人一样"体面地劳动、尊严地生活"就极有可能引发犯罪行为，导致城市治安状况下降。新生代进城农民工这一群体的自尊、平等与自重的意识相对更强，他们更愿意长期留在并融入城市。但他们被城市社会与农村社会双重边缘化，长期被排斥在城市主流社会关系网络之外；他们在经济权益、政治权益和社会安全权益保障缺失的状况下，较低收入使他们产生巨大的生活压力，长期的社会不公将可能使他们滋生消极与报复社会念头，从而引发社会风险。[1] 正因如此，解决新生代农民工生存问题还是我国现阶段重大的民生问题之一，只有切实解决新生代农民工生存问题才能从根本上保障城市公共安全。

（3）有利于促进社会阶层之间的垂直流动。克伯指出，社会流动首先有利于社会的稳定。在一个没有社会流动的高度不平等的社会里，往往会出现暴力；而社会流动机制能鼓励人们通过自己的努力解决其生活的窘境。他认为，当个人流动的希望减小的时候，处于社会底层的人的本能反应和内在冲动就是对整个分层系统的集体挑战，其结果可能就是暴力的阶级冲突。

黄颂、陈友华（2002）认为，社会流动按社会分层的流向划分可分为平行流动与垂直流动。平行流动对社会结构不产生根本性影响，

---

[1] 何得桂、吴理财：《促进农民工和谐融入城市的战略思考》，《贵州大学学报》（社会科学版）2007年第25卷第3期。

而垂直性流动对政治的影响更大。所谓垂直流动是指"个体在不同水平的社会位置之间的流动，或不同等级的相同位置之间的流动"。在社会流动的主体问题上，社会学家海勒主要把个体当作社会流动的主体，而克伯则把社会流动的主体理解为在阶级系统中运动的个人和群体；关于社会流动的流向和范围问题上，桑德斯把它划分为代内流动（intra-generational mobility）和代际流动（inter-generational mobility）、向上流动（upward mobility）和向下流动（downward mobility），这丰富了社会流动问题研究的视角。结构性的社会流动经历了从升到降的过程，而交换性流动则经历了从降到升的过程。社会流动之所以是必然的，是因为社会分层中内含着某种激励机制。新自由主义宣扬物质不平等有助于社会流动的积极价值，功能主义社会学家则强调社会不平等有助于社会整体向上的积极价值。[①]

新生代农民工与其父辈相比，已经不再满足"农民"的社会身份与"工"的职业身份的分离，他们的市民化发展诉求较为明显。市民化发展的诉求简单而言，就是希望拥有市民的基本权利与社会身份，实现社会身份与职业身份的统一。按照国务院发展研究中心对我国社会阶层的划分，整个中国社会有十大阶层：排在社会上层的是国家与社会的管理人员、职业经理人及私营企业主；排在中间阶层的是专业技术人员、公共办事人员、个体经营者；在社会下层的是产业工人、商业服务人员；在社会底层的是农民、城乡无业或半失业人员。新生代农民工尽管踏入城市较早，甚至有些人就出生在城市，但户籍还是在农村，其在阶层属性上还是农民，处于社会底层。张宁、史小建（2016）认为，改革开放之后，随着经济政治体制改革的不断深化，户籍制度的刚性束缚作用逐渐减弱，城乡二元控制结构正在瓦解。在城镇化建设的大潮中，城市对农民的吸纳能力大幅度提升，大量的农民进入城市，并随着职业的变化实现阶层流动。按照国家统计局的数据显示，当前新生代农民工主要就业领域是第二、第三产业，有

[①] 黄颂、陈友华：《略论当代西方社会分层中关于社会流动的思想》，《思茅师范高等专科学校学报》2002年第2期。

81.6%的人是产业工人,有17.2%的人是商业服务人员,也就是说,从原先的社会底层流动到社会下层,尽管阶层地位有了提升,但整体上还是处于社会下层,他们渴望向更上阶层流动的愿望极为强烈。

在我国,职业与阶层有着紧密的联系,阶层的差异导致经济收入、福利待遇、社会地位等方面的差异,甚至有的差距非常大。尽管新生代农民工相较于以前的农民阶层,在社会阶层位次上有了一定的提升,但依然不能保证其阶层地位的提高,他们渴望能够通过教育与培训来实现阶层上升及自我发展。就新生代农民工的愿望看,他们已经不再满足产业工人或商业服务人员的社会地位,而是渴望能够移动到社会的中间阶层,获得与城市居民一样的社会地位、经济待遇与福利保障,并有自我发展的空间与机会。

(4)有利于促进农民工城市融入。朱考金、刘瑞清(2007)通过对青年农民工的社会支持网络与城市融入的研究发现,以血缘、地缘关系为基础的初级社会网络并没有得到根本改变(李培林,1996),但在进入城市工作领域的阶段,他们对初级关系的依赖度已经大大降低,在实际工作中次级关系的作用力得以提升,而社会正式支持网络的缺失使得他们向上流动的空间受阻。[①] 另外,李培林从历史逻辑出发的代际比较和从结构逻辑出发的社会阶层比较分析视角入手,对新生代农民工在工作收入、消费方式、经济地位、生活压力、社会态度等方面的特征进行分析,找到了影响新生代农民工市民化的处境、行为取向和社会态度的两个重要因素。潘泽泉(2008)在农民工研究中重点关注了生存生态和秩序建构。他认为,首先,农民工在城市中的秩序建构过程体现为一种"自愿性隔离"和"自我封闭"的过程;其次,农民工在城市中的秩序建构体现为一种底层生存秩序建构的过程,体现为城市通过对农民工生存道德的否认或"污名化",实现城市秩序建构的过程。所以,国家和政府应该要保护和改善底层生存的社会生态,警惕底层生存生态的恶化以避免底层的沦陷。

---

① 朱考金、刘瑞清:《青年农民的社会支持网与城市融入》,《青年研究》2007年第8期。

吴振华（2005）认为，农民工在面对与传统社会生活方式、价值观念差异巨大的城市时，选择的适应模式主要有两种，一种是融入式适应，另一种是构建城市乡村社会的适应，而后者是目前农民工适应城市社会模式的主要选择。由于自身素质和城市排斥等原因，目前大部分农民工只完成了摆脱对土地依赖的资源获取方式、由农村向城市空间迁移的转变，其城市的适应性仅表现在经济层面，而生活方式与价值观念仍停留在乡村社会模式。要实现有效融入，则应加强农民工的人力资源开发。

王春光（2010）等认为，在推进新生代农民工市民化的过程中，仍然存在着思想认识的偏颇、城市政府的担忧和困惑、既得利益集团和群体的阻力、户籍与土地制度的障碍、农民工自身素质以及与市民的"油水"关系。并且，王春光（2010）认为，虽然我国关于农民工的社会政策一直处在调整之中，农民工在城市生活的政策环境也得到改善，但是这种调整是"碎步前行"式的，无法满足新生代农民工市民化的期望和要求，难以解决他们在城市面临的融合困境问题。王经纬、朱振民（2014）认为，新生代农民工是我国城镇化进程中最有希望转变为市民的农村居民，作为城镇化的重要组成部分，他们也渴望真正地融入城市生活，但由于历史遗留问题导致的一系列不合理制度的存在使他们的正当权益受到严重侵害，简单的身份差别决定了公民的福利待遇的迥然不同，这样的权益政策体系对社会的长治久安和百姓的安居乐业均产生了严重的负面影响。

李国平（2016）等认为，高效有序地推进农业转移人口市民化是以人为本的新型城镇化发展的重要议题。李国平分别从概念内涵、转化成本、制约机制三个方面对农业转移人口市民化的相关研究进行系统梳理并进行展望，他认为农业转移人口市民化的转化成本问题主要涉及市民化程度评估、市民化核算口径和市民化成本测算三个方面，而其制约机制则包括市民化的成本分担机制、投融资机制、户籍制度、土地流转制度四个方面。未来农业转移人口市民化研究亟须明确新形势下户籍制度改革的制约效应，构建更为完整、统一的成本核算体系，细化新政策条件下的成本分担机制和创新更具针对性的多元化投融资应用。

（5）帮助新生代农民工摆脱困境是政府的义务与责任。农民工问题已经在学界达成广泛共识，即农民工问题这一社会现象是政治、经济、社会制度共同作用的产物，新生代进城农民工所面临的问题只是老一代进城农民所面临问题的发展与延续。在城镇化、工业化进程中，政府为了促进工业优先发展战略而进行人为的城乡二元社会分割，并将农村利益向城市进行体制性输送，历届政府还用户籍制度固化了利益输送方式，使城乡的发展资源配置严重倒置，这也拉大了城乡居民的收入水平之间的差距。此外，各地政府为了维护自身利益而频频利用依附于户籍制度的行政措施，将公共资源配置与福利分配向城市户籍居民倾斜，这导致新生代进城农民工面临的个人就业、培训发展、社会保障、子女教育等处于资源配置的弱势，进而导致了一系列社会问题。新生代进城农民工面临的社会问题是体制、制度与行政措施导致的，而作为社会体制的构建者、社会制度的制订者、经济发展与社会管理创新的推动者，政府有责任与义务着眼全局、自上而下地进行制度设计，来推动体制改革与制度创新，提升现有政策措施的执行效率与效力，并且应该用法律来保障改革的实施与固化改革的社会成果，从而促进新生代进城农民问题的根本解决。

（6）政府在社会群体人力资源开发中行为角色定义与作用发挥暂无清晰的理论架构。现有的政府组织行为理论认为，政府的行为一般都是为其政治目标（维护执政地位、保障公民政治参与、履行法定政治义务）、经济目标（促进经济增长、提升社会资源控制能力、提供合适公共产品、提升教育程度、改善人民生活水平）、社会目标（基本权利保障、社会公正保障、环境与发展责任）服务的。如不涉及国家战略，政府的行为目标中一般不会直接涉及特定人群的人力资源开发行为。此外，因为人力资源开发的绩效具有周期长、见效慢、难考核等特点，在政府任期制考核模式下，人力资源开发投资行为难以受到各届政府的足够重视，现有文献很少涉及政府对特定群体进行人力资源开发行为研究，其相应的系统理论则更少；在组织理论中，人力资源开发的义务大多被赋予了微观组织，较少从宏观视角进行描述。中国新生代进城农民工拥有近1亿人的规模，是一个庞大的社会群体，而在中国面临经济转型的社会背景条件下，研究政府对这类人群进行人力资源开发，有较强的理论与现实意义。

（7）中国的政府在农民工开发与管理方面存在多头管理。当前，涉及农民工管理的部门有公安部、教育部、卫生部、农业部、人力资源与社会保障部等11个职能机构，各自履行部分管理与服务职能且又相互重叠，为此国务院不得不专门设立了农民工办公室进行统一协调与管理；地方政府作为具体落实与执行农民工相关政策的职能机构，却极少有地方政府成立专门的农民工办公室来统一协调所辖的机构与部门，这使很多关于农民工的管理、人力资源开发与公共服务政策难以落实与执行，因此构建农民工开发的政府协调机制具有重要现实意义。

（8）提升新生代进城农民工人力资本并促进其融入城市社会是政府实现国家战略发展与社会治理的有效途径。中国农村就业吸纳能力有限，中国城市化与工业化的发展要求大部分进城农民工稳定就业并进一步成长为城市居民，新生代进城农民工因其人力资源开发成本相对较低、开发效率高等禀赋特征，应该优先被列入市民化的对象中。新生代农民工在城市安身、立业的基础是具备在城市生活的能力，而这种能力根本上取决于其技能和素质的高低，即人力资源价值的大小。只有提高新生代农民工的人力资源素质，才能更好地促进其城市融入和推进我国城市化建设。在现有户籍、就业、社会保障等制度安排下，农民工群体的形成与发展已经成为全社会关注的重大问题，是事关改革发展稳定的全局性问题，也是关系到公正与公平的社会民生问题。提升进城农民工的人力资本，促进其融入社会，是实现国家战略、促进社会治理、调整社会经济结构、从根本上解决"三农"问题从而全面建设小康社会和全面构建和谐社会的需要。

第二节 文献综述

在其他国家,因为没有"农民工"这种户籍身份的概念,只有关于移民与农村劳动力转移方面的研究,移民开发的文献相对较少;在人力资源开发的研究方面,除了公共教育投入方面的宏观人力资源开发文献之外,其他文献则聚集于微观组织的人力资源开发与效率提升方面。在中国,关于新生代进城农民工研究文献很多,研究的视角也非常丰富。

一 国外的研究进展

早期的经济学家威廉·配第从经济学角度首先论证了人力资本和物质资本同等重要的观点,他是世界上最早突出人力资本思想的第一人,而对人力资本进行系统描述与论证的则是亚当·斯密,他在《国富论》一书中论证了在个人教育与才能方面的人力资本投资对个人收入的影响,提出教育、自修、当学徒等方式都需要花费成本且是一种投资,这种投资可以从国家资本积累、利润、个人收入等方面得到偿还,政府与个人都应当进行人力资本投资。而首次提出人力资本观念的是美国学者沃什(Walsh J. R.),他在1955年出版的《人力资本观》一书中正式提出人力资本这一理论观点,后期西奥多·舒尔茨与加里·贝克尔则将人力资本从经济学理论研究领域剥离出来,进而形成了独立、系统的人力资本理论。

舒尔茨被后来学者称为"人力资本之父",他认为一个国家的人力资本可以从人力资源的数量、质量与健康等数据测算。他通过对美国1929—1957年的教育投资对经济增长的促进的测算结果表明,各级教育投资综合收益率达到了17%,这表明相对于在物质资本贡献方面,一个国家对劳动人口的教育、技能培养、健康保持等人力资本的投资所获得的收益要大得多。他的研究结果表明,人力资本投资是经济增长的源泉,人力资本投资可以提升人们收入、缩小社会收入分配差距、提升物质资本利用效率、提升劳动效率。

加里·贝克尔（2007）的研究显示，商业投资回报率一般在5—10年，而教育投资私人回报率则长得多，在大学毕业十年内，回报率还是负数，在大学毕业15年内，回报率大约为6%，一生的平均年回报率为10%—12%，其中城镇的男性大学生私人回报率最高。过长的私人回报率降低了政府与个人的教育投资信心与意愿，进而关注眼前的既得利益。而从经济内生增长的角度，教育投资对经济的贡献与回报率是25%，即对教育（不包括在职培训等）的社会回报价值远大于个人的教育投资收益率，这就使教育的公益性显得非常重要。

1976年马林和萨卡布罗斯（Malrin and Psacharoqoulos）根据对美国数据的研究发现，平均受教育年限每增加1年，收入不平等程度（收入均值对数的方差值）将下降10%，因此，他认为人力资本的扩展有助于实现社会收入平等。帕克也在1990年根据59个国家的数据研究验证了劳动者人力资本水平越高，收入分配就越平等。Fatimah对通过研究亚洲地区的不同水平教育投资对经济增长的影响发现，在发达国家中，初级教育对经济增长存在负面影响，中级教育对经济起积极作用，而在发展中国家则相反；而高级教育对发展中国家具有明显的正向作用，但对发达国家并不明显。伊文斯与赫尔（Evans and Herr）在1978年提出，职业技术教育的目的除获取职业选择自由与培养终身学习的能力外，还应包括提高道德水准、培育适应社会分工与发展需求的职业技能两个目的。

关于制约人力资本形成的因素研究方面，劳动力市场分割理论最早可以追溯到凯恩斯时代，劳动力市场是一个受经济与非经济因素共同作用的市场，用传统的经济学理论并不能完全解释，随着对传统经济学强调劳动力市场竞争性的质疑加强与强调非竞争性的社会学解释的出现，劳动力市场的非经济学理论开始形成，其中以强调劳动力市场分割属性、政府与非政府组织的制度影响、社会阶层和社会歧视等社会因素对就业与薪酬的影响等劳动力市场分割理论开始兴起。瑞文斯（Ravens）从人类学角度研究了人口迁移的规律，并在《迁移规律》一书中指出农村人口比城市人口更容易迁移，而人口迁移会遇到歧视性政策的社会条件、健康和知识能力、自身条件等不同方面的阻碍。而在现代，关于劳动力市场分割的理论当属于米歇尔·帕雷（Piore M. J, 1970）等的二元结构理论。帕雷认为，一级市场的就业具有较高工资、较好的工作环境、就业稳定、安全有保障、作业管理过程规范、良好的晋升与流动通道等特征，而农民工所在的次级市场的工作往往是工资低、工作环境差、就业不稳定、管理简单粗暴、流动与升迁机会通道有限的市场。① 朱农（2001）依据刘易斯（W. A. Levis）的二部门经济和托达罗（M. O. Todaro）的三部门经济理论将中国经济分为"传统农业、农村非农产业、城市正规行业和城市非正规行业"四元经济。② 他认为这四元经济可以将农民的劳动限定在不同的劳动力市场。罗森伯格（Rosenberg, 1977）根据工资、技术和素质（temperament）等因素，把劳动力市场分为一级劳动力市场和次级劳动市场，这一划分可以较好地解释农民工处于弱势的劳动地位的原因。③

二 国内的研究进展

基于改革开放的冲击，中国的企业于20世纪80年中后期开始从国际社会接触人力资源这一新兴概念，到了21世纪初，人力资源的概念开始被中国社会广泛接受，人力资源与人力资本等方面的研究开始大量涌现。农民工这一概念最早发源于深圳，首先在深圳市的官方文件中使用。王春光于2001年最先提出了新生代农民工这一概念，关于这一群体的研究文献在最近10年内大量涌现。

在制约农民工人力资源开发的因素方面，张博（2004）认为，中央和地方财政投入偏低、地方政府自身的财力有限、相应的政策机制缺失或不配套、培训机制没有形成合力是制约农民工开发的因素。朱考金、刘瑞清（2007）认为由政府构建的社会正式支持网络缺失是影

---

① 田青松：《农民进城就业政策变迁——兼论农民工劳动力市场地位》，首都经济贸易大学出版社2010年第1版，第43—57页。
② 朱农：《中国四元经济下的人口迁移——理论、现状与实证分析》，《人口与经济》2001年第1期。
③ Rosenberg S, "The Mexican Reserve Army of Labour and the Dual Labour Market", *Politics and Society*, 7, 2, 1977, pp. 221 – 228.

响新生代进城农民工自主学习并向上流动的主要原因。潘晨光、孙大伟（2012）认为，政府在农民工的人力资源管理与开发方面存在多头管理是导致开发效率低下的主要原因。胡连生、奚雅丽（2005）的研究表明，当代资本主义各国劳工拥有较为广泛的政治、经济权利。在国外，工会作为工人代表，通过集体谈判的方式帮助工人争取报酬、劳动条件，甚至争取发展权利。而在中国，工会的职能缺失与农民工政治权益缺失制约了农民工相关权益的获取。① 陈勋（2012）认为，政府的法团主义制式下非政府组织不发达制约了新生代进城农民工的人力资源开发。胡滨（2012）认为，中国的中介组织滞后使得政府人力资源开发行为缺少缓冲与落实机制。丁煜（2009）的调查研究显示企业对新生代进城农民工技能提升的培训反应消极。对于长期被限制在低层次就业市场中的农民工而言，其职业技能培训作为更新和追加人力资本的重要方式，其重要性不言而喻，而他的调查显示，员工技能培训工作存在企业的冷淡应对、员工的消极合作两大问题，虽然政府对该类培训出钱出政策，企业却认为培训不是企业的事情，并普遍对政府部门的定额式管理颇为不满，但由于培训数量是硬指标，企业与培训机构共同降低培训质量就成为各方默认的最"优"的选择。②

王晓军③（2007）、廖泽敏（2007）认为，新生代进城农民工总体城市适应性较差，但与老一代农民工相比，他们无务农经验、没有对土地的眷恋与依赖、回乡的预期低、其对乡土文化的疏离与对城市文化的热衷，使他们有改变农民身份的权利、能力与意愿，进而使他们自主投入与开发的动力更强。戴烽（2010）认为，农民工的培训不仅涉及他们的生存性需求，还包括发展性需求的满足，虽然他们对培训意愿强烈，但付诸行为的较少，实现意愿的更少。康和平（2011）、

---

① 胡连生、奚雅丽：《当代资本主义各国的劳工权利及其对我国的启示》，《长白学刊》2005 年第 3 期。
② 丁煜：《流动人口社会管理体制转型的政策思路——从流动人口的结构性变迁谈起》，《人口学刊》2009 年第 2 期。
③ 王晓军：《农民工的城市适应及成人教育的因应举措》，《职教论坛》2007 年第 3 期。

孙朝阳（2009）等学者则从农民工主体的视角，认为农民工自身禀赋与主动性对城市社会融入产生主要影响。范凤仪（2011）将培训动力、学习力和适应力三个因素作为影响培训效果的自变量进行研究表明，新生代进城农民工的培训动力不足、学习力与适应力弱是影响人力资源开发效果的主要因素。任娟（2012）认为，影响新生代进城农民工市民化的因素主要有基于能力要素的受教育年限、培训状况、工龄、个人技能等；基于个人主观意愿的城市定居意愿、身份认同等。沈路（2007）认为，新生代进城农民工的劳动技能、思想观念、生活习惯、劳动技能与融入要求还存在现实差距，这些主观差距将使得进城农民工产生心理层面的适应障碍与失落感，从而影响归属感进而影响自主开发的动力。高华（2007）认为，以血缘与地缘关系为主体的内倾社会交往模式封闭了他们的活动空间，限制了他们的城市融入实践；进城农民工在融入城市过程中要充分发挥主体作用，需要从心理上主动接纳城市文化、主动适应身边事物、丰富人际关系、调整消费方式、提升自身技能，才能更好融入城市。张洪霞（2013）以新生代农民工内生机制为视角，分析了人力资本、社会资本、心理资本对新生代农民工社会融合的影响作用；探讨了三种资本对社会融合的协同影响作用。在此基础上，就如何提升新生代农民工的人力资本、社会资本、心理资本以及对这三种资本的协同开发提出相应建议，以期为促进新生代农民工顺利融入城市社会提供一个全新思路。

徐建军（2014）认为，农民工的人力资本状况直接决定着其就业能力、竞争能力和生存发展能力，对城镇化进程的推进有重要影响。他在对农民工市民化及其人力资本开发进行概念界定和研究综述的基础上，对当前农民工市民化在人力资本开发方面的现状做了分析，指出了当前农民工人力资本开发面临的突出问题，并依此提出了行之有效的应对策略。何亦名（2014）基于人力资本成长本身能够带来效用的共识，构建了新生代农民工人力资本投资的理论与实证模型，并利用调查数据实证检验了人力资本成长的相关假设，研究发现，收入的增加将促进"高成长效用"新生代农民工的人力资本投资，而对"低成长效用"新生代农民工的人力资本投资作用不明显。"亲乡型"

社会资本会显著降低新生代农民工参加职业培训和继续教育的概率；而"亲城型"社会资本则会显著增加新生代农民工参加继续教育的概率，且对于高成长效用取向者的促进作用更为突出，但"亲城型"社会资本会降低那些"非成长型"新生代农民工参加职业培训的概率。

在进城农民工人力资源开发的效率与效果提升方面，周玉兰等（2005）认为，建立农民工教育的长效机制，需要加强职前的城市生活常识、基本权益保护、职业技能以及生产技术和操作技能为主要内容的职前培训，同时构建以技能提升为目标的在岗培训。廖泽敏（2007）从融入城市的视角认为政府部门可以通过解放观念、深化改革、完善法律环境与公共服务、加大教育与培训力度等方面入手促进他们的融入。陈春光（2010）、郭庆松（2011）等认为，政府应该考虑农民工的人力资源开发需要制度方面的"顶层设计"。林顺利等（2010）则建议政府部门从变革空间生产和再生产的系统环节与要素层面入手，采取积极介入政策及手段，改善弱势群体的整体空间环境，并通过"赋权"（empower）政策取向激发弱势群体潜能，积极引导弱势群体的向上流动。戴烽（2010）认为，行业协会可以通过对技能评估反应、职业测定、构造行业环境影响与转化动力来引导农民工参与人力资源开发与提升其人力资源开发效果。丁煜（2009）认为，应扭转农民工管理理念，将社区取代单位成为农民工享受城市公共服务的基础平台。宗晓慧认为，农民工的这种在低收入的非农产业就业身份、出卖劳动力而产生的雇用身份是影响农民工教育培训效果的重要因素之一，而要转变这一现状，需要企业从战略视角出发，加强人力资源规划，通过产业升级与转化以及技术工人的转化等方式促进农民工的人力资源开发效率提升。王德隆（2014）认为，基于新型城镇化的人力资源开发具有极其重要的意义，不仅有利于提升新生代农民工的职业素养，而且有利于提升他们的学历层次和人文素养。为促进基于新型城镇化新生代农民工的人力资源开发，应建立健全社会保障制度，以职业培训为突破点，增强权益保护意识，构建城市融入的社会资本体系，政府、学校、社区等加强合作。王永群（2015）围绕农民工人力资源开发利用有关问题进行讨论，首先阐述了农民工的基本概念及形成原因，其次分析了我国当前农民工人力资源工作现状、存在问题及解决办法，最后就如何做好农民工人力资源开发管理提出了自己的见解。张宏如（2015）基于员工帮助计划视域，研究新常态下新生代农民工的人力资本开发，认为员工帮助计划通过其直接功能与间接功能，可以辅导职业生涯、提升职业能力，加强培训关怀、提升工作能力，实施深层激励、提升工作驱力、增强主体意识、提升工作助力，从而形成人力资本整体性立体开发体系，实现内外驱动，构建新生代农民工人力资本开发体系。马明（2015）针对以往研究中只注重对新生代农民工人力资源的开发，忽视对其人力资本的有效利用的问题，在对新生代农民工人力资本产权与激励关系分析的基础上，提出对新生代农民工人力资本有效利用的激励措施。

李桦、黄蝶君（2012）认为，新生代进城农民工并不能依赖自身的努力来实现人力资源开发期望。刘应君（2011）认为，农民工城市融入是国家权力、市场拉动与个体选择三者共同作用与博弈的过程，在这个博弈过程中，国家主体起关键性与主导性作用，只有在国家通过自身的政治、经济、法律与行政行为解放了农民工发展的制度制约，才能将这一社会问题降为个人的主被动选择问题[①]。因此农民工在中国现有历史条件下，通过自主努力开发的效率与效果有限。

三 关于国内外研究的评价

现有的人力资源开发理论虽然较为完备，但其理论偏向于中观与微观层面，较少有关于某一社会群体的人力资源宏观开发的理论，人力资本理论虽然从经济学的角度讨论了宏观层面的人力资本投入与产出，但较少分析政府系统行为对社会群体人力资本投资的影响。事实上，新生代进城农民工作为最基层的员工，从事最为简单的劳动，极难获得工作内容之外的培训机会。此外，基于劳动合同法对企业人力资本投资制度性保护偏弱，而新生代农民工的高流动性让企业不愿意

---

① 刘应君：《国家权力、市场拉动与个体选择——农民工城市融入的社会维度》，《江西社会科学》2011年第10期。

对新生代农民工进行人力资源开发与投资。

基于政府人力资源管理视角的文献大多集中于政府公职人员的人力资源开发理论与体系建设研究，较少关注政府对于社会特定群体进行人力资源开发。虽然西奥多·舒尔茨、加里·贝克尔（1964）、侯风云（2007）等部分研究学者从国家人力资本投资视角，讨论了政府在教育投资与社会群体的人力资本增长方面的关系，但政府教育投资的受益群体边界模糊，难以准确推断教育投资对社会某一特殊群体的具体受益状况。此外，新生代进城农民工作为特殊的在职群体，处于社会弱势地位，他们获取原本就非常有限的政府在职教育资源投入的机会与能力薄弱，而政府在进行人力资本投资行为时又未能向其倾斜，使得这类人群的政府人力资源开发处于边缘地带。

关于对新生代农民工的政府行为的研究，大部分体现在过往政策对新生代农民工公共服务供给与城市融入影响方面，较少关注政府行为对增进新生代进城农民工群体的社会利益的效用研究方面，也较少讨论对该类群体进行人力资源开发的政府行为体系的理论与实践。

以上文献分析表明，新生代进城农民工作为城市的弱势群体，处于城市社会的最基层，从事最为简单的劳动，极难获得工作内容之外的培训机会。此外，在这类群体的人力资本偏弱的禀赋特征与企业的理性逐利行为双重制约下，企业也不愿对新生代农民工进行人力资源开发与投资；他们自身获取政府的在职教育的资源能力较弱，而政府在分配时也缺乏相应的资源倾斜，使他们被城市社会边缘化。

移民的自我选择理论（Self-Selection）和人力资本转换理论认为，相对于本地居民，移民在迁入之初在收入上总是处于劣势，但劣势是可逆的；相较于本地居民，如果移民的人力资本较高，则他们在迁入后收入有望追赶上本地居民，该迁移行为可称为正向的自我选择；如果其人力资本较低，则收入的差距可能会被拉大，他们的劣势地位将很难改善,该行为则称为负向选择①;在这种负向选择下,新生代进城农民工的人力资源开发过程如果没有政府的主导与参与或没有开发资源的优先配置,仅靠市场与自身力量进行开发,他们的弱势地位在这种负向选择下将不会得到改变。

从政府的目标体系来看,政府的政治目标主要为维护执政地位、保障公民政治参与、履行法定政治义务,而其经济目标是促进经济增长、提升社会资源控制能力、提供合适公共产品、提升教育程度与改善人民生活水平,其社会目标则是保障基本权利、保障社会公正、维护环境与推进社会发展。通过对政府目标的分析可以发现,人力资源开发的职能贯穿于三大目标之中,只有通过人力资源开发,提升其人力资本与社会资本,才能使政府的三大目标顺利实现。而特定群体的人力资源开发的政府行为研究视角存在缺失,这使本书的研究具有填补空白的理论与现实意义。

第三节 结构安排、创新与不足

一 结构安排

本书的研究是基于"分析现状——提出问题——分析问题——构建评价模型——实证分析——结论建议"的一般分析模式。整体结构分为以下七章:

第一章作为开篇,其内容安排主要基于从研究背景中导出研究的意义与必要性。本书选取新生代进城农民工人力资源开发的政府行为作为研究对象,其中内含了两个逻辑假设,假设一是政府有对某类特定人群进行人力资源开发的现象、责任或义务,假设二是新生代进城农民工有进行人力资源开发的必要性且政府在这类群体的人力资源开发过程中扮演重要的角色。此外,由于该类研究在国内外文献较少涉

---

① George Borjas, "Self-Selection and the Earnings of Immigrants", *The American Economic Review*, Vol. 77, No. 4 (1987), pp. 531–553.

及，故本书的选题具有研究的价值与意义，而背景研究则是为了论证该两个假设的真伪。

第二章是构建内容分析框架与研究逻辑部分。本章主要论证了政府行为目标与人力资源开发之间的逻辑关系，政府行为目标是否包含了特定人群尤其是弱势群体的人力资源开发的目标，是本书研究能否进行下去的主要逻辑支撑。此外，通过对新生代进城农民工弱势地位改变与人力资源开发之间的逻辑关系分析表明，新生代进城农民工的弱势地位的背后有政府行为因素，因此推断出政府行为对改变新生代进城农民工的弱势地位具有相应的责任与义务。此外，本章对政府行为目标进行了系统分析，通过分析表明政府对新生代进城农民工人力资源开发与政府的行为目标具有实质性的一致性，同时分析了两者之间的互动机制，为后续的研究提供逻辑支撑。

第三章主要研究了农民工的现状与期待。本章主要分析了农民工形成与发展背景、现状与成因，分析了农民工对中国经济社会发展的贡献，梳理了农民工面临的困境以及对政府行为的期待。通过分析表明，无论是基于经济理性还是社会公平的角度，政府都有责任与义务对该类群体进行人力资源开发。

第四章的主要内容是国外政府的人力资源开发行为借鉴。通过对欧美及亚洲国家的政府人力资源开发行为进行研究分析，分析出国外政府在职业教育过程中的一般行为特征，以此借鉴对比分析中国政府的人力资源开发行为的优势与不足，进而为政府的人力资源开发行为机制构建与效用评价提供经验支撑。

第五章作为本书的主体部分，分析新生代进城农民工的人力资源开发的政治、法律、经济、行政行为现状、内涵与不足，并提出改善构想，这是分析新生代进城农民工的不同政府行为现状与逻辑解构部分。本章内容回答了政府的哪些行为对新生代进城农民工的人力资源开发产生了影响，产生了哪些影响。通过前面的逻辑分析，厘清了政府各类行为在新生代进城农民工人力资源开发行为中的逻辑作用，从而总结出新生代进城农民工的人力资源开发的政府行为机制与模式，因此是本书的研究重点章节。

第六章内容是关于深圳市新生代进城农民工的人力资源开发的政府行为效用指数评价。本章通过对新生代进城农民工人力资源开发的政府行为效用进行分析，梳理了能够反映新生代进城农民工人力资源开发的政府行为制约因素与彰显行为结果的相关指标，并通过数学方法构建了政府的人力资源开发行为效用指数的计算模型，最后通过深圳市与国家的相关截面数据计算出深圳市当前的新生代进城农民工人力资源开发的政府行为效用指数，并据此对深圳市新生代进城农民工的人力资源开发的政府行为进行综合评价。

第七章是结论部分。作为本书的最后一章，该章节通过前面的研究系统总结了本书的研究结论，并据此提出相关的政策建议，最后对后期的研究进行了展望。

二 主要创新

（1）开创了新的研究领域。在现有文献中，关于社会特定群体的人力资源开发方面的研究非常少。在新生代进城农民工方面的文献主要聚焦于其意愿影响因素及现状、怎样促进城市融入、应该怎样提升其人力资本等方面，较少有文献系统关注政府行为在该群体的人力资源开发过程中的意义、作用与有效性，也没有相关的文献关注这类群体的人力资源开发的政府系统行为与模式构建，因此，本书的研究与结论有利于丰富相关理论，填补该方面研究空白的作用，故具有开创性。

（2）创新了对弱势群体研究视角。新生代进城农民工处于城市社会底层，其弱势地位是上一代农民工问题的延续与发展。如果不改变这种状况，将会导致巨大的社会风险，而这种改变与政府的行为目标具有一致性。怎样结合中国经济发展转型、企业的升级换代、新生代进城农民工的个人发展愿望、城市未来的长远规划等实际国情，创造性地解决新生代进城农民工的社会风险治理问题，是摆在中国政府面前的现实问题。政府怎样通过构建新生代进城农民工的人力资源开发行为模式来创造性解决这一现实风险，创新了政府对弱势群体治理的研究视角。

（3）跨越了相关学科。本书涉及的内容包括社会学、社会心理学、管理学、政治学、行政学、法学、经济学、政府组织行为学、人力资源管理学等多个学科，学科跨越较多。本书通过这些跨学科的研究，构建了一个适应现实需求的新生代进城农民工的人力资源开发的政府行为框架，具有一定的创新性。

（4）丰富"马克思主义人"的学说。马克思认为人是一切现实中的社会关系的总和，且每个人的自由发展是一切人的自由发展的条件。① 该学说的内涵如下：

第一，人是一切社会关系的总和，人的社会实践应服务于社会需要。人首先是社会的人，人在社会关系中的地位，决定了人的生活条件、活动范围、活动方向，人的价值应该在社会关系的实践过程中实现，且应该服务于社会关系；这一理念与政府的政治行为目标导向、进城农民工对自身发展的价值导向相吻合。

第二，人的价值只能是现实人的本身价值，且价值应服务于社会。抽象人是无所谓价值的；现实的人都是在一定的社会历史条件下和社会关系中从事生产劳动和其他社会实践活动的，其人的价值实现应当服务于社会关系。这要求政府在对进城农民工进行人力资源开发时，应当引导其树立正确的价值导向。

第三，人的社会实践离不开现实的环境。现实环境不可能是自己选定的，而是在既定的、从过去继承下来的环境；这强调进城农民工的理想、抱负、理想实现路径应从现实环境出发，适应社会需要，符合社会发展规律，这也是政府政治行为的目标导向之一。

第四，人的自由发展论。"每个人的自由发展是一切人的自由发展的条件"是马克思主义关于人的学说的最为核心的观点；1986年联合国通过的《发展权利宣言》提出，发展权是一种人权，人人均有权参与、促进并享受经济、社会、文化和政治发展。这一观点成为政府、中间组织与个人的人力资源开发的社会支撑。①人力资源开发的目的：马克思的人的自由发展论。人力资源开发的根本目的是通过人力资本积累来实现人的自由发展。新生代进城农民工的弱势地位限制

---

① 《马克思恩格斯选集》（第一卷），人民出版社1995年版，第294页。

了其个人发展,通过人力资源开发,有利于其获取更多的政治、经济、法律与行政权力,进而获取更多的自由从而实现自由发展。②开发的环境与主体禀赋:马克思主义的现实人论。人力资源开发必然立足于现实的环境,离开了现实环境的人力资源开发行为是低效或无效的。中国的国情与新生代进城农民工主体的禀赋决定了其人力资源开发的方向与高度。③开发的社会需求:马克思主义人的社会关系论与人的价值社会属性论决定了新生代进城农民工的人力资源开发现实意义。④开发中政府行为主体——马克思主义人的社会关系论,引申出多元开发参与主体理论。

(5)丰富了经济学的内生增长理论。内生增长理论(The Theory of Endogenous Growth)是产生于20世纪80年代中期的一个西方宏观经济理论分支,其核心思想是内生的技术进步是经济能够不依赖于物质资本等外力推动来实现持续增长的关键因素,强调不完全竞争和收益递增。内生增长模型又包含两条具体的研究思路。第一条是罗默、卢卡斯等用全经济范围的收益递增、技术外部性解释经济增长的思路,代表性模型有罗默的知识溢出模型、卢卡斯的人力资本模型、巴罗模型等。第二条是用资本持续积累解释经济内生增长的思路,代表性模型是琼斯—真野模型、雷贝洛模型等。罗默的知识溢出模型、卢卡斯的人力资本模型的核心理念是人力资本和技术进步对经济增长的核心贡献作用。政府有促进经济增长的行为偏好,而内生增长理论是当前中国经济转型的主要经济理论支持,在此背景下,实现新生代进城农民工的人力资本积累,有利于提升经济内生增长的动力,因此具有现实意义。

(6)完善政府组织行为理论。现有的政府组织行为理论认为,政府的行为一般都是为其政治目标(维护执政地位、保障公民政治参与、履行法定政治义务)、经济目标(促进经济增长、提升社会资源控制能力、提供合适公共产品、提升公民受教育程度、改善人民生活水平)、社会目标(基本权利保障、社会公正保障、环境与发展责任)服务的。政府行为目标在于维护统治地位与执政党利益。政府通过维护社会稳定、降低失业率、缩小社会贫富差距、控制社会犯罪率、降低民众上访率、保障民族利益等方式来赢得民众的信任[1]，进而巩固执政地位。如不涉及国家战略，政府的行为目标中一般不会直接涉及特定人群的人力资源开发行为。此外，因为人力资源开发的绩效显现有周期长、见效慢、难考核等特点，在政府任期制考核模式下，人力资源开发投资行为难以受到各届政府的足够重视，现有文献很少涉及政府对特定群体进行人力资源开发行为的研究。在组织理论中，人力资源开发的义务聚焦于微观组织，较少从宏观视角进行描述。关于政府行为的研究理论中，有涉及政府组织结构、政府行为目标、政府行为缺陷等方面的研究，具有代表性的如法团主义理论、政府行为理论、制度变迁理论；而关于政府组织行为则更多地涉及政府公务员系统行为的研究，而较少将政府作为一个"政治人""经济人""法律人"与"行政人"进行独立分析与研究。本书对政府组织行为分析则聚集于政府特定行为目标与人力资源开发目标的一致性，分析政府的政治、经济、法律与行政行为对人力资源开发的影响，以及政府的人力资源开发行为对弱势群体的社会地位的影响等方面研究，这有利于丰富该方面的理论。

（7）丰富了法团主义理论。法团主义，作为一个利益代表系统，是一个特指的观念、模式或制度安排类型，它的作用是将公民社会中的组织化利益联合到国家的决策结构中去。法团主义试图提供关于社会结构的若干理想模型，用来描述国家和社会不同部分的体制化关系，它的重心在于功能单位和体制的合法化关系。"这个利益代表系统由一些组织化的功能单位构成，它们被组合进一个有明确责任（义务）的、数量限定的、非竞争性的、有层级秩序的、功能分化的结构安排之中。这些功能单位得到国家的认可（如果不是由国家建立的话），它们被授予本领域内的绝对代表地位，作为交换，它们的需求表达、领袖选择、组织支持等方面的行动受到国家的一定控制。"这

---

[1] 曹红钢：《政府行为目标与体制转型》，社会科学文献出版社2007年第1版，第76—93页。

种理念试图在传统的极权主义和多元主义框架之外寻求对利益整合的解释，它抛开了体制内外的分野，提供了一种不同于"国家—社会"分化的视角，引起了研究者的广泛讨论。按照史密特（Phillippe Schmitter）法团主义理论，非政府组织形式的民间社会利益受与国家决策结构紧密联系在一起的制度安排的制约，社群的利益强烈依赖于政府组织的分配，社会弱势群体更是如此。① 新生代进城农民工作为特定的社会弱势群体，在中国国家法团主义形式下，他们的现状改变与未来发展紧密依赖于政府决策与制度安排。新生代进城农民工如需要改变自身弱势地位并适应未来社会需求，则需要对他们进行人力资源的开发来提升他们的人力资本与社会资本。② 因此，开发新生代进城农民工人力资源，帮助其提升专业知识与职业技能，有利于积累个人的人力资本与社会资本，提升社会融入能力，有利于促进社会和谐治理与满足中国工业现代化中对高技能产业工人的基本需求，从而提升中国整体的人力资本与社会竞争力，进而促进中国经济与社会结构成功升级与转型。

（8）拓展了关于移民的自我选择理论。移民的自我选择理论（Self-Selection）和人力资本转换理论认为，相对于本地居民，移民在迁入之初在收入上总是处于劣势，但劣势是可逆的；相较于本地居民，如果移民的人力资本较高，则他们在迁入后收入有望追赶上本地居民，该迁移行为可称为正向的自我选择；如果其人力资本较低，则收入的差距可能会被拉大，他们的劣势地位将很难改善，该行为则称为负向选择③；这一理论对于研究新生代进城农民工的社会弱势地位改变具有理论支撑意义；也有研究学者认为，就移民自身特质而言，他们相对于本地居民更加能干、有闯劲、更积极主

---

① 陈勋：《乡村社会力量何以可能：基于温州老人协会的研究》，《中国农村观察》2012年第1期。
② 宋艳：《进城农民工的弱势地位改变研究——政府人力资源管理视角》，吉林大学出版社2010年版，第4—11页。
③ George Borjas, "Self-Selection and the Earnings of Immigrants", *The American Economic Review*, Vol. 77, No. 4 (1987), pp. 531–553.

动，其经济利益驱动力更强，而这种自主选择也存在择优机制。[①]对新生代进城农民工的人力资源开发，有利于验证与实践移民的自我选择理论。

（9）丰富了人力资本理论。人力资本理论将劳动力不再列为单纯的生产发展的外生变量或生产的客体要素，而是将其列为生产发展的主体要素，并作为经济增长的内生变量，这一理论开辟了关于人的生产能力分析的新思路，确立了人力资源在现代经济发展中的地位和作用，为人力资源开发提供了理论依据，这一理论也因此成为现代人力资源开发与管理的理论基础。人力资本投资的主体可能是国家、组织或个人，这与人力资源开发相同。人力资本是从经济学视角来分析人力资源投资回报率。这种宏观的投资收益率可以是人力资本的积累，也可能是人力资本在使用过程中所产生的技术进步与生产效率等；而在微观的投资收益则更为直接地体现为劳动者个体货币收入的提升方面。以上分析表明，政府对新生代进城农民工进行人力资本投资，丰富与践行了人力资本理论。

（10）有利于完善人力资源开发理论。相对于宏观的人力资本理论，人力资源开发理论通常聚焦于微观方面。人力资源开发理论属于人力资源管理理论的一部分；人力资源开发理论涉及强化理论、期望理论、双因素激励理论与学习理论等一系列管理理论，人力资源开发目标是提升人力资本，改变其管理行为。这一系列理论对于新生代进城农民工这一特定群体的适用性研究，是政府行为方式选择的理论支撑基础。政府对社会特定弱势群体进行人力资源开发的行为本身就是一种创新。

（11）开创性地构建了人力资源开发的政府行为效用评价体系。本书构建了政府的人力资源开发行为机制与效用评价模型与指数，同时选取了深圳截面数据进行验证，有利于丰富政府行为理论，拓展政府行为评价视角。

---

① Barry Chiswick, "Are Immigrants Favorably Self-Selected?" *The American Economic Review*, Vol. 89, No. 2 (1999), pp. 181 – 185.

三 存在的不足

本书受制于作者的研究能力与掌握的文献资料有限等诸多原因，存在以下不足：

（1）效用指数缺乏相关性分析。本书的效用指数的选取没有进行过相关性的分析，只是来源于理论与逻辑推断，这可能会降低效用指数的说服率。

（2）缺乏对新生代进城农民工的分层分析。针对新生代进城农民工没有从经济地位、人力资本含量、社会地位等视角进行分层分析，这可能会让结论产生一定的争议。

（3）没有对政府进行分层级讨论。在运用政府概念时，没有区分地方政府与中央政府的职能与行为差异，而是将其视为一个整体，这可能使得政府的概念过于宽泛。

（4）数据选取来自截面数据而非面板数据。这使构建的模型与结论的持续性、适用性与科学性未能得到检验，这可能会影响本书结论的信度。

（5）构建的逻辑架构可能存在不完善之处。因为人力资源开发涉及的主体与行为的复杂性，同时还涉及多个学科的交叉，这可能使本书在进行逻辑构建时忽略了相关学科或相关因素的影响。

（6）可能存在的其他不足。受制于笔者的水平与研究的深度与广度问题，可能存在部分表达的逻辑不够严密、语句与词意表达不够完整等方面的问题，还有待各位老师与读者多多批评指正。

四 研究方法

本书的研究方法主要有文献研究法、观察法、定性分析法、跨学科研究法、功能分析法、经验总结法、描述性研究法、实证分析法。

（1）文献研究法。本书主要是通过对新生代进城农民工相关研究的文献、人力资源开发的理论与文献、政府行为理论与目标的相关文献等进行分析与总结，以确定新生代进城农民工的人力资源开发与政府行为之间的逻辑关系，从而形成整体研究构架。文献研究法是本书的主要研究方法之一。

（2）观察法。新生代进城农民工作为一个巨大的社会群体存在于中国社会底层的各个角落。我们通过对这类群体进行有目的性、计划性和可重复性的理性分析与感官判断，有利于启发研究思路与发现文献上所不具备的因素与问题。

（3）定性分析法。通过运用归纳与演绎、分析与总结、抽象与概括等方法，对新生代进城农民工与政府的人力资源开发行为进行定性研究，对现有各类材料进行分析与加工，从而达到认识新生代农民工的人力资源开发及政府行为目标一致性的本质，这种方法有利于揭示内在规律的作用。

（4）跨学科研究法。本书涉及新生代进城农民工、政府、企业与中间组织等多个主体，其行为目标与模式具备多样性，且涉及经济学、社会学、管理学、法学、行政学等多个学科的交叉研究，故跨学科学分析法也是本书的重要研究方法。

（5）功能分析法。功能分析法是社会学研究中常用的分析方法。本书通过对新生代进城农民工的弱势地位这一社会现象与社会系统发展需要之间的关系，分析了新生代进城农民工的人力资源开发的必要性与路径。

（6）经验总结法。因为政府对新生代进城农民工的人力资源开发行为并没有系统性的理论、模型与方法，本书通过对政府的人力资源开发实践活动进行归纳分析，使之成为系统与模型，继而成为一种经验与政策建议，这一研究方法主要应用的就是经验总结法。

（7）描述性研究法。描述性研究法是一种将已有现象、规律和理论通过自己的消化、理解与验证并给予合理的描述、解释与说明的研究方法。这种方法是对各种理论的一般性描述，主要是解释他人的论证、定向地提出问题、揭示不足、描述现象与介绍经验等，这也是本书的重要研究方法之一。

（8）实证分析法。实证分析法是通过运用个量分析与总量分析、均衡分析与非均衡分析、定性与定量分析、静态分析与动态分析、经济模型与理性人假设、逻辑演绎与经验等分析工具，对相关经验进行分析与研究的方法，本书选择了深圳市的人力资源开发的政府行为的截面数据，对其效用进行了实证研究与分析。

第四节　对部分概念的说明

一　人力资源开发与人力资本

（一）人力资源开发

1. 定义

根据全国科学技术名词审定委员会的定义，人力发源开发是指开发者对被开发者采取教育、培训、调配、使用和管理等有效方式，对特定群体或个体的内在素质和潜能的塑造和发掘，以期提高其质量和利用效率的过程。人力资源开发是人力资源管理活动中的一部分。人力资源配置是否科学与合理、人力资源的素质是否有提高的空间、其能力利用是否充分、其潜能是否得到充分开发与有效运用、其开发规划是否科学与有效等问题的存在，说明已经存在的人力并不等于社会实际的生产力，这种潜在形态的能力开发具备现实意义。由此可见，宏观的人力资源开发则是指采用各种开发手段，挖掘劳动者的潜力，提高劳动者的质量，改善劳动者的结构，加强劳动力的组织和管理，以促使劳动者与生产资料的结合处于最佳状态。人力资源开发就是把人的智慧、知识、经验、技能、创造性、积极性当作一种资源加以发掘、培养、发展和利用的一系列活动，是一个复杂的系统工程。微观的人力资源开发则是指在某组织系统内，为充分、科学、合理地发挥人力资源对社会经济发展的积极作用而进行的资源配置、素质提高、能力利用、开发规划等一系列活动。使人的潜能得到开发和有效运用则是宏观与微观人力资源开发的根本目标。人力资源开发的构成要素包括人力资源开发目标、开发主体、开发内容与开发方式等。

2. 目标

人力资源开发的目标：一是通过开发活动提高人的才能。才能是认识和改造世界的能力，它构成了人力资源的主要内容。二是通过开发活动增强人的活力或积极性。通过开发来增强人在工作中的活力，才能充分、合理地利用人力资源，提高人力资源的利用率。人力资源开发双重目标的关系：提高人的才能是人力资源开发的基础。人的才能的高低，决定人力资源存量的多寡；增强人的活力是人力资源开发的关键。有才能而没有活力，这种才能没有任何现实意义；有了活力就会自我开发潜力，提高才能。

3. 特性

科学有效的开发人力资源必须把握人力资源的特性，采取针对性强的对策。实践与研究证明，人力资源有九大特性：不可剥夺性、生物性、社会性、时效性、资本积累性、激活性、能动性、载体性、个体差异性。人力资源的九大特性启示我们在人力资源开发过程中既要遵守自然规律，又要遵守社会规律；既要运用自然科学的方法，又要运用社会科学和管理科学的方法；既要运用物质的力量，又要运用精神的力量；既要注意外界的推动作用，又要注意主观能动性作用。把握人力资源九大特性并实施有效开发，是一个科学的实践过程，因此，首先要对人特别是职业人进行科学的分析认识；其次是深入研究职业环境和职业人的工作过程；最后要在上述研究分析基础上，提供针对性的开发对策并运用不同的方式去推动实施。

（二）人力资本

1. 定义

在20世纪50年代末、60年代初期形成、以"人力资本之父"舒尔茨与加里·贝克尔等学者为代表的人力资本理论，是当代世界重要的经济理论之一。根据百科词条解释，人力资本（human capital）是指劳动者受到教育、培训、实践经验、迁移、保健等方面的投资而获得的知识和技能的积累，亦称"非物力资本"。由于这种知识与技能可以为其所有者带来工资等收益，因而形成了一种特定的资本——人力资本。可以把人力资本投资进行广义和狭义的区分。狭义的人力资本投资包括为形成人力资本直接发生的教育培训费用——直接成本，和为其所放弃的收入——机会成本或间接费用两部分。广义的人力资本投入除狭义的人力投资部分外，还包括维持人力自然再生产的一切费用（如优生、优育、健康和营养等方面支出的费用），与劳动力市场流动实现人力价值的迁移费用，即自然再生产成本和人力市场交易成本。在通常的分析研究中，宏观上的分析主要集中关注人力投资的直接成本方面，在个人和家庭决策时同时关注间接成本的水平。

2. 人力资本理论的主要内容

（1）人力资源是一切资源中最主要的资源，人力资本理论是经济学的核心问题。

（2）在经济增长中，人力资本的作用大于物质资本的作用。人力资本投资与国民收入成正比，比物质资源增长速度快。

（3）人力资本的核心是提高人口质量，教育投资是人力投资的主要部分。不应当把人力资本的再生产仅仅视为一种消费，而应视同为一种投资，这种投资的经济效益远大于物质投资的经济效益。教育是提高人力资本最基本的主要手段，所以也可以把人力投资视为教育投资问题。生产力三要素之一的人力资源显然还可以进一步分解为具有不同技术知识程度的人力资源。高技术知识程度的人力带来的产出明显高于技术程度低的人力。

（4）教育投资应以市场供求关系为依据，以人力价格的浮动为衡量符号。

3. 人力资本理论的意义

人力资本理论突破了传统理论中的资本只是物质资本的束缚，将资本划分为人力资本和物质资本。这样就可以从全新的视角来研究经济理论和实践。该理论认为物质资本指现有物质产品上的资本，包括厂房、机器、设备、原材料、土地、货币和其他有价证券等，而人力资本则是体现在人身上的资本，即对生产者进行普通教育、职业培训等支出和其在接受教育的机会成本等价值在生产者身上的凝结，它表现在蕴含于人身中的各种生产知识、劳动与管理技能和健康素质的存量总和。按照这种观点，人类在经济活动过程中，一方面不间断地把大量的资源投入生产，制造各种适合市场需求的商品；另一方面以各种形式来发展和提高人的智力、体力与道德素质等，以期形成更高的生产能力。这一论点把人的生产能力的形成机制与物质资本等同，提倡将人力视为一种内含于人自身的资本——各种生产知识与技能的存量总和。人力资本理论将劳动力不再列为单纯的生产发展的外生变量或生产的客体要素，而是将其列为生产发展的主体要素，并作为经济增长的内生变量，这一理论开辟了关于人的生产能力分析的新思路，确立了人力资源在现代经济发展中的地位和作用，为人力资源开发提供了理论依据，这一理论也因此成为现代人力资源开发与管理的理论基础。

由于人力资本投资带来收益的外溢性，从而使人力资本的投资计算变得困难。因此，到目前为止都没有一种被公认可行的计算方式来核算人力资本的投资收益率。此外，从人力资源开发视角来看，宏观的人力资源开发的范畴包括人力资本投资。因此在本书中，人力资本是指宏观或微观人力资源主体内的智力、知识、技能及体能的总和，是指人力资源的禀赋含量。

（三）人力资源开发与人力资本投资之间的关系

两者之间既有联系，又有区别。（1）两者之间的联系：人力资本投资的主体与人力资源开发的主体相同，都可能是国家、中间组织、企业或个人；人力资本部分体现了人力资源开发的结果；（2）两者之间的区别：人力资本是从经济学视角来分析人力资源投资回报率。人力资源开发侧重活动的内容、方式和计划的实施与政策选择，人力资本投资侧重这一过程中发生的成本收益比较，涉及资源和市场约束条件下的最优投资组合策略和最佳人力投资选择；人力资源开发依赖于投资行为的过程理性，而人力资本投资依赖于投资结果的经济理性，但在现实活动中常常是两者结合在一起。

人力资源开发必须花费一定的人力、物力、时间和金钱来支持，尤其离不开知识和技术要素的注入。所有这些花费都是人力资本形成的必要投入。因此，从这种意义上讲，人力资源的开发过程实际就是人力资本的形成过程。为提高人力质量而发生的一切费用支出，不再是单纯的个人消费、非生产性支出，在提高生产率和维护持续能力的意义上，它具有积极的生产性质，是一种投资活动，是对人力资本的投资，简称人力投资。

本书研究的对象为政府行为，而政府行为目标不仅仅注重成本与收益之间的经济理性，同时还注重开发过程公平、强调人力资源开发效果的外溢性带来的社会理性。因此，本书认为，人力资源开发包括人力资本投资。

二 农民工

本书的农民工指的是改革开放以后出生、拥有农村户籍的进城农民工。现有农民工的分类与分层研究较多，其中以按年龄、经济社会地位与城市融入程度、城市生活方式等视角较为典型。具体分类见表1－1。

表1－1　　　　　　　　农民工分类

分类视角	类别	基本含义
出生时间	新生代农民工	在1979年（不含）以后出生的农民工
	老一代农民工	在1979年（含）以前出生的农民工
经济地位	准市民农民工	具备较高人力资本与社会资本，转变户籍不取决于外界
	个体农民工	自谋职业或创业，生存能力强，拥有少量的资本
	务工农民工	出卖简单劳动谋职，较少有职业技能，是农民工主体
	失业农民工	没有职业技能，找工作较为困难，是社会风险的主体
	失地农民工	在城市化中失地，少量有技能与保障，以打零工谋生
城市融入	城市隔离者	以从事简单劳动谋生，社会交往限于血缘与地缘关系
	城市半融入者	城市时间较长，拥有城市居民生活方式但未融入城市
	城市融入者	工作稳定且收入高，适应城市文化生活
城市生活方式	血缘型农民工	进城时间短，以亲属为谋职资源与生活圈的农民工
	地缘型农民工	进城时间较长，以来源地或居住地为生活圈
	业缘型农民工	进城时间长，有技能且以兴趣群或工作伙伴为生活圈
是否全职	全职农民工	一般离家较远，可能进城或以其他形式全职务工
	兼职农民工	一般离家较近，兼顾种地和务工来赚取家庭收入

（一）出生时间分类

现有的文献将农民工分为两类：（1）老一代农民工：是指出生在改革开放前，即在1979年（含）前出生、拥有农村户籍、不以耕种自身承包的土地为主要生活来源、以出卖劳动力赚取生活开支的社会群体；（2）新生代农民工：是指出生于20世纪80年代以后、年龄在 16 岁以上、在异地城市就业务工的农业户籍人口。新生代农民工是"90 后"一代的人群，他们虽然生长在农村，但许多"90 后"新生代农民工，早早进入社会，他们游离于城市和乡村之间，生活在别处。2010 年 1 月 31 日，国务院发布的 2010 年中央一号文件《关于加大统筹城乡发展力度进一步夯实农业农村发展基础的若干意见》中，首次使用了"新生代农民工"的提法，并要求采取有针对性的措施，着力解决新生代农民工问题，让新生代农民工市民化。

（二）经济社会地位视角分类

牛喜霞、谢建设（2007）认为，农村流动人口进入城市后已经发生了以经济实力、资本占有等为主线的纵向二次分化，这种特征的阶层化通过居住地、居住方式、交往圈子、价值观和城市认同感等一系列异质性表现划分为以下五类农民工：（1）准市民身份的农民工。是指从事经营活动、占有一定的物质资本与社会资本、有一定的社会声望、雇用他人、全家外出、个人收入高、拥有自己的住房、子女在城市的学校就读、占有大量的城市公共产品、生活水平高于一般市民、实际成为市民的农民工，他们是否转变户籍不取决于制度障碍而取决于他们的意愿。（2）个体经营式的农民工。指在城市一般从事第三产业、在城市维持生存的能力强、拥有少量的生产资本、收入不高、无力购房、子女无法入学、有少部分人可以维持全家人较低城市生活水平的农民工群体。（3）依靠打工维生的农民工。这部分是指在城市第二产业和低端的第三产业中从业的农民工，他们完全依靠打工维持生活。他们工资低、劳动强度大、文化程度低，极少部分拥有一技之长，无力承担家庭向城市转移、生存、发展的高额成本，是候鸟式往返于城乡之间的主流人群，推动这类人群的市民化是政府努力的主要方向。（4）失业农民工：这类人群主要由新生代进城农民工组成，他们文化程度中等，没有一技之长，融入城市的期望较高，但理想与现实的差距巨大，心态容易失衡，经常主动与被动失业，这也是农民工犯罪群体的主体部分。（5）失地农民工。这类人群中有部分人获得了城镇户口却没有在城市生存的技能，失去了土地保障却无法在城市中生存，仅依靠打零工或其他简单劳动来维持生存。[①]

（三）按城市融入视角分类

关于农民工城市融入的研究很多，以张乐天的城市社会空间融入三类划分法较为典型：（1）城市社会空间的隔离者。这类人群以从事清洁工、保姆、环卫等年纪较长者、相夫教子的家庭主妇，工厂流水线作业的工人为主体。（2）城市社会空间的半融入者。这类人群是指对城市有所了解、生活时间较长、有着与城市居民相似的生活方式、职业性质开放的农民工人群为主，他们并没有从心理上融入城市，自己并没有指望长期在城市生活。（3）城市社会空间的融入者。他们一般在城市生活的时间很长，对城市非常了解，熟悉城市的文化与语言，生活方式与习惯也同市民无明显差异，通常拥有较高人力资源，工作稳定，收入较高，他们已从心理上融入了这个城市，是城市社会融入程度最高的人群。[②]

（四）按城市生活方式分类

周利敏（2007）从农民工的工作获取方式与生活交际范围将农民工分为血缘、地缘与业缘型三类流动农民工：（1）血缘型农民工。这类农民工一般是进入城市时间不长，人力资本较低，社会关系较少，无法获得与自己有直接或间接血缘之外的社会资本，在从农村流入城市或换动工作时，主要依靠血缘关系缔结起来社会网络来实现，独立生存于城市的能力较弱，因此，居住、生活在具有血缘关系的社会网络中，他们在城市融入的程度最低。（2）地缘型农民工。这类农民工一般是进入城市时间较长，基本摆脱了对血缘等初级社会资本的依赖。他们通过城市的城中村等居住地认识，并基于来自同一地区、社会层次相近、生活习惯相近、工作内容相近或生活方式相似等因素而相互了解并形成一个相对隔离或封闭的城市次级文化生活社区，在这个社区里，他们相互扶持与帮助，共享社会资本，有一定的城市社

---

① 牛喜霞、谢建社：《农村流动人口的阶层化与城市融入问题探析》，《浙江学刊》2007年第6期。

② 张乐天、徐连明、陶建杰等：《进城农民工文化人格的嬗变》，华东理工大学出版社2011年第1版，第11—44页。

独立生存能力。(3) 业缘型农民工。这类农民工群体一般在某个领域工作时间较长，拥有一定的工作技能，基于工作关系、兴趣爱好等原因聚集在一起，拥有较为广泛的社会网络，拥有较高的人力资本与社会资本，是农民工群体中层次较高的社会群体，拥有融入城市的基本技能与社会资本，是最易市民化的农民工群体。

此外，还有按务工地点的远近分类为兼业农民工、全职农民工，全职农民工中又可分为进城农民工与其他农民工两类。农民工的分类还有很多，他们总体上以人力资本、经济资本与社会资本拥有的多寡为主要因素来进行分类或分层。本书基于研究的需要，只将进城全职务工的新生代进城农民工群体作为研究对象。

三　政府

关于政府的概念有很多种，以边沁的功利主义视角下的政府概念最具代表性，他认为政府存在的目的就是增进社会成员的公共利益与幸福；曹红纲（2007）同样认为，政府是设计的产物，政府可以并且也应当被重新设计和重新建构以更好地增进社会利益。按照卢梭与诺斯对国家的定义，政府与国家在概念与内涵上有一定的共同性，都是为了增进社会成员的共同福利，但是，政府是国家管理主体。洛克在《政府论》中指出，政府的任务是所有公民提供生存、稳定以及经济和社会福利，这也是现代绝大多数国家的最高目标；西方学者对政府的界定中比较流行的有以下几点：（1）政府是人民的共同体与中间体，一切权力属于人民，政府是权力的执行者；（2）政府职能定位为社会调控的杠杆与工具；（3）政府的范围：定义为中央与地方的全部立法、司法、行政机关；（4）在内阁制的国家，政府通常指中央和地方的行政机关。[1] 这些定义符合中国政府的基本特征。

广义的政府是指国家的立法机关、行政机关和司法机关等公共机关的综合，代表着社会公共权力。政府可以被看成是一种制定和实施公共决策，实现有序统治的机构，它泛指各类国家公共权力机关，包

---

[1] 谢庆奎主编：《当代中国政府》，辽宁出版社1992年第1版，第1—45页。

括一切依法享有制订法律、执行和贯彻法律，以及解释和应用法律的公共权力机构，即通常所谓的立法机构、行政机构和司法机构。从这个意义上说，"政府就是国家的权威性的表现形式"。中国地方政府是中央政府的派出机构，中央政府与地方政府之间存在隶属关系，因此在无特别说明的情况下，本书均将中央政府与地方政府视为一个不同分割的整体，统一称之为政府。

第二章 新生代进城农民工人力资源开发的政府行为的分析框架

在中国经济增效转型的关键时期，摆在中国新生代农民工面前的现实选择有三种：长期留在城市成为产业工人、延续上一代农民工在城乡之间漂移、回到农村务农。而事实上，新生代进城农民工绝大部分没有务农经历，也不愿长期待在农村生活，相反他们对城市生活充满了向往，渴望长期生活在城市。所以，他们最理性的选择只有一种，即融入城市、成为产业技术工人并成为城市的新居民。而这一选择的实现依赖于国家的政策体制、企业的盈利途径、社会组织的运行模式与新生代农民工个人长期、共同的努力。

而在此背景条件下，为什么要对新生代进城农民工进行开发？为什么对新生代进城农民工进行开发是政府的责任？政府的行为目标与人力资源开发目标是否具有内在的一致性？政府通过怎样的行为来实现人力资源开发目标？对弱势群体的治理与人力资源开发是否具有内在的一致性？这是本章需要进行目标解构的关键，也是本书行为逻辑建构的关键。

第一节 政府行为分析

一 政府行为类别

（一）政府的类型决定了政府行为类型

现有对政府的研究文献将政府类型分为以下六种：（1）君主本位论。在维护王国利益、增进王国财富的立场上，主张国家干预经济活动。(2) 国家干预论。强调市场存在外部性、垄断性与收入的两极分化，政府的干预是应对市场机制的缺陷。(3) 市场本位论。以哈耶克为代表，强调政府是"守夜人"式的政府，将政府的作用限制在保障市场机制能充分发挥作用，反对市场干预。(4) 发展本位论。认为放任或管制只是服从于国家发展手段，一味寻求放任或管制都会对国家利益造成损害，国家和政府在不同发展阶段应该有不同的表现。(5) 宪政本位论。以公共选择学派为代表，承认市场缺陷，且市场缺陷的存在正是政府产生的前提，但并不是政府干预的前提，因为政府本身可能导致市场更严重的外部性，因此公共选择学派倡导宪政重构，呼吁通过宪政改革界定政府和市场位置，在有保障的基础上构建合理合法的政府。(6) 制度本位论。以新制度经济学为代表，以交易成本理论为核心，认为市场资源配置与组织内部管理都存在成本，前者是交易成本，后者是管理成本，而采取何种方式取决于管理成本与交易成本的权衡。制度经济学认为政府和市场都是服务于资源配置的经济活动的，政府和市场都不存在特殊的地位和作用，仅是服从于节约交易费用的制度安排。[①]

这六种政府的类型各有优势，其核心差异是政府在市场经济环境下的作用、地位与边界有所不同。不同的政府类型，决定了其政府行为目标与价值取向的差异。在中国，政府在强调经济体制改革和对外开放（改革开放）的同时承认市场经济（的缺陷）在资源配置中的决定作用，市场的作用不是万能的，市场之所以不能成为资源配置的唯一途径和方法，是因为市场本身存在滞后性、盲目性、自发性和局限性等多种弊端，因此政府必须发挥它的宏观调控功能。同时当市场出现信息不对称、存在负外部效应、垄断、过度趋利性等情况时，政府充分发挥经济职能（并且）适时与适度地干预经济运行，中国政府的行为类型是典型的国家干预论下的政府行为类型。

（二）政府行为的类别

政府行为按照目的不同可分为政治行为、经济行为、法律行为与

[①] 曹红钢：《政府行为目标与体制转型》，社会科学文献出版社 2007 年第 1 版，第 32—88 页。

行政行为四大类。

1. 政治行为

杨光斌在《政治学导论》一书中指出，政治行为是政治主体围绕政治权力而展开的分配权威性价值的活动。从生理学的行为机理分析，政治行为是政治主体在政治环境的刺激下对其所产生的感受、动机、需求和利益的价值判断，这种判断形成了政治态度，而当政治目标明确时，政治态度则会转化为政治意志进而转化为政治行为。政府的政治行为主要表现为政治统治、公共治理与政治参与三大类，其特点具有目的性、权威性、强制性、公共性、互动性与调和性。

2. 法律行为

法律行为是在一定社会进程中，与一定的意志或意识表示相一致，具有法律意义能够引起相应法律后果和刑事责任的行为。由国家为了促进公共社会福利最大化的目的而依法定程序制定、为了维护社会公共秩序、保护社会公众的私有财产、保障公共安全、促进社会平等而颁布并强制实施法律制度与执行过程。其特点具有正式性、强制性、直接性、公平性与规范性。对于新生代进城农民工来说，唯有在法律面前才会体现出社会地位的平等性，因此，政府的法律行为目标与新生代进城农民工的人力资源开发目标是否具有内在的一致性需要建立在强有力的制度保障措施下。

3. 行政行为

行政行为指政府依据相关法律规定，依靠组织权威，运用强制性的命令和措施，通过组织自上而下的行政层次的贯彻执行，直接或者间接对社会团体或社会成员施加管理的手段与行为。政府是行政行为的实施主体。行政行为具有正式性、直接性、规范性与一定程度的强制性。关于政府的行政行为研究，基本的理念是依法行政，同时规范政府行政行为是依法治国的基本要求。闫立志（2016）认为，完善国家治理体系是社会主义现代化建设的一项系统工程。社会治理过程中政府必须处于主导地位，要承担起政府的行政责任，同时，要进一步完善问责机制，推动政府行政责任的贯彻落实，进而实现国家治理体系的完善和依法行政的目标顺利实现。邓剑光、黎军（2007）认为，法治政府的基础是正视行政权从属于法律，要求政府权力在法律范围内运行并保障不被滥用。对公民行为而言，法学理论认为，"法不禁止即自由"，即只要法律没有明文禁止，公民就可自由地开展任何行为；而对政府行为而言，依法行政的理论是"法未允许即禁止"，即行政权的行使必然要有法律依据。基于欧洲的福利国家概念兴起，对行政行为的要求是积极作为，目的是争取社会公共利益最大化，其行政行为不仅是维护秩序，还兼顾公共服务给付的职能。[①]

4. 经济行为

经济行为是政府通过自身行为结果与社会成员的经济利益联系起来以调节其成员行为的一种管理手段。如社会福利待遇引导人才流动，采用奖金激励社会成员进行创新，以罚款惩治违反法律秩序等行为。这种行为的主要特点是：非强制性和间接性，而不像行政行为那样，对被管理者的行为进行直接和强制性的干涉和支配。薛克鹏（2013）认为，政府经济行为仅是政府利用稀缺资源从事生产、交易、分配和消费以及提供服务的活动，并不包括以强制为特征的规制行政。和私人企业相同，政府任何一种经济活动都与社会公共利益直接相关，一旦失去控制，将对社会造成重大损失。进入"十三五"规划时期，市场经济在资源配置的决定性作用更加需要政府的经济作用来协调发展。同时社会主义市场经济体制的成败，既取决于能否对社会经营者进行合理规制与配置，更取决于能否有效规制政府经济行为。

二 政府行为目标与价值取向

（一）政府的行为目标

边沁在《政府片论》一文中指出，民众之所以愿意接受政府的统治，是因为政府以增进全社会最大多数人最大幸福为行为目标，这是政府基本的也是最高的功利主义原则，这一原则既是政府理性的职责也是其执政的基础。他认为，幸福分生存、平等、富裕和安全四项，

[①] 邓剑光、黎军：《法治政府视野下的行政行为研究》，中国社会科学出版社2007年第1版，第53—58页。

最大限度地增进最大多数社会成员的幸福，就是贤明政府的执政目标①；本书认为政府的行为目标就是促进社会成员生存、平等、富裕与安全四项基本目标。而这四项目标的实现，需要政府在公平与效率之间寻求均衡。

（二）政府行为的价值取向

古希腊的亚里士多德等学者认为其政府行为的价值取向应该是公共利益，只有变态的政府行为价值取向才是统治者个人或部分人的利益。英国的大卫·休谟认为，自由政府的行为目标就是为公众谋取利益。现代公共行政理论将政府视为管理公共事务的组织，并且突出政府的公共属性，认为政府应该是社会公共利益的代表，其价值取向理应是公共利益。② 美国公共行政学家 E. 彭德尔顿·赫林在《公共行政与公共利益》一书中明确指出，政府机构应该视为一个整体，其职能应该是执行公共利益政策和促进总的社会福利事业发展。美国政策科学学者詹姆斯·E. 安德森也认为，政府的任务是服务和增进公共利益。在法治政府基本理念指导下，政府的政策行为是政府行为的基本体现，政府的政策行为的目的可以抽象理解为政府的行为目的。此外，以政策的形式来规范政府的行为，也是政府行为法制化的具体表现。

在法治政府基本理念指导下，政府的政策行为是政府行为的基本体现，政府的政策行为的目的可以抽象理解为政府的行为目的。此外，以政策的形式来规范政府的行为，也是政府行为法制化的具体表现。政府行为的价值导向可分为公共利益导向、团队利益导向与个人利益导向。个人的行为离不开个人的价值取向、价值理念与价值准则作指导，这些准则决定了人的行为目的的正当性，个人判断个人行为正当与否，也是根据个人价值准则进行的。而政府行为是否正当是由其价值取向决定的，而政府行为的正当性也要通过价值准则来判断。

---

① 吴雷钊：《政府片论（导读）》，天津人民出版社 2010 年版，第 71—80 页。
② 胡象明：《政策与行政——过程及其理论》，北京大学出版社 2008 年第 1 版，第 12—44 页。

现代公共行政理论将政府视为管理公共事务的组织，并且突出政府的公共属性，认为政府应该是社会公共利益的代表，其价值取向理应是公共利益。① 21 世纪，为了实现社会主义现代化建设，构建、维护和保持社会的和谐稳定发展势在必行，对此，政府行为的价值取向和根本任务，就必须使政权和政府的一切所作所为都必须从是否有利于捍卫国家利益、维护公共利益和公民权利出发，并确保国家利益、公共利益、公共权利三者之间的关系协调统一。

三 政府的人力资源开发行为

约翰·穆勒在《政治经济学原理》（下卷）一书中说，"一般可以这样说，无论什么事情，如果为了人类或子孙后代的一般利益，或如果为了那些需要他人帮助的社会成员的当前利益，而个人或私人团体做这种事情又不会得到合理报酬，那么就宜于由政府做这种事情"。② 这句话包含了三层含义：（1）政府行为应服从于公共利益；（2）当因存在正的外部性而影响到市场行为参与时，政府应当干预；（3）帮助那些需要他人帮助的社会成员获取正当利益是政府的责任。基于政府理论视角，因为个体的人力资源开发行为存在正的外部性，这使得政府的人力资源干预与补偿行为具有正当性。此外，政府人力资源开发的目标与政府行为价值取向存在内在的一致性。

（1）个体的人力资源开发行为存在正的外部性。个体的人力资源开发行为使得宏观社会、中观组织、微观个体获益：①在宏观层面，依据内生增长理论，个体素质与技能的提升使国家人力资本的积累、社会资源利用效率得到提升进而促进经济增长，提升了国家竞争力和国民公共福利，同时，个人素质与技能的提升使得民众自身的谋生能力得到加强，进而使社会治理与社会救济成本下降，这些都符合政府行为的核心利益；②在中观层面，企业因为员工技能的提升而使其技术积累增加，进而提升劳动生产效率与提升企业竞争优势；③在微观

---

① 胡象明：《政策与行政——过程及其理论》，北京大学出版社 2008 年第 1 版，第 34—37 页。

② 约翰·穆勒：《政治经济学原理》下卷，商务印书馆 1991 年版，第 569—570 页。

层面，劳动者技能提升带来收入的上升，家庭经济状况的改善使得家庭成员因此受益，个体也因此提升自信心并进而提升消费能力，促进其在社会阶层中向上流动。这一系列的正的外部性使得人力资源开发行为变得非常必要。

（2）弱势群体难以获取市场化的人力资源开发相关资源投入的机会。虽然人力资源开发行为使个体的收入得以提升，但弱势群体的人力资源开发的市场投资行为不具备经济理性。因为，按照美国学者加里·贝克尔的研究表明，人力资本投资收益率与受教育年限成正比，市场化与企业化的人力资源投资不会将有限的资源投向素质相对较低的弱势群体，因此弱势群体在市场化的环境中难以获得市场化开发机会与资源。

（3）弱势群体的人力资源开发的自主投资能力与意愿偏弱。弱势群体因受制于自身能力、技能、学历、收入有限而在人力资源投资方面的经济支付能力和支付愿望偏弱。此外，因为处于社会底层，依据马斯洛（Maslow）的需求层次理论，他们虽然有发展的需求，但生存与安全需求占据了主导地位，从而让他们忽视了自己未来的长远发展，安于现状、平平庸庸的生活条件足以让他们满足内心的需求。因此，对自身的成长机会与发展要求并没有刻意去追求与奢望。因为，他们看不到未来的希望，他们也不知道他们未来的出路在哪里，同时人力资源开发投资的收益处于未知状态，对于人力资源开发过程中应该针对该群体的哪一类别进行开发？怎样去开发？开发之后会得到什么样的投资收益？这一系列难题使新生代进城农民工的行为更为短视而导致人力资源开发投资的主观意愿降低。

（4）政府在人力资源开发方面的投资符合其行为目标与价值取向。美国公共行政学家 E. 彭德尔顿·赫林在《公共行政与公共利益》一书中明确指出，政府机构应该视为一个整体，其职能应该是执行公共利益政策和促进社会整体福利事业发展。美国政策科学学者詹姆斯·E. 安德森也认为，政府的任务是服务和增进公共利益。而人力资源开发存在正的外部性，增进和维护社会利益，促使开发客体充分意识到自身的长远发展，在社会经济不断提升中他们的社会地位开始被重视，这一外部性正是公共利益的体现。因此，政府的人力资源开发行为符合其行为目标与价值取向。

第二节 新生代进城农民工人力资源开发的目标与内涵

在国外的移民研究中，研究者都强调移民在原居住国获得的人力资本到了他们所移居国之后需要经过"转化"（transformation）才能发挥作用，这是一种重新学习和适应的过程（Chiswick，1978、1979；Sanders and Nee，1996）。新生代进城农民工从农村转移到城市过程中，在以短期 GDP 政绩导向考核模式的政府治式下，城市空间的扩张使政府权力与资本形成"增长联盟"。这种资本权力化与权力资本化决定了各级政府倾向制订经济发展优先与城市发展优先的地方发展战略，着力于推动外来物质资本与人力资本的流入来推动本地城市的发展和经济增长，而不会将本地人力资本投资与开发置于显著重要的地位，这使得新生代进城农民工作为素质相对较低的外来人口自然更应该获得迁移所在地政府的人力资源开发行为的资助。[①]

一 新生代进城农民工人力资源开发的现状分析

当前的观念认为，制约农民工人力资源开发的因素主要体现在认知差异、培训机制、相应政策三个方面。（1）认识差异：新生代进城农民工和当地政府对农民工培训工作的重要性存在认知差距，农民工的培训需求选择着眼于眼前，期望通过培训来解决当前最基本生活问题，且没有能力与意愿承担高昂的培训费用，对于他们来说，经济收入、人力资本、城市生活经历和职业地位等因素影响到进城意愿，并且大多数新生代农民工选择县城和地级市作为主要的拟迁目的地；当地政府因对其培训带来的社会利益（公益性）、投资收益认识不足或基于本地经济发展与社会进步的短期利益导向而认为培训应该是农民

---

① 胡滨：《我国城市化进路中社会风险探析》，《西部论坛》2012 年第 22 卷第 2 期。

工自己的事情，没有意识到这种培训可能产生的外溢效应，故在对农民工人力资源的开发宣传力度与实施效果上没有给予相应的重视，在人力、信息技术、财务与物力上也没有给予相应的支持。(2) 培训机制没有形成合力。地方政府受制于认知不足、自身的财力有限、权力有限、相应的政策制定运行机制缺失或不配套，各地方政府尚处于对中央政策的理解与落实的初级阶段，对农民工、用人单位、培训机构参与培训的指引与激励作用有限，尚未形成科学、民主、多元的政策与资源配套机制。(3) 中央和地方财政投入偏低。现有新生代农民工培训费用基本是个人投入，入职后再由企业自行决定其培训投入，农民工自身受制于经济条件而很少参与职前培训，企业受制于赢利压力与员工的频繁流动而在培训方面投入的动力不足，中央和地方政府在对企业与员工培训资助方面给予的力度非常有限，因而新生代进城农民工的培训积极性难以调动起来。[①] 当前关于农民工的政府行为主要集中于基本劳动权利与法定劳动权益的救助与保障方面，在农民工人力资源开发方面，也仅限于协助就业的基本技能方面的培训，政府当前的人力资源开发不具备系统性与连续性。对于社会整体来说，新生代进城农民工的开发培训提升，既有助于提高财富创造能力，也有助于社会资本积累。人力资本、物质资本和社会资本积累形成了农民工市民化能力和增进社会公共利益。人力资本提升导源于技能培训和农民工与市民的贝叶斯学习（即农民工与市民间行为的互动、模仿和改变），贝叶斯学习积累了社会资本，技能培训提升了物质资本积累能力，农民工自身三种资本积累内在地提升了农民工的技能和认知态度。

二 新生代进城农民工人力资源开发的内涵

虽然学界关于中国的刘易斯拐点是否已经到来尚存争议，但中国依靠农村的廉价劳动力转移来获取经济增长的动力正在衰竭这一现状无可否认。城市产业结构调整及经济转型升级的内在需求，使城市中

---

① 张博：《以职业教育推进农民工城市化》，《甘肃科技》2005 年第 8 期。马桂萍：《农民工培训的制约因素及其突破思路》，《高等农业教育》2004 年第 11 期。

出现"体力型"的低层次劳动力过剩而"技能型"的高素质劳动力短缺[①];经济快速增长与城市空间的快速扩张、经济社会的转型与和谐社会的构建都需要高素质的人口资源支撑。新生代农民工在制度安排下长期处于社会的最底层,个人收入远低于社会平均水平,贫富差距在不断扩大,这将可能导致他们成为巨大的社会风险源。

新经济增长或内生经济增长模型说明了增加人力资本投资是促进经济优质增长的主要因素。《中国人才发展报告》的主编潘晨光认为,中国人力资本的闲置、人力资源开发的低效率才是中国目前最大的浪费。毛新雅、彭希哲(2012)认为,处于人口红利期的国家并不能自动获取人口红利带来的经济增长成果,而是需要良好的制度环境、有效的措施保障,这些包括了较高的政府机构管理水平、稳定的社会环境、公允的市场化推进机制、公平的劳动立法环境、均等的受教育机会、公平与充分的就业机会、坚定的改革开放政策等诸多方面。此外,增加对劳动工人的人力资本投资以提升中国企业的国际竞争力,能够放大人口红利效应。促进农村人口向城市进行转移、结束由城市化向半城市化状态转变是中国获取更多的人口红利、保障经济持续增长的有效手段。[②]"人口红利"渐行渐远,劳动力市场日益凸显的规模缩减和结构老化正在成为中国经济转型升级的掣肘。首先,劳动力供给市场发生了变化。由于农村人口发展态势的变化、一系列惠农政策的实施和新农村建设的开展,农民工劳动力市场开始从"需求主导型"向"供给主导型"转变。其次,新生代农民工成为农村劳动力转移的主体,这个群体具有与老一代农民工不同的经济社会特征和行为,面临不同的经济环境与就业环境,其劳动供给行为将对农村劳动力转移和城市就业形势,乃至社会经济发展产生重大的影响。再次,就业形势更复杂。当前和未来中国就业形势不仅面临劳动力规模问题,而且面临劳动力结构的挑战,结构性失业问题将更突出;就业与

---

① 劳动和社会保障部培训就业司劳动科学研究所课题组:《农村职业技能培训的现状、问题和对策》,中国劳动力市场信息网,2004年12月15日。
② 毛新雅、彭希哲:《城市化、对外开放与人口红利》,《南京社会科学》2012年第4期。

经济增长的关系也日趋复杂。最后，人力资本提升和效能发挥更显重要。在经历了30多年高速经济发展以后，中国经济面临着如何保持持续增长的重大问题。世界发达国家经济发展历程表明，人力资本是经济持续增长的关键因素，对正处于经济结构调整和经济发展模式转变的中国而言，这个关键因素无疑是未来经济增长的"推进器"。

新生代进城农民工的人力资源开发，涉及国家与社会的宏观层面，也牵涉企业组织与生活社区等中观层面，更涉及进城农民工本人的微观层面，是一个复杂而庞大的社会系统共同作用的结果。在这个系统中，新生代进城农民工群体处于社会弱势，政府处于绝对强势，其人力资源开发的政府行为将对宏观、中观与微观三个层面产生不同影响，并具有不同的现实意义。

（一）宏观层面的现实意义

1. 融入城市几乎是新生代进城农民工的最佳选择

相对于传统的农民工，他们没有务农的经历却拥有与城市同龄人相仿的生活阅历，他们生活在城市，心理预期高而承受压力能力低，缺乏农业生产劳作的经验与技能，在农村社会中处于边缘位置；同时，受城乡二元结构的限制与自身文化、技能制约，在城市中难以获取稳定、体面的高收入工作，同时非常渴望融入城市主流社会却受制于自身条件难以实现，所以不得不置身于城市的底层。土地向他们提供保障功能大大削弱，但他们又没有进入城市社会保障体系。宋玉军（2014）从宏观层面将农民工问题归结为五个方面：农民工问题既是"四农问题"，"转移就业问题"，又是"公共服务均等化问题"；既是"城乡资源重新配置问题"，又是"制度问题"。所以，绝大多数的新生代进城农民工在城乡两地都处在边缘地位。[①] 虽然在2014年7月24日国务院就颁布《关于进一步推进户籍制度改革的意见》，但是，据目前统计，只有少数几个省份开始实施"取消农业户口"的方案，在政策方案逐步贯彻落实的过程中，仍然会出现之前的"城乡二元户籍

[①] 中国工运研究所：《新生代农民工：问题·研判·对策建议》，中国工人出版社2011年版，第6—7页。

制度"遗留的问题。因此,在打破城乡二元格局的过渡阶段,相对于老一代农民工,提升自身素质与技能并融入城市几乎是他们的最佳选择;但是,作为社会弱势群体,没有政府行为的干预,这一选择难以实现。与第一代农民工相比,基于成长的不同经济社会背景,新生代农民工突出的"新"特征表现为更强的维权意识、更好的工作条件和待遇的诉求,对未来的生存、发展有新的期盼。据全国总工会的调查显示,新生代农民工群体中有55.9%的人准备将来"在打工的城市买房定居"。新生代进城农民工相对于传统农民工受教育时间较长,拥有农村务农生活经历少,他们对于转换身份与融入城市社会的愿望相对强烈。说明了在未来发展取向上,"落地生根"替代了传统的"叶落归根"。

2. 新生代进城农民工的人力资源开发有利于促进经济发展方式转变

经济发展方式转变是中共十七大报告提出的新战略要求,也是我国"十二五"规划的主要内容。当前经济增长方式是一种低劳动力成本、低社会福利成本、低产品质量、低安全保证成本和低环境污染成本的"五低"式经济增长模式,这种模式是政府与企业以GDP增长为绩效考核导向模式下的具体反映,这种模式导致了经济社会发展的失衡并造成公共物品供求的失衡,进而导致经济与社会发展的不平衡。面对复杂严峻的形势,我国始终坚持对外开放的基本国策不动摇,推动外需与内需、出口与进口、"引进来"与"走出去"、东部与中西部协调发展,对外开放再上新台阶,开放型经济对经济社会发展的贡献日益突出。进入"十三五"规划时期,也是实现"两个一百年"奋斗目标的关键时期,同时更加重视全国经济协调发展的短板,大力号召解决农村贫困问题,为实现全面建成小康社会打好扎实基础,只有补齐短板、解决好社会公众最关心的利益问题才能突破我国经济发展新常态中出现的结构性矛盾,从而提高经济增长的质量与效益,推动经济发展转入新轨道。在"十三五"规划时期,国家将保持经济增长、转变经济发展方式、调整优化产业结构、推动创新驱动发展、加快农业现代化步伐、改革体制机制、推动协调发展、加强生态文明建设、保障和改善民生、推进扶贫开发作为发展的十大目标，可以看出不管是转变经济发展方式还是优化产业结构，它们都是为了经济增长服务。

"十二五"、"十三五"规划时期都强调促进经济社会的平衡发展，转变发展方式是经济发展的主线。"十二五"规划依此提出社会需求、产业结构与要素投入等方面的"三个转变"来促进经济增长，尤其在要素投入结构上，明确提出要由主要靠增加物质资源消耗向主要依靠科学进步、劳动者素质提升与管理创新转变。"十三五"规划期间提出了经济增长将"保量提质"；改革与创新将是实现增长与转型之间平衡的关键因素；而人力资本、改革与创新，将为经济增长提供新的动力。增长动力决定经济未来，工业化时代，我们依靠人口红利、对外贸易、固定资产投资，实现了经济高速增长。但是随着人口红利的消失、房地产周期见顶，工业化时代步入尾声。从生产要素出发，外来经济增长的动力中，资本的作用将有所下降。依据"十二五"、"十三五"规划时期的内容，对新生代进城农民工进行人力资源开发，挖掘潜在人力资源，积累人力发展资本，提升劳动者人力资源素质与技能，将其培养成能适应经济发展方式转型所需要的新一代产业技术工人，从而使其适应这一社会转型——由生产资料与简单劳动密集型向人力资本与创新技术密集型经济增长方式转变，这既是中国当代社会的紧迫需要也是中国未来人才发展战略需求，同时还是中国政府面临的责任与挑战。

3. 新生代进城农民工的个人禀赋特征有利于农民工人力资源开发效用最大化

根据 Heckman、Lochner 和 Taber（1998）的人力资本投资的时序模型显示，人力资本投资回报率与年龄呈负相关，高能力与低能力的投资回报率是两条平滑不相交的曲线。[1] 新生代进城农民工正处于在职教育投资回报率最高的年龄段，同时相对传统农民工来说，新生代

---

[1] James J. Heckman：《提升人力资本投资的政策》，曾湘家译，复旦大学出版社 2003 年第 1 版，第 51—65 页。

农民工正逐步成为城市技能劳动者的主体，其人力资本特征为：首先，接受教育水平不断提高，但技能短缺。根据 2016 年农民工监测调查报告显示：农民工中，未上过学的占 1%，小学文化程度占 13.2%，初中文化程度占 59.4%，高中文化程度占 17%，大专及以上文化程度占 9.4%。高中及以上文化程度农民工所占比重比上年提高 1.2 个百分点。其中，外出农民工中高中及以上文化程度的占 29.1%，比上年提高 1.2 个百分点；本地农民工中高中及以上文化程度的占 23.9%，比上年提高 1.3 个百分点。

其次，由于学历不断提升，新生代农民工对自己未来的预期投资收益欲望提高，导致培训意愿较高，但接受过技能培训的农民工比重小幅下降。根据 2016 年农民工监测调查报告显示：接受过农业和非农职业技能培训的农民工占 32.9%，比上年下降 0.2 个百分点。其中，接受非农职业技能培训的占 30.7%，接受过农业技能培训的占 8.7%，均与上年持平；农业和非农职业技能培训都参加过的占 6.5%，比上年提高 0.2 个百分点。其中，本地农民工接受过农业和非农职业技能培训的占 30.4%，比上年下降 0.4 个百分点；外出农民工接受过农业和非农职业技能培训的占 35.6%，比上年提高 0.2 个百分点。

最后，流动比率高，职业发展连续性差。新生代农民工流动比率高的原因很多，除了盲目追求薪资高、工作环境好的企业之外，对任职企业文化是否认同、对未来职业发展前景的预测、企业提供培训机会的多寡都是新生代农民工考虑是否跳槽的重要因素。过多地将高流动作为拒绝为新生代农民工提供培训的理由，只能模糊企业理应承担的培训责任。技能形成与提升是持续的过程，新生代农民工的高流动会打断这一过程，造成培训的中断，不断地跳槽会导致新生代农民工培训的重复化、表面化。每到一个新的企业都要重新接受上岗培训，在技能尚未提升时再次发生流动，对企业而言是培训的浪费，对新生代农民工而言是时间的浪费和接受较高水平技能培训机会的缺失。他们具备相对较高的学历和技能潜力，更容易塑造成符合社会需要的技术产业工人，对这类人群进行人力资源开发与投资，可使人力资本投资效用最大化，政府部门需要坚定决心加大对这类人群的人力资本投资力度。

4. 提升新生代进城农民工人力资本有利于促进社会和谐

在贫富差距日渐扩大的中国社会，新生代进城农民工因为年龄偏小、社会承压能力偏弱导致心理失落感强强，对相关劳动法律的认知程度越高则社会公平感越强烈。如果他们在城市生活的强烈愿望不能通过合法途径与渠道得以实现，城市游民与贫民集聚的风险就会增大，这将不利于社会安定与和谐，并进而引发了诸多的社会问题。相反，提升新生代进城农民工人力资本不仅有利于构建和谐劳动关系，而且有利于维护社会稳定。和谐劳动关系的构建关系到新生代农民工的切身利益，是和谐社会建设的重要组成部分。目前，由于新生代农民工群体的利益诉求日益多元化以及劳动关系影响因素多样化，导致劳资关系发生新变化，劳资矛盾日趋复杂，使我国社会进入劳动关系矛盾多发期，加之部分企业过度追求经济利益，缺乏社会责任感，损害工人劳动权益的事件时有发生，不时引发新生代农民工罢工、群体暴力事件等维权行动的产生，使和谐劳动关系的构建中出现了不和谐的音符。尊重新生代农民工的创造愿望，维护好新生代农民工合法权益，解决好新生代农民工利益诉求，减少不和谐因素，才能推进和谐劳动关系构建，促进社会和谐稳定。随着我国新型城镇化的加速发展，农业转移人口日益增加。大批新生代农民工涌入城市在给城市的建设和发展注入了有生力量的同时，也给维持社会稳定带来了压力和挑战。正视新生代农民工的利益诉求，完善各种社会政策措施，解决他们的利益诉求困境，满足他们经济、政治和身份转换的诉求，使新生代农民工能够安居乐业，共享改革和发展的红利，有助于保持这一群体的心理平衡，减少社会摩擦和矛盾，保证各阶层之间安定团结，遵从社会秩序和行为规范，维护保持我国改革开放和经济发展顺利进行的稳定大局。提升处在城市社会边缘与社会底层的新生代进城农民工的社会资本、生存与发展技术、提升就业能力、帮助他们成长、维护他们的切身利益，有助于他们提升个人自信、提高个人收入从而实现其体面的生活进而成功融入城市社区，这同时也有利于实现社会公平与消除贫困，促进社会和谐发展。

（二）中观层面的现实意义

1. 有利于企业升级转型与人力资本提升

根据全国总工会的报告，新生代农民工跳槽的比例要比传统农民工高3倍左右。[①] 有80%多的新生代农民工主动要求终止劳动关系，这一比例比传统农民工要高出17个百分点；企业因为他们频繁地跳槽而不愿在培训开发方面投入更多，而他们自身也因为频繁跳槽而缺少技术积累，只能从事简单劳动而领着最低的薪水。企业应成为新生代农民工培训的主体，但目前企业培训的主体意识尚未形成；企业培训成本高；企业存在差异性；企业培训缺乏政策法规支持；企业培训多头管理，管理监督机制缺失。要破解企业培训的困局，需要将新生代农民工培训纳入国家职业教育体系和企业技术技能积累体系；提升企业培训的主体意识，给予企业培训更多支持；构建有利于企业培训的制度环境。因此，政府应该充分发挥企业和自身的优势资源为新生代农民工提供更有力的政策制度软件环境。完善企业升级转型与人力资本的提升，在功利主义的影响下，对于以营利为目的的企业和以追求自身利益最大化的人类相互之间存在博弈现象。一方面是企业渴望拥有大批的职业化素质与熟悉技术的新生代农民工来提升企业人力资本积累；另一方面是新生代农民工追求发展机会而不断跳槽，这让企业在新生代进城农民工的人力资源开发方面处于矛盾与观察心理，这一现实矛盾需要政府部门担当相应的角色进行调和与资源的合理配置。同时大力加强职工队伍素质建设，为实现"十三五"规划提供强大的智力支持和坚实的人才保障。加强技能培训和下岗失业人员技能再培训，引导广大职工群众树立终身学习理念，加大人力资本投入，提升新生代农民工职业技能，更好地适应创新带来的市场变化和创业就业条件变化。

2. 有助于社区治理

以地缘、血缘与业缘关系为主的新生代农民工，他们渴望身份认

---

① 车丽：《全总报告：近1亿新生代农民工很难再回归土地》，中国广播网，2011年2月21日。

同、城市融入与社会资本的公平与快速积累，却遭受诸如户籍制度、社区排斥等来自制度与非制度性障碍，这种障碍阻碍了新生代进城农民工的社区参与、社区融入与社会融合，提升了社区治理难度，不利于社区稳定。由于新生代农民工的城市融入受到阻碍，除了外部的制度、经济、文化障碍外，其自身在职业技能、生活方式、价值观念、社会交往方式等方面也与城市不相适应，内在综合素质的不足严重影响了新生代农民工城市融入和社区参与的进程。因此，提高新生代农民工自身的素质以及发挥政府的协调作用和制定相关优惠政策，已成为解决其城市融入与参与问题中不可或缺的部分。大量理论研究和实践证明，社区教育在提升新生代农民工自身素质，促进其市民化的过程中优势明显。然而，由于我国正处于转型期，受经济社会发展水平的制约，社区在开展针对新生代农民工的教育实践中还存在诸多问题，未能真正发挥好社区教育在促进新生代农民工城市融入中的作用。这种障碍的解决有待于政府、社区以及新生代农民工共同努力，给予新生代进城农民工在社会资本积累过程中提供公平的社会环境和政治参与途径。

3. 有助于提升家庭生活质量

家庭是最小的社会单元，在中国人心目中占有特殊的位置，家庭和谐对个人身心健康起着决定性作用，家庭的生活质量对新生代进城农民工子女的健康成长与未来身份改变起着决定性作用。同时新生代农民工是城市及农村建设的生力军，其家庭成员的健康状况对推动城市化进程、促进社会和谐发展有着重要的意义，吴伟旋、徐军（2016）等在对珠三角地区新生代农民工不同的生活方式、生存质量以及影响因素的研究中，调查发现新生代农民工的生存质量状况受生活方式因素的影响较大，因此，改变不良生活方式和行为，养成科学合理的生活习惯是改善新生代农民工的生存质量的重要环节，在新生代农民工中开展健康教育，倡导健康行为非常必要。开展健康教育来提升新生代农民工对自身以及子女生活习惯和生存质量的认识，对此他们对自身的人力资本的积累有着更高的需求，来自深圳市总工会2010年4月的调查报告显示，新生代进城农民工仍然属于吃苦耐劳型，收入和消费均低于老一代农民工，在个人培训、上网、日用品等项目开支上要高于老一代，且具有强烈的家庭责任感。[①] 一方面，他们期望通过社会资本与劳动技能提升，来提升家庭收入、提高家庭生活质量、维护子女健康成长、改善家庭的社区关系、促进家庭生活稳定。另一方面，他们自身的人力资本与社会资本均不能支持他们实现对家庭的责任。对新生代进城农民工进行人力资源开发，提升他们的人力资本与社会资本积累，有利于提升其家庭成员的生活品质，改善家庭的社区关系，促进家庭和谐，从而促进新生代进城农民工个人的生活环境改善。

4. 有利于构建阶层流动的示范效应

新生代进城农民工相对于传统农民工受教育时间较长，拥有农村务农生活经历少，他们对于转换身份与融入城市社会的愿望相对强烈，而现行的进城落户、子女上学、住房保障、就业技能培训、学历提升、薪酬分配、社会保障（工资分配、社会保障、职业培训和进城落户）等诸多政策制度均对享受对象的人力资本方面设置了硬性要求，而这些设置成为新生代进城农民工个人成长与提升的障碍，当他们个人的力量无法突破这些障碍时则可能产生消极与反抗的社会心理，甚至引发大量的社会犯罪。政府部门有义务通过制度梳理与人力资源开发帮助新生代农民工打通向上层社会流动的通道。在 2016 年 3 月，中华全国总工会关于印发《农民工学历与能力提升行动计划——"求学圆梦行动"实施方案》的通知充分体现出国家对农民工生存条件、生活质量、权益保护、创新创业、综合素质、资源权限、技能培训学习的重视。"求学圆梦行动"实施方案的主要任务有以下几点。

第一，提升学历教育层次，提高专业技能。立足岗位技能和职业发展需要，为有意愿、有能力接受学历教育的农民工，提供相应的学历继续教育。面向具有普通高中或中等职业学校文凭或相当知识水平的农民工，提供专科层次或高起本学历继续教育；面向具有专科或以上学历，且有进一步提升学历层次需求的农民工，提供本科层次的学

---

① 深圳市总工会：《新生代农民工生存状况调查报告》，人民网，2010 年 7 月 15 日。

历继续教育。推进学习成果累计机制建设，激励农民工终身学习，不断提升专业技能和学历层次。每年在全国范围资助 30 万农民工接受学历继续教育。

第二，提升岗位胜任能力，促进产业转型。紧密对接经济社会发展和产业结构调整升级对人才的多样化需求，面向农民工开展技术技能培训，支撑和助推产业转型。重点面向在建筑、制造、能源、物流、餐饮、物业、家政、养老等行业签订固定劳动合同的农民工开展岗位技能培训；面向在节能减排、产能落后、产能过剩的企业工作的农民工，开展转岗培训、技能提升培训或技能储备培训，提高其就业稳定性及职业迁移能力；面向在外向型企业工作的农民工开展国际投资、商贸合作、国家战略等培训，适应中国企业走出去的战略需求等。

第三，提升创新创业能力，助力万众创新。有针对性地开展创新创业培训，提高农民工创新创业意识和能力，推动"大众创业、万众创新"。主要面向具备较高职业技能和发展潜力，具有较强职业发展需求和自主创新意愿的农民工（尤其是企业拔尖技术人才），开展立足岗位的创新培训；面向有创业意愿的农民工开展以创业意识教育、创业项目指导和企业经营管理为主的创业培训；面向有返乡创业意愿的农民工开展针对性技术培训。

第四，提升综合素质，融入城市生活。面向农民工开展包括社会主义核心价值观、职业生涯规划、基本权益保护、心理健康、安全生产、城市生活常识、疾病防治等的通识性素养培训，帮助农民工更好融入城市生活，推动以人为本的新型城镇化建设。对少数民族农民工开展汉语普通话培训，提高农民工的基本素质和社会责任感、主人翁意识，增强维权意识和自我保护能力，提升幸福生活指数。

第五，开放优质网络资源，助推终身学习。充分利用现有资源及资源服务平台，搭建面向农民工开放优质网络学习资源的公共服务平台，建立线上线下相结合，非学历与学历教育并重，工作学习一体化的农民工继续教育新模式。充分发挥国家数字化学习资源中心、开放大学、职业院校、成人高校、工会院校及培训机构、大学与企业联盟、在线教育联盟作用,在现有网络资源基础上,通过推荐、遴选、整合等方式,建立网络课程、视频公开课、微课等多种类型的网络资源开放目录,并面向社会公布,扩大优质教育资源覆盖面,助推农民工随时学习、终身学习。

提升农民工学历层次、技术技能及文化素质,畅通其发展上升通道,更好地服务"中国制造2025""脱贫攻坚""大众创业、万众创新""一带一路"等重大发展战略,践行"求学圆梦行动"。实施方案的基本工作就是政府部门要充分鼓励新生代农民工、企业认识自身的潜在发展机会,建立生活保障、技能、学历、生活质量提升的外部宏观政策环境。新生代农民工面临的是血缘、地缘与业缘的社会环境,他们向上层社会成功流动的例子,有助于对其他新生代进城农民人群产生示范效应,具有良好的社会激励效果,从而促进社会和谐与稳定。

(三) 微观层面的现实意义

2017年7月,全国工会创新服务农民工工作研讨会在湖南召开,全总副主席、书记处书记、全总农民工工作领导小组副组长焦开河要求,各级工会要针对农民工工作的新情况、新问题,准确把握全总部署要求,围绕继续提高农民工组织化水平、依法维护农民工劳动保障权益、扎实做好为农民工服务工作、强化对农民工的思想引领等工作重点,加强力量、加大投入,有的放矢地谋划和开展工作。焦开河强调,农民工已成为我国产业工人队伍的主体,要把工会农民工工作与新时期产业工人队伍建设改革结合起来,按照"政治上保证、制度上落实、素质上提高、权益上维护"的总体思路,打开眼界、打开思路、打开胸襟,继续创新理念、创新思路、创新方法,以农民工需求为导向,充分整合利用好各方面资源,促进提高农民工素质、畅通农民工发展通道,依法保障农民工权益,使农民工真正成为工人阶级的一部分,帮助农民工更好地融入城市。现实分析表明,融入城市并适应城市社会发展是他们几乎唯一的出路。相对于城市居民,新生代进城农民工面临着教育水平、就业能力、住房条件、子女上学、就业资源等禀赋方面的弱势，同时还面临社会保障的弱势。此外，作为外来者，他们还面临着城市居民的社会排斥与歧视，他们融入城市的过程需要面对来自城市居民的不平等竞争的压力。新生代进城农民工要赢得竞争，必然要努力提升自身的人力资本，而人力资本的提升，也将促进他们提升个体自信与抗压能力、提高养家糊口与承担社会责任的能力，这也是他们适应中国社会转型与城市发展的必然选择。人力资本的提升与社会自信的建立，也将促进他们积极主动地参与城市社会与社区活动，提升其社会资本，进而加速融入城市社会。

三 新生代进城农民工的人力资源开发目标分析

目前，新生代进城农民工的人力资源开发还处于无序的混乱状态，缺少明确的目标来指导他们进行有效、系统的提升。对新生代进城农民工进行人力资源开发，最终受益的将是政府、企业、新生代进城农民工个人，但他们开发目标有所不同。

（一）政府的开发目标

政府的行为最终目标都是为了促进经济增长，服务社会大众，增进民众社会财富，维护社会公共秩序，从而夯实政府的执政基础。李培林和田丰（2008）、王德文（2010）、谢桂华（2012）等的调查数据显示，初进城的农民工在各教育阶段的教育回报率均显著低于本地工人，且教育程度越高，教育回报率的差异越大。对于进城农民工而言，受教育程度越高，工资增速则越快；高中以上的外来农民工的教育回报率增速高于本地农民工；在初中及以下阶段，进城农民工与本地受过同等教育的人员而言，工资增速没有差别；而对于一个受过高中教育的进城农民工而言，他们初入劳动力市场时比本地相同教育程度工人的收入约低11%，而四年之后差距基本消失；而受过高等教育的进城农民工比同等条件下本地工人的初始收入约低17%，而这个收入差距在两年之后基本消失。该数据说明，在高中（含）以上阶段，受教育程度越高，人力资本积累越快，工资收入增速也越快；同时也说明受过高中及以上教育的进城农民工在进城之后所积累的人力资本对收入提升的作用越大。这一研究结果表明，政府部门应通过政治、经济、法律与行政手段，提升农民工的受教育年限，努力降低城乡教育回报率的差距。

王广慧、徐桂珍（2014）通过考察新生代农民工的教育—工作匹配状况及其收入效应，主要得出以下结论：第一，新生代农民工教育与工作匹配程度并不高。约50%的受访者认为，自己的受教育程度不能满足当前工作的需要；近42%的受访者认为，职业教育是他们当前工作所必需的，高中教育次之。第二，新生代农民工教育与工作匹配时教育收益率高于实际教育收益率。虽然过度教育对新生代农民工的收入水平有正向影响，但它不具有统计显著性；教育不足对男性新生代农民工的收入水平有显著的负向影响，而对女性不具有显著影响。此外，女性的教育收益率普遍高于男性。第三，工作经验对新生代农民工的收入水平有显著的正向影响，而且工作经验收益率显著高于教育收益率。其中，男性工作经验收益率约是其教育收益率的3倍，女性工作经验收益率约是其教育收益率的2.4倍。目前中国新生代农民工群体中教育不足的情况比较突出，他们对职业教育的需求高于对其他类型教育的需求，而且教育不足将显著降低其工资收入。与此同时，研究结果也表明，工作经验对新生代农民工的收入效应显著高于正规教育的收入效应。因此，大力发展农村职业教育和继续教育，提高新生代农民工的受教育水平，同时为他们提供培训机会和就业指导，并为其职业发展提供良好的职业规划，改善其教育—工作匹配效果，是改进劳动力市场运行状况、切实提高新生代农民工收入水平的有效途径。

职业教育和培训应以培养技能人才为目标，而不能定位在仅仅是找到饭碗或一技之长的教育，数量近亿的新生代农民工应成为国家技术技能积累的主要载体。建立技能人才成长通道，工作后通过机会丰富的企业培训和继续教育获得资格证书和提升技能，使职业教育成为服务劳动者成长、伴随劳动者终身发展的生涯教育。国家必须加强顶层设计，将建设技术技能强国上升为国家意识和国家战略，建设现代职业教育和终身学习体系，实现基本教育制度的重大创新，为大批技能人才开辟成功的道路。而对新生代进城农民工进行开发目标如下：（1）经济目标：提升社会人力资本，为经济转型提供配套的产业工人,促进经济平稳升级与转型;(2)政治目标:缩小贫富差距,保持社会稳定,降低社会治理风险;(3)法律目标:构建公平竞争的法律环境,维护新生代进城农民工基本法律权益;(4)行政目标:引导社会资源与福利分配向新生代进城农民工进行倾斜,实现基本公共服务均等化。同时,政府部门应在全社会构建双轨制人才发展路径来规划新生代进城农民工个人成长路径。2014年6月通过的《国务院关于加快发展现代职业教育的决定》明确提出,"到2020年,形成适应发展需求、产教深度融合、中职高职衔接、职业教育与普通教育相互沟通、体现终身教育理念,具有中国特色、世界水平的现代职业教育体系"。以前我们的目标是培养技能型人才,现在是技术技能人才,也可以理解为技术人才、技能型人才以及复合型人才。这样一来,职业教育不再是传统观念中的"断头教育""次品教育"。不仅如此,决定还强调职业教育要强化技术技能积累作用,这将有助于扭转当前很多传统技能和技艺失传的局面,使高素质劳动者的优秀基因不断传承延续下去。政府相关部门必须加强组织的领导,充分发挥市场经济协调增长的职能,落实政府职责,完善和强化政府的监督评估作用,从而为企业职工未来人力资本发展和积累营造良好的环境,促进经济社会协调稳步发展。

(二) 用人单位的开发目标

2014年6月通过的《国务院关于加快发展现代职业教育的决定》明确提出企业要依法履行职工教育培训和足额提取教育培训经费的责任,一般企业按照职工工资总额的1.5%足额提取教育培训经费,从业人员技能要求高、实训耗材多、培训任务重、经济效益较好的企业可按2.5%提取,其中用于一线职工教育培训的比例不低于60%。对不按规定提取和使用教育培训经费并拒不改正的企业,由县级以上地方人民政府依法收取企业应当承担的职业教育经费,统筹用于本地区的职业教育。探索利用国(境)外资金发展职业教育的途径和机制。发达国家职业教育的成功经验证明,企业应成为职业培训的承担主体,企业培训对于在职员工技能的形成与提升以及促进新生代农民工融入社会和城市都有着至关重要的意义和不可比拟的优势。但在我国，现实状况是企业作为培训主力军的作用远未发挥，企业培训员工、促进员工技能持续发展的主体意识和社会责任感亟待加强，企业培训面临着种种困境。面对外部盈利竞争压力，企业通过简单的培训过程来实现短期目标，用人单位对进城农民工进行开发的基本目标是为了提升人力资本存量，提升其市场竞争力，其具体目标需要从以下几个方面着力：（1）树立社会责任意识，保障其法律权益；（2）提供具备吸引力的福利待遇，使其保持长期稳定；（3）进行职业生涯规划，确立培养方向；（4）持续培养与开发，使其拥有立足于城市生存与发展的工作技能。在逐利的现实环境下，用人单位面临对新生代进城农民工进行开发的动力不足、企业培训的主体意识尚未形成、企业培训成本较高、企业存在差异性、企业培训缺乏相应的政策法规支持、企业培训多头管理、管理监督机制缺失等困境，这需要政府通过法律与行政的强制引导以及经济诱导等多重手段来促进用人单位将人力资源开发资源向他们倾斜。

（三）新生代进城农民工个人的开发目标

新生代农民工拥有"城市梦"，大多不愿意再回到家乡务农。这一群体特征可以归纳为"六高一低"，"六高"为：与上一代农民工相比，相对受教育程度较高；接受新鲜事物的能力较强；对于工作的稳定性与工资水平预期较高；对于物质生活与财富期望较高；对于社会的认同感预期较高；消费倾向较高，甚至还有"月光族"农民工，个别新生代农民工还互相攀比，追求品牌，太多的透支消费让新生代农民工的生活陷入更加被动与困难的境地。"一低"为：相对于上一代农民工，新生代农民工的吃苦耐劳的毅力较低。加里·贝克尔在《人力资本投资理论——关于教育的理论和实证分析》一书中指出，伴随着年龄增长劳动者的收入也会同时增长，但这种增长会逐步减缓，这种增长和减缓的速度与劳动者的技术水平正相关。通过提高人力资源水平来改变农民工弱势地位的做法具有较强的现实可操作性。农民工的素质门槛逐渐提高，不具备适应现代企业技术工人素质的新生代进城农民工既不能成为现代农业的经营者，也无法成为真正意义上的现代市民。① 此外,新生代进城农民工个人的开发目标应该与国家宏观经济发展需要以及企业的实际需要相匹配,否则因为学不致用,他们通过人力资源开发积累的人力资本则会沉淀或浪费。新生代进城农民工的开发目标可按目标类别划分如表2-1所示。

表2-1　　　　　　新生代进城农民工的目标划分

划分类别	目标类别	具体含义
社会性	经济目标	拥有稳定与体面的收入
	社会目标	构建城市社会网络,融入城市社会
	文化与心理目标	提高素质,转变理念,缩小与城市居民的差距
时间性	短期目标	稳定就业,找准适合个人发展的方向
	中期目标	拥有谋生的职业技能,拓展城市社会生活空间
	长期目标	拥有与城市居民同等的素质、技能,并融入城市
素质性	政治目标	拥有户籍居民同等的基本权益
	文化目标	通过教育与培训,拥有与户籍居民同等的文化素养
	技能目标	至少拥有一项能够安身立命的职业技能
	心理目标	消除心理弱势,构建社会自尊
发展性	初级目标	拥有出卖简单劳动的机会
	中级目标	拥有一项以上的专业技能
	高级目标	自我雇用或创业

1. 按社会类型划分

(1) 经济目标:对他们进行人力资源开发的目标是让他们能够拥有一份稳定、体面并能够维持他们家庭在城市生活中的收入,从而满足基本生活的开支,这要求他们拥有相应社会资源的支持与专业工作

---

① 宋艳:《进城农民工弱势地位改变研究——政府人力资源管理的视角》,吉林大学出版社2010年第1版,第12—27页。

技能方可实现；（2）社会目标：他们需要学习城市生活方式、更新消费观念和价值观念、适应情境、摆脱城市乡村的熟人社会关系网络，逐渐融入城市，并在城市构建基于业缘的高层次人际关系网络；（3）文化与心理目标：提高自身素质、学习文化知识、提升职业技能、对城市文化生活的认同、学习独特的企业文化、学习城市文明规范、缩小与城市居民的素质差距。

2. 按实现的时间长期划分

（1）短期目标：找到发展方向，积极主动适应城市文化，构建长期立足城市发展的个人预期。新生代进城农民工对自己在城市的未来的发展缺乏预期，该现象影响了进城农民工充分认识自身素质提升的迫切性，不愿主动融入城市，也不愿投资于自身技能培训开发。① 要改变这一现状，还需要政府与用人单位共同努力，不仅要让他们享受基本的市民待遇，同时赋予他们优先发展权利，积极引导他们去提升自己的能力并实践自己的城市梦想。（2）中期目标：成为适应城市产业发展、拥有一技之长的准市民；拥有一项安身立命的技能，这既是他们立足于城市生存与发展的基础，也是他们构建个人自信的基石。（3）长期目标：成为独立自信、工作稳定、家人能够得到更加长远的发展、在企业得到领导的高度认可与赞扬、结交更多的具有业缘和地缘的本地市民和新市民、具备一技之长与一定社会资本的新市民。

3. 从素质目标划分

素质可分为政治素质（政治意识与政治行为）、文化素质、技能素质、心理素质。新生代农民工具有权利诉求更为主动、文化技能水平提升要求更为积极、自我主体意识和渴望平等的意识更为强烈、抗挫折忍耐力和外界抵制力有待增强等素质特征，提升素质是他们参与市场竞争、保障个人事业、适应市场竞争的重要保证。新生代进城农民工的通用素质是就业的基本条件，专用素质是他们进步的阶梯，一

---

① 朱建文：《进城农民工岗前培训的制约因素及应对之策》，《特区经济》2004 年第 8 期。

专多能是新时期的社会要求；而他们素质的提升需要强化政府的作用、加强组织引导，构建农民工素质培养的长效机制；发挥企业主体作用、帮助他们树立危机观念、加强农民工素质培养，进而为企业长远发展奠定基础。① 英国经济学家哈比森说："人力资源……是国民财富的最终基础。资本和自然资源是被动的生产要素；人是积累资本，开发自然资源，建立社会、经济和政治组织并推动国家向前发展的主动力量。显而易见，一个国家如果不能发展人民的技能和知识，就不能发展任何别的东西。"强化、落实培训是新生代农民工进步与经济社会发展之诉求，培训是"努力培养数以亿计的高素质劳动者和技术技能人才"（习近平，2014）和构建美丽中国的必由之路。

4. 按流动人口的阶层化与异质性设定的开发目标划分

（1）准市民身份的农民工，从事经营活动，占有生产资本并雇用他人，其特征是全家外出、收入高、拥有自己的住房、子女在城市的学校就读、生活水平高于一般市民、有一定的社会声望与社会资本，他们占有大量的城市公共产品，已经实际成为市民，转变户籍对他们并非难事；（2）自我雇用的个体农民工：在城市从事第三产业，拥有少量的生产资本，收入不高，无力购房，子女无法入学，但经营经验丰富，在城市维持生存的能力强，其中少部分人可以维持全家人较低城市生活水平，这是市民化可能性比较大的人群；（3）依靠打工维生的农民工：在城市第二产业和低端的第三产业中从业的农民工，他们完全依靠打工维持生活；他们工资低、劳动强度大、无文化与技术；他们无力承担家庭向城市转移、在城市独立生存与发展的高额成本，只能无奈地候鸟式往返于城乡之间，这类人群的市民化问题解决，是城市化过程中的攻坚目标；（4）失业农民工：失业对于候鸟式的农民是经常的事情，是农民工犯罪的主体部分，帮助他们进行市民化转化也是城市化主要目标之一；（5）失地农民工：有部分人获得了城镇户口，失地农民市民化既是农民身份、职业的转变，又是一系列角色意

---

① 张跃进：《中国农民工问题新解》，光明日报出版社2011年第1版，第121—139页。

识、思想观念、社会权利、行为模式和生产生活方式的变迁，是农民角色群向市民角色群的整体转型，个体层面受教育程度、收入水平、年龄等因素影响；制度层面受补偿政策、安置政策、就业政策、社会保障政策等影响；网络层面的社会支持网因素等，都严重制约失地农民融入城市。

以上划分的视角虽有所不同，但均有共同的特征，即认为对新生代进城农民工进行人力资源开发的目标是一个系统目标，有赖于政府、社会组织、企业与新生代进城农民工个人共同努力来实现。但是在实际操作过程中，农民工职业技能培训还面临一些困难，主要表现在：一是农民工职业技能提升的相关政策与规划滞后，缺乏前瞻性、专门性的中长期战略性规划；二是培训的宣传不够到位，许多农民工完全不知晓国家相关优惠政策，培训的针对性不强，农民工表示对实际工作起不到促进作用；三是培训的费用太高，到技校学一门技术需要花上一年的收入；四是培训的组织缺乏统一管理，各部门之间条块分割、职能交叉、多头管理、各自为政、统筹乏力，造成培训效率低下，经费难以发挥效益；五是政策执行落实出现偏差，存在政策变了形、走了样甚至落了空的现象。同时由于各级组织认知惰性、政府投资不足、企业支持较弱、培训机构管理欠佳等原因，造成这一目标实现困难重重。

第三节 新生代进城农民工人力资源开发主体与内容

一 新生代进城农民工的人力资源开发主体分析

通过对德国与美国等国外工人的人力资源开发经验分析表明，成功的人力资源开发离不开政府、企业、行业协会或其他社会中介组织、劳动者个人四位一体的联动。其主体之间的作用机制如图2-1所示。

图2-1说明，新生代进城农民工的人力资源开发行为主体是由政府、中间组织、企业与自身四大主体组成，政府可以同时驱动中间

组织、企业与新生代进城农民工主体自身参与人力资源开发；中间组织可通过驱动企业与新生代进城农民工进行人力资源开发，企业则可以直接对新生代农民工进行开发，此外，新生代进城农民工亦可自主开发。尹莹莹（2016）通过研究调查提出不同开发主体提供的教育培训以及新生代的自我学习与新生代农民工人力资源开发效果呈正相关的关系。政府、企业、社会中间组织提供的教育培训是目前新生代农民工人力资源开发的主要方式，直接决定着我国新生代农民工的人力资源开发效果。此外，新生代农民工人力资源开发并不完全是被动的，开发效果的好坏也受新生代农民工自我行为的影响。

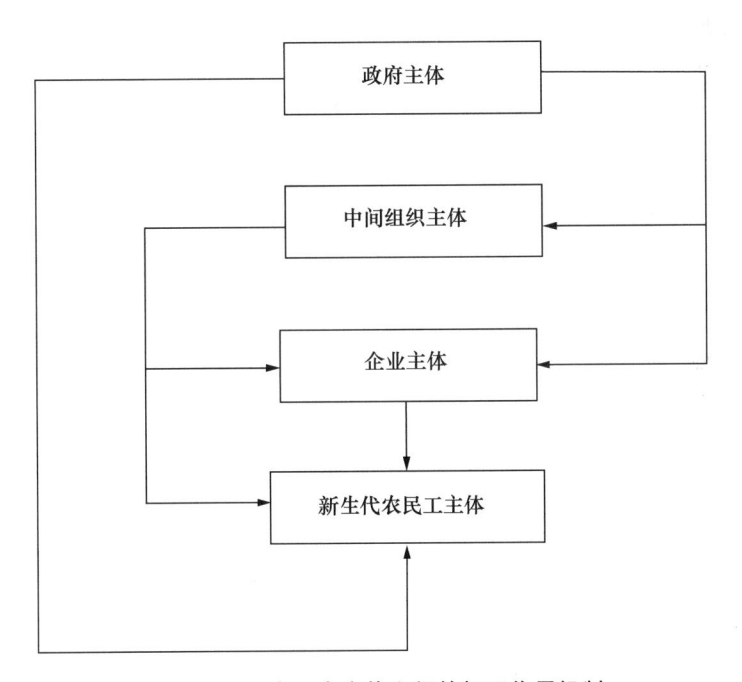

图 2-1 四大开发主体之间的相互作用机制

二 新生代进城农民工的人力资源开发方式分析

（一）人力资源开发方式分析

新生代进城农民工的人力资源开发方式是其人力资源质量的获得与人力资本提升方式。从宏观层面可以分为教育与培训、劳动力迁移、人口资源配置、人力资源保障等方式；微观层面则包含人力资

劳动能力的获得、保持与再培养方式，含教育、培训、劳动经验获得、自学等方式。总体的开发方式可分为宏观与微观两大类，各类形式的优劣见表2-2。

表2-2　　　　　　　　各类人才开发方式分析比较

类别	形式	优势	劣势
宏观开发	正规教育	组织正规，涵盖面广，对素质提升效果明显	高级的正规教育门槛较高，专业培养深度不足
	在职培训	对专业技能提升效果明显，对收入改善效果显著	门槛较高，机会较少，供给与需求匹配度低
	迁移	有利于环境适应力提升、知识与经验传承与人力资源匹配性提升	迁移的成本较高，职业风险较大
	强制性人口资源配置	人力资本获取的周期短与见效快	存在人力资源浪费的可能
	人力资源保障	有利于提升人力资本的稳定性	对提升人力资源的作用有限
微观开发	师徒式培训	成本低，容易接受、互动性好，目标明确，效果好	效果受制于师父传授能力，培训规模有限
	在职课堂教学	针对性强，形式标准，开发规模效应高	在可操作性技能培训方面适用性偏弱
	自学	针对性强，自主性高，时间灵活	受制于自身的意志力、自学能力与兴趣
	干中学	投入成本低，形式灵活	受制于个人的积累与总结能力
	网络教学	成本低，形式灵活	受制于个人的自制力与学习能力
	电视教学	成本较低，形式灵活	受制于个人的自制力与学习能力

表2-2分析表明，宏观与微观的开发方式差异显著，且各有优劣，选择宏观的人力资源开发方式可以促进开发主体的长远目标的有

效实现,选择微观的人力资源开发方式有利于挖掘自身的潜在价值和技能基础。另外,人力资源开发的方式选择受制于人力资源开发实施主体偏好、利益追求、价值选择,而农民工最乐于接受的人力资源开发方式如表2-3所示。

表2-3　　农民工最乐于接受的人力资源开发方式分布

开发方式	喜爱的比例
师徒式培训	41%
在职课堂教学	30.2%
网络教学	15.5%
电视教学	5.6%
自学	7.6%

资料来源:数据来源于戴烽的《农民工人力资本培训评估》第126页。

表2-3的数据表明,因为新生代进城农民工文化素质相对较低,通过自学进行人力资源开发的效率相对较低,师徒式培训、在职课堂教学与网络教学是他们目前最为喜爱与接受的人力资源开发方式。而在职培训、政府资助的职业教育、"干中学"式的劳动经验积累三种方式正好是他们最需要的人力资源开发方式。林鹏、李韬(2016)等认为,积极采用以实用为宗旨的培训方式对农民工进行培训,农民工的职业培训方式应以满足现代化制造业、服务业等就业岗位需求为目标,针对农民工的特点,突出实效性,不能简单地采用填鸭式、教授式及短快式等传统的教育培训方式。第一,考虑到农民工的就业要求,强化动手实践能力的培养,可采取课堂进现场的形式,教师直接在工厂等一线场所开展教学,让农民工身临其境地学习实践技能知识。这样做有助于实现理论与实践的有机融合,从而达到"从动手中学知识"的目的。第二,考虑到农民工业余时间的有限,采取灵活便利的培训方式。充分依托社区、街道等机构设立培训场所,在农民工的居住地门口开展"上门式"职业培训,提供便利;同时,提高农民工的学习出勤率,进而提升培训效

果。另外，可利用网络、手机等媒介途径，开发远程教育或多媒体教学方式，做到让农民工"足不出户，培训到家"。第三，考虑到农民工的个体差异，采取分层次教学，着重因材施教，细化培训。按照不同文化学历水平、实践技能水平等具体情况开展职业培训，使不同层次的农民工可以根据自身的需求来选择培训，在提升其职业技能水平的同时，提高培训效率。

（二）开发主体对新生代进城农民工人力资源开发的方式选择

1. 人力资源开发类别的比较

新生代进城农民工的人力资源开发方式是其人力资源质量获得与人力资本提升方式。合理的教育回报率对培养高技术素质工人具有重要的导向作用，而不同的人力资源开发方式，其教育回报率差异显著。张车伟在2006年的一份研究显示，农民工的教育平均回报率仅为4.3%，而不同阶段的教育回报率差异巨大，在高中及以上教育程度的回报率达8.9%；而进城农民工大部分均属于初中及以下文化程度，这种教育回报率的马太效应使进城农民工与城市居民之间的收入差距越来越大。马岩等通过对浙江、湖北、云南三省的20个村庄的调查数据显示，进城农民工的普通教育回报率仅为2%，初中和高中及以上学历的进城农民工的教育回报率显著高于小学及以下学历，对流动人口的职业培训教育的回报率远高于普通学历教育回报率。戴烽（2010）的研究也表明，输入地培训效果显著优于输出地。这些研究表明，不同的人力资源开发方式其投资回报率差异明显，但职业教育的效果优于学历教育。李强、王天浩（2016）针对不同地区农民工教育回报率的差异进行的调查研究表明，东部地区教育回报率约为4.41倍，中部地区约为1.06倍，西部地区约为1.98倍。东部地区的教育回报率明显高于中西部地区。从地区来看，未上过学的农民工在东部、西部地区所占比例稍大，分别为1.7%、2.7%，其中西部所占比例最多，而中部地区所占比例稍小，在1%左右。小学程度的西部所占比例最大，约为19.3%，其次是东部地区在13.8%左右，中部地区所占比例最少，为9.7%。初中教育水平东部、中部地区所占比例相差不大，分别为59.5%和59.7%，要高于西部地区的55.3%。高中程度中部地区以 18.5% 高于西部地区的 14% 和东部地区的 13.8%。大学专科程度的东中部地区不分伯仲,但是稍高于西部。大学本科程度的三个地区基本持平。具体而言,东部地区的教育回报率是中部地区的 4.16 倍、西部地区的 2.2 倍。这一方面反映出我国区域经济发展存在明显的差距,另一方面这种教育回报率的地区差异主要是由外部因素引起的,即经济发展的地区差异所导致的。因此,大力发展中西部地区的经济,是扭转地区教育回报率差异的治本之策。

2. 四大主体的人力资源开发方式选择

不同的开发主体所选择的开发方式各不相同。从政府层面可分为教育与培训、劳动力迁移、人口资源配置、人力资源保障等方式;从中间组织层面可分为行业资格准入培训、职业技术等级培训与认证、政府开发资源配置、行业开发资源共享、企业培训监督;企业层面则为政府开发资源配置申请、内部在职培训、开发环境保障、员工自主开发资助、员工脱产开发资助、开发应用平台保障;微观层面则包含人力资源劳动能力的获得和劳动能力的保持与再培养方式,含教育、在职培训、"干中学"与劳动经验获得、自学等方式。

图 2-2 表明,各类主体的开发方式差异显著。新生代进城农民工的人力资本获得,依赖于政府、中间组织、企业提供的宏微观环境的构建,而最终的学习方式的采纳则来源于学习政策、经济发展状态、社会转型程度、政治制度、文化氛围、企业的运作模式、生活质量需求、环境与平台等因素的综合作用,对于加快经济转型增长,城镇化、市民化程度不断提升与完善的过渡时期,新生代农民工成为城镇化和市民化的主力军,与老一代农民工相比,他们有更高的预期收益和投资回报率,因此不得不对自身的综合素质和技能知识提出更高的要求,面对不同人力资源开发主体的利益驱动,多方博弈使得新生代农民工的开发方式动力欠缺,对此企业对其影响最为直接,而自身的主动性与素质也决定了开发参与与开发方式选择。同时要加强不同开发主体提供的教育培训质量,新生代农民工人力资源开发的效果就会越好,开发水平也会越高,也就适应了经济新常态的发展。

```
                    新生代进城农民工人力资源开发方式
        ┌───────────────┬───────────────┬───────────────┐
   政府主体开发    中间组织主体开发    企业主体开发    农民工主体开发
      │              │              │              │
   ├正规教育      ├政府开发资源配置 ├政府开发资源申请 ├脱产培训
   ├职业教育      ├行业技术等级认证 ├内部在职开发培训 ├在职学习
   ├在职培训      ├职业资格准入认证 ├员工脱产开发扶持 ├师徒式培训
   ├引导迁移      ├行业开发资源共享 ├员工业余开发资助 ├自学
   ├强制配置      └企业培训义务监督 ├开发应用平台保障 ├干中学
   └人力资源保障                    └开发资源环境保障 └跳槽或迁移
```

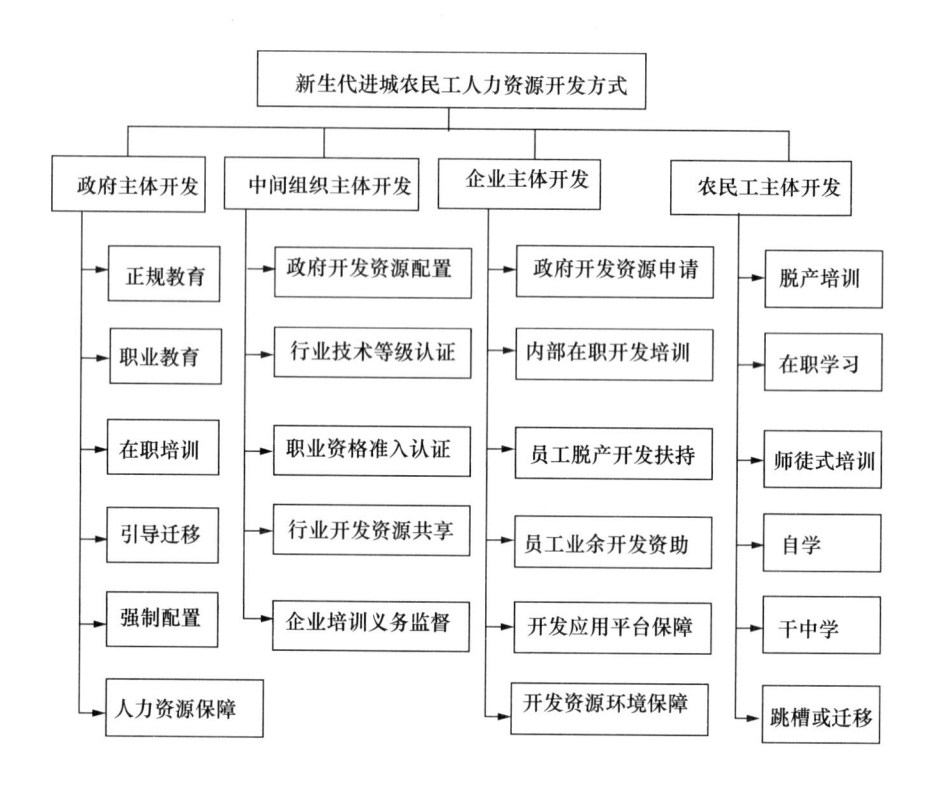

图 2-2　各主体对新生代进城农民工人力资源的开发方式

3. 在职培训机构的选择

新生代进城农民工对培训机构的选择方面以低成本与高效为原则，在低成本方面表现为基于信任与信用的心理成本、基于费用的经济成本、基于成效的时间成本。

（1）心理成本分析。农民工对培训组织方式的信任度由高到低依次是：政府机构推广的培训（30.2%）、企业组织的培训（21.9%）、公益组织的培训（14.3%）、政府补贴费用且由培训机构组织实施的培训（13.3%）、市场化运作的培训机构组织的培训（10.1%）等。一直以来，我国农民工的知识和技术培训，主要是依靠政府的行政推动而展开。政府寻找培训机构、制订培训计划、考核培训结果。培训谁、培训什么、怎么培训，这些本该由农民工和劳动力市场、社会职业培训机构、企业等通过良性互动而形成的职业培训链条，却由政府一手包办。而在社会职业培训机构的资质鉴定、培训市场的管理、培训资金的监管等方面，则缺乏完善的制度和有效的管理措施。这说明政府作为特殊的主体性作用与影响力在短期内还难以替代，但政府直接组织的培训则针对性相对较弱、成本高、效率低，而且政府农民工培训有流于形式现象，对新生代进城农民工的开发的直接影响力尚不及中间组织与企业主体。

（2）经济成本分析。对于需要支付费用方面的培训，男性参与的欲望高于女性，新生代进城农民工高于老一代农民工，初中以上学历人群高于初中及以下学历人群，有培训经历的人群高于无培训经历的人群。此外，在培训期限方面，新生代进城农民工更倾向于1个月以内的短期培训；农民工选择培训费支付方面，有60.4%的人员选择可以接受300元以下培训费用，新生代进城农民工的低收入制约了他们自主开发的费用支付能力。他们对培训方式的需求表现在低的心理成本、经济成本与时间成本且高实效的培训形式。[①] 关于"80后"农民工教育培训成本投入研究应该充分考虑不同投资主体的负担能力，即从农民工的教育培训中收益的主体，按照其支付能力大小分担教育培训成本，本着能力兼顾的原则，承受能力强的主体加大投入力度，减轻能力较弱者的投入，其间政府在教育培训成本投入中应起到主导作用。

（3）时间成本分析。因为脱产培训剥夺了他们赚钱的机会，所以，大多数新生代农民工倾向于1个月以内的短期培训，最喜欢的方式则是师徒式的培训，这种方式使培训的实效性、互动性与信任度大幅提升，其时间成本几乎可以忽略，同时也没有损失赚钱的机会成本，故最受新生代进城农民工的欢迎。但师徒式的培训因其效果受制于师父传授能力、知识结构、经验、个人能力、性格等因素的影响，且培训规模、方式有限，培训的内容和深度容易受主观因素的影响，培训的层次较低，难以独立成为主流的开发模式。

---

① 戴烽：《农民工人力资本培训评估》，社会科学文献出版社2010年第1版，第122—132页。

以上分析表明，进城农民工处于在职阶段，他们面临职业或事业发展、赡养父母、购房、结婚生子、子女抚养与教育等人生最关键的时期，他们处于人生中经济压力最大的社会阶段，让他们失去了经济来源而去脱产学习不具备现实意义，因此在职学习是一种相对可行的人力资源开发方式。新生代进城农民工对在职培训非常渴望，但却因种种原因而参与不足。因此，在中间组织尚不发达历史条件下，作为用人单位对新生代进城农民工人力资源开发行为主体，其信度仅次于政府，这也说明新生代进城农民工人力资源开发的政府行为在短期内通过驱动企业来实施人力资源开发培训比其他方式可能更有效。此外，鼓励企业支持新生代进城农民工带薪脱产培训，对新生代进城农民工的自主开发行为进行大力资助都是切实可行的人力资源开发方式。

三 新生代进城农民工的人力资源开发内容分析

戴烽（2010）的调查数据表明，农民工最希望参加的培训依次是法律、创业、致富经验、文化知识、计算机、职业技能、语言培训、医疗保健（城市适应性培训需求），而职业技能需求仅居第6位。此外，有培训经历的倾向于法律、语言及职业技能培训，没有培训经历者则倾向于文化知识、医疗保健、致富等培训；受教育程度在初中及以下者则更愿意接受文化知识、创业致富类培训，而较高水平者则倾向于接受法律、计算机以及语言方面的培训；收入高者倾向于法律、计算机、语言与创业；收入低者除医疗保健培训不感兴趣外，对其他的需求相对分散与均衡；高收入水平的进城农民工已经基本摆脱谋生的手段，不倾向于选择目标理想、实现难度较大的培训，而更倾向于选择可以尽快融入城市的知识与技能型培训；而低收入者则体现一定的盲目性，选择那些可以尽快解决生存需求的培训，农民工培训项目的选择与其城市适应策略息息相关，呈现城市发展取向的务实化、农村发展取向的理想化和摇摆不定的情绪化特征。

谭铁军（2006）认为，从政府层面加强农民工的职业技能教育、城市生活方式教育与心理教育，他认为这是提高农民工包括经济、社会和心理三大层面的城市适应水平的重要途径。① 此外，很多城市为了降低管理成本而对农民工进行法律及城市生活常识方面的培训，促进农民工遵纪守法并依法维权，从而增强其对城市的认知，提升城市适应能力。随着认知的加深，主体意识的增强，他们开始有意识地提升自身职业技能及文化素质。基于企业变革、城市发展和农民工主体意识增强的现实认知合力，农民工具有较高的主客观性培训需求。② 因此，在对新生代进城农民工进行分层分类开发的条件下，新生代进城农民工人力资源开发内容应具备针对性与实用性。

胡卫（2016）在关于加强农民工职业技能培训、打造技能产业工人的提案中指出：职业院校、高校成人教育学院、继续教育院校、广播电视学校是教育系统开展农民工就业技能培训的主体，应充分发挥师资、信息、实习实训设备等方面的优越性，积极设置农民工就业技能培训基地。当前，职业院校开展农民工职业技能培训存在不少弊端，如培训科目设置较为单一，与多样化的市场需求不适应；培训内容较为空洞抽象，重理论轻实践，将文化课、专业理论课作为培训的重点，忽视了技能操作；培训方式较为单一，重灌输轻体验，书本知识流于纸上谈兵。对此，职业院校在开展农民工职业技能培训时，应解放思想，面向市场自主办学，真正按市场机制去运作，提供多样化、实用化的培训"菜单"。强化校企合作，产教融合，加大实践教学比例，注重职业现场感，坚持师徒模式培训与班级模式培训相结合，"手把手"辅导，教学做合一。教师要走出课堂，和农民工一道深入生产管理服务第一线，做给农民工看，带着农民工干，把复杂知识简单化，深奥知识浅显化，理论知识实践化。企业作为用工主体，要把农民工纳入职工教育培训计划，确保农民工享受和其他在岗职工同等的培训待遇。鼓励大型企业自身创办职业技能培训机构，根据企业发展和用工情况，重点加

---

① 谭铁军：《完善农民工教育内容，促进农民工城市适应》，《湖南社会科学》2006年第1期。
② 戴烽：《农民工人力资本培训评估》，社会科学文献出版社2010年第1版，第108—156页。

强农民工岗前培训、在岗技能提升培训和转岗培训，政府可以通过税收、补贴、奖励等方式予以支持。

第四节 新生代进城农民工人力资源开发的制约因素分析

美国的雷蒙德·A. 诺伊教授认为，培训效果受培训动力与转化动力两大因素的影响。培训动力受培训经验的影响，后者指在工作中应用所学技能的愿望。培训动力受影响的因素包括：（1）对培训结果的预判；（2）对其技能评估的可靠度；（3）对工作参与度与重要度的感知；（4）有必要的资源支持培训过程实现。[①]

一 制约性因素分析

从人力资源开发过程来看，开发资源的供给过程中的资源适配性与开发环境的匹配性、开发资源分配的公平性与结果预判及个体差异、开发过程中宏微观环境与资源质量及个体差异、开发产出的环境与个体差异四大方面多个因素共同影响新生代进城农民工的开发环境。

表 2-4 影响新生代进城农民工人力资源开发效果的因素分析

开发过程	因素类别	主要因素	因素解释
资源供给	资源适配性	课程资源	是否具备系统、针对性与适用性
		讲师资源	是否足够，能否影响参与动力
		开发场所	是否影响参与动力
	环境的匹配性	政策环境	是否支持、资助与引导影响参与动力
		企业环境	是否支持、资助与引导影响参与动力
		家庭环境	是否支持与资助影响参与动力
		市场环境	认可与否需求旺盛与否影响参与动力

---

① ［美］雷蒙德·A. 诺伊：《雇员培训与开发》，中国人民大学出版社2007年第1版，第177—181页。

第二章 新生代进城农民工人力资源开发的政府行为的分析框架

续表

开发过程	因素类别	主要因素	因素解释
资源获取	结果预判	收入影响	对当期收入或未来收入的影响决定其参与意愿
		职业技能影响	是否提升个人职业技能影响其参与动力
		创业意向影响	是否有利于创业影响有创业意向的参与者
		求职意向影响	是否有利于寻找更好工作影响参与动力
		工作满意度影响	是否有利于提升工作满意度影响参与动力
		职位影响	是否有利于职位提升影响参与动力
		安全感影响	是否有利于提升安全感影响参与动力
		生活满意度影响	是否可提升生活满意度影响参与动力
		自信感影响	是否有利于提升个人自信影响参与动力
		培训经验影响	培训经验可能正负向激励其参与培训与开发
		工作参与度影响	是否学以致用影响参与动力
	机会公平性	时间门槛	参与时间是否能保证影响参与愿望
		费用门槛	自费承担能力低；企业资助与否影响参与动力
		其他门槛	户籍、学历、年限等限制其参与
		心理成本	个人承受能力与家庭支持度影响参与动力
	个体差异	城市融入意愿	影响其主动提升的意愿
		工作参与度	岗位是否需要影响其学习欲望
		生活安全感	如有助于个人安全感提升将可能激励其参与
		社会支持度	家庭、亲属、同乡、朋友、工作单位、工会、政府、社会团体支持度影响其参与
资源使用阶段	开发环境	政府参与度	政府参与并资助有利于提升参与的积极性
		企业支持度	企业支持度影响参与积极性
		家庭支持度	家庭支持度高低影响参与的积极性
		工作参与度	工作中是否使用影响学习兴趣
	资源质量	教师水平	是否能激起开发兴趣
		方式与方法	是否容易接受影响开发质量
		内容质量	是否科学，是否具备高质量
		课程安排	是否合理

续表

开发过程	因素类别	主要因素	因素解释
资源使用阶段	个体差异	文化素质	是否能听懂并消化影响开发效果
		是否在职	影响其学习的动机进而影响开发效果
		开发动机	留城导向或创业需求影响他们学习动力
		课程期望	对内容的期望与要求高低影响学习动力与愿望
开发产出阶段	产出环境	政策环境	是否是强制性准入影响其需求的刚性与权威性
		市场需求度	市场需求量的大小决定影响技能发挥的空间
		市场成熟度	成熟与否决定其人力资本公平使用的环境
		职业资格证	其权威性与市场认可度影响发展空间
		企业支持度	决定其在企业发挥的空间
		工作参与度	工作参与度高低影响培训效果
	个体差异	开发质量	直接影响开发产出
		个人喜恶度	态度影响其技能发挥的主动性

表 2-4 说明，新生代进城农民工的人力资源开发受制于培训主体供需双向不足，资源供给的内容不足与供给的投入不足、农民工虽然渴求但培训动力不足、培训模块结构性过剩、培训针对性不强、内容设计偏向于技能等因素，缺少生存性、生活性、引导性、素质提升、创业类培训因而影响到人力资源开发效果的实现。此外，在企业支持度方面，还存在工作时间长、劳动负荷大、培训无应用、工作岗位不需要、单位不支持、培训计划缺乏、培训教师数量有限、培训内容质量差、师资力量薄弱、培训过程中重理论轻实践、教学方法单一等因素造成农民工用于培训的时间与精力受限，以及培训的意愿降低。最后，政府对其资助的培训机构管理欠佳，各部门之间条块分割、职能交叉、多头管理、各自为政、统筹乏力，造成培训效率低下，经费难以发挥效益。政策执行落实出现偏差，存在政策变了形、走了样甚至落了空的现象。这些存在短期逐利而忽视培训效果的行为，也是制约开发效果的因素之一。

二 政府在新生代进城农民工人力资源开发中的主导性作用分析

政府作为新生代进城农民工的人力资源开发的投资主体，需要通过相关政策引导与资金扶持，引导行业协会、企业与新生代进城农民工本人统一认识、共同参与才能取得较好的培训与开发效果。

人力资源开发的目标、内容与方法、效果涉及开发主体不同的开发环节。针对不同的开发对象，应当选用不同的开发人力资源的途径、手段与措施。人力资源的开发主体主要有国家、社会、组织和个人。不同开发主体选用开发内容与方法的立足点均不相同。如政府对社会群体的人力资源开发则立足于整体开发；具体组织的人力资源开发则立足于提高组织成员的素质，强调专业培训、合理配置与充分使用；社会成员的个人开发立足于完善自身与不断提高。正式的教育机构为现代经济社会所需各种技能的主要提供渠道，家庭和企业在培育技能及确保技能多样性方面扮演关键性角色。但是，人力资源管理的概念，则首先突出了国家和组织是管理主体的概念。

（一）政府是人力资源开发的社会规范构建与维护主体

社会进化论认为，社会责任规范、相互性规范和社会公平规范三类规范对社会行为的产生非常重要：（1）社会责任规范（social responsibility）是指人们有责任与义务去帮助那些依赖社会并需要社会帮助的弱势群体，如父母保证孩子的安全、老师解答学生的疑问、子女赡养老人等；（2）相互性规范（reciprocity）：即互惠性规范，指人们之间的助人行为应该是互惠的，这对维持人际关系的协调和稳定有着重要意义；（3）社会公平规范（social justice）：是指帮助那些值得帮助并有益于社会发展的社会群体。[1] 这种规范的构建与维护是国家对社会进行治理的基本手段，国家作为社会治理的主体，有义务与责任去构建社会人力资源开发、人才竞争的社会责任、社会互助与社会公平等规范，维护处于弱势地位的新生代进城农民工的发展权利。从而发挥政府在弱势群体权益保障中的不可忽视的作用。

（二）构建向上流动的通道离不开正式网络的支持

以血缘、地缘关系为基础的新生代进城农民工初级社会关系网络当前依然是他们的主体社会网络。但是，在进入城市工作领域后，他

---

[1] 侯金波：《社会心理学》，北京大学出版社2003年第1版，第84页。

们对初级关系的依赖度已经大大降低；在实际工作中次级关系的作用力得以提升，如果社会正式支持网络缺失，则会使他们向上流动的空间受阻。[①] 卓玛草、孔祥利（2016）研究表明：近83%的农民工依靠社会关系网络实现流动与就业，同时社会关系网络影响农民工收入的真正原因是农民工可以从其中获取不同性质的资源，包括信息和人情。首先，加快建立以政府为主导、社会组织参与的农民工服务体系，形成以制度型、组织型社会资本为主的社会关系网络结构。各级地方政府应通过建立和完善企业劳动力管理机制，建立适合农民工的具有衔接性、灵活性、多层次性的社会保障制度，强行推行工伤保险、大病医疗保险为重点的医疗保障制度，弥补农民工制度型社会资本的缺位；建立有效的组织型社会资本，规范农民工工会的社会化维权组织；培育开放型、多功能型的社区组织，鼓励农民工参与社区活动，建立社区内农民工互助支持网络，充分发挥社区的教育功能、参与功能和互助功能。其次，政府应在鼓励、促进农民工构建新型社会关系网络上有所作为，如政府投资教育培训、城市廉租房向低收入农民工开放等政策，都间接具有积累和拓展农民工新型社会关系网络的作用；同时，政府可采取各种措施鼓励社会机构和单位接纳包括农民工在内的所有雇员参加的各种社会活动，为农民工社会资本的投资和积累创造条件（解安，2014）。这需要政府有所作为来实现。

（三）人力资源开发的公益性使得政府的主体地位彰显

加里·贝克尔（2007）的研究数据显示，商业投资回报率一般在5—10年，而教育投资私人回报率则长得多，在大学毕业十年内，回报率还是负数，在大学毕业15年内，回报率大约为6%，一生的平均年回报率为10%—12%，其中城镇的男性大学生私人回报率最高。过长时间的私人回报率降低了投资者信心，进而大幅降低了社会投资于教育的意愿。而从经济内生增长的角度，教育投资对经济的贡献与回报率是在25%左右，即对教育的社会回报价值远大于个人的教育投资

[①] 朱考金、刘瑞清：《青年农民的社会支持网与城市融入》，《青年研究》2007年第8期。

收益率，这就使教育的公益性显得非常重要，政府在人力资源开发方面的主体作用也因此得以显现。对于那些具有较高教育回报率的地方政府而言，一方面要努力吸引更多高教育水平的劳动力，另一方面也可以通过培训项目来增加现有劳动力的技能。而一旦劳动力（特别是高教育水平的劳动力）可以自由流动，一些地区的高教育回报率也可以为低教育回报地区的人力资本投资提供激励，从而提高我国的总体教育水平。

（四）政府的公信力远高于其他开发主体

戴烽（2010）的调查显示，农民工对培训组织方式的信任度由高到低依次是：政府机构、工作单位、公益组织、补贴费用的培训机构、企业聘请的培训机构。新生代进城农民工选择的培训类型表现出他们对低的心理成本、经济成本与时间成本且高培训实效方面的期待。政府在推动其他主体参与方面的公信力与权威性是其他组织或个人难以替代的。胡卫（2016）在关于加强农民工职业技能培训、打造技能产业工人的提案中指出：政府部门应通过制定发展战略、规划、政策、标准等，加强培训市场监管，加强各类公共服务提供。一是要充分发挥宏观调控职能和市场调节作用，统筹规划，根据区域经济发展趋势、就业需求预测和农民工状况，制定当地农民工职业培训规划。二是要统筹资源，打破部门和职业学校类型的界限，整合和有效利用现有各种职业教育资源，形成一个有效的统一培训体系，提高教育资源利用率，促进农民工培训制度化、规范化、系统化。三是发挥供求机制、竞争机制、效益机制等市场机制，保证各类市场主体权利平等、机会平等、规则平等，组织动员社会力量开展农民工职业技能教育，增加教育供给，提供更好的教育服务。

（五）对新生代农民的人力资源开发是政府的责任与义务

新生代进城农民工的弱势地位是政府制度安排的结果，这种现状的改变是政府的责任与义务。受制于户籍制度的分割与教育资源分配的不公，新生代进城农民工的人力资本在起点与源头上已经处于绝对弱势。王美艳的研究表明，在农民工与城市职工之间的工资差异中，有61%是可以由人力资本等个人禀赋特征得到解释的，其余的39%

通常被认为是歧视造成的；工资是人力资源开发的经济基础，微弱的经济基础将严重削弱进城农民工进行人力资本投资的愿望。刘亮、章元、张伊娜（2015）通过实证分析检验，结果发现有两种力量在显著影响着农民工歧视：第一，随着城市人口规模的膨胀，政府实施各种歧视性就业政策限制外来人口的进入，从而导致农民工进入工作条件和待遇较好的一级市场的就业歧视上升；第二，在城市劳动力市场上，城市部门的技术进步会促使资本替代劳动，但是随着人均资本存量的上升，劳动力的稀缺程度和成本开始明显上升，这会使资本进一步替代劳动力的难度上升，从而降低了资本密集型行业对农民工的就业歧视。影响农民工歧视的这两种力量有助于我们理解城市劳动力市场上农民工与城镇工人的工资差距的影响因素。通过理论解释也有助于我们理解农民工歧视的决定机制、影响因素，以及它随着生产技术的改变而发生的改变趋势，有助于政府制定相应的措施来降低农民工歧视和缩小他们与城镇工人之间的工资差距，最终推动中国新型城镇化建设和农民工市民化。政府有责任与义务消除制度性歧视，引导社会资源对新生代进城农民工进行人力资源开发，以消除社会不公。

（六）政府在人力资本投资中的主体性作用难以替代

单纯的人力资本投资行为并不能有效地改变农民工的弱势地位，只有随着我国劳动就业制度的不断完善、劳动力市场建设的推进、用人单位对农民工职业发展的预期需求不断提高、自身人力资本提升意识和其他相关环境的好转，拥有较高人力资本的农民工才有可能改变其自身的经济与社会地位，率先融入城市社会，成为城市的新居民。然而，无论是农民工人力资本的提升、劳动力市场的统一与公平就业机会的获得，还是其他劳动就业环境的完善，都离不开政府行之有效的政治、经济、法律与行政行为的实施。[1] 秦永、汝刚、刘慧（2016）认为，政府应加大对农民工的职业教育、技能培训，以提高农民工的人力资本水平，为农民工市民化后收入的提高创造条件。比

---

[1] 宋艳：《进城农民工弱势地位改变研究——政府人力资源管理的视角》，吉林大学出版社2010年第1版，第66页。

如在当今的"互联网+"社会里,信息的匮乏将使得农民工难以适应时代的要求,因此应提高农民工获取和接受信息的能力,从而使其成为市民后能够更好地适应城市生活。以此更好发挥政府在人力资源的开发环节中不可替代的作用。虽然农民工愿意选择信赖度较高的政府培训机构,但是由第三方机构来实施农民工的人力资源开发将是未来社会的发展趋势,政府将更多承担规划、引导、投资并监督第三方机构实施规范、效率与效果的职能,而不是培训实施的主体。[①] 这需要引起广泛的共识。

三　新生代进城农民工人力资源开发路径演进与政府行为关系分析

新生代进城农民工人力资源开发需要经过人力资本的积累,从而完成从新生代农民工到产业技术工人的转变,此后需要再完成社会资本的积累,从产业技术工人演进成新市民。在第一阶段中,新生代进城农民工的人力资源开发离不开政府、中间组织、企业等与农民工本人四大主体的紧密协作。在企业从劳动密集型向技术密集型转型、农民工主体由改善经济地位转向追求个体发展的特殊历史时期,需要政府转变社会治理模式和治理途径,从"大政府""全能政府"的模式转向"服务型政府""小政府"模式,从"微观管理"转向"宏观管理",从"直接管理"转向"间接管理",从"划桨"转向"掌舵",政府既做裁判员又做运动员。在为新生代进城农民工的人力资源开发提供相应的方向、平台与资源的同时,也不能忽视对新生代进城农民工潜在资源的优化配置,这是当前政府的主要目标与任务。

社会群体的人力资源开发受制于政府的政治、经济、法律与行政行为。通过对新生代进城农民工的成因、现状与未来的发展,政府行为的目的、方式,政府的政治行为、经济行为、法律行为、行政行为与新生代进城农民工人力资源开发之间的关系分析,可以初步对新生代进城农民工人力资源开发的政府行为进行解构(见图2-3)。

---

① 刘平青:《我国农民工培训需求调查与思考》,《上海经济研究》2005年第9期。

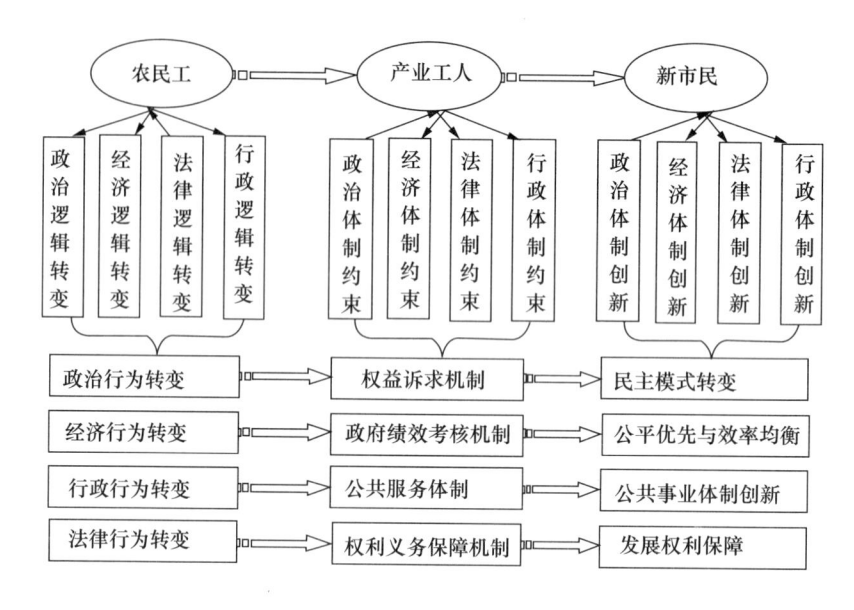

图 2-3 新生代进城农民工人力资源开发阶段与政府行为关系解构

（1）构建有利于弱势群众参与民主模式。弱势群体之所以弱势，很大程度是因为他们没有机会参与到涉及自身利益分配的政策法规的制订中，当制定和落实政策制度时，更多的是反映了具有政治话语权的主体意愿、利益追求和价值选择。政府虽然是多方利益主体的协调者和分配者，但是由于政府资源、人力、物力、财力、时间、信息、权力有限，他们更偏向"满意"的行动方案，而不是选择"最合适"。农民工处于社会关系层次的底层，他们没有政治意识、法律维权意识，对于相应政策的颁布实施存在信息不对称、资源垄断现象，同时他们的权益诉求没有表达的机制与渠道，因此导致他们被排除在利益分配机制之外。所以，处于弱势地位的新生代进城农民工的人力资源开发，需要政府转变政治行为、治理途径和管理职能，提升这类群体的政治参与，构建机会平等的权益表达机制与渠道，优先配置开发所需的社会资源，充分发挥潜在资源的边际效用递增和积累作用，这一行为实施的核心是中国现有民主模式的转变。

（2）人力资源开发的政府经济行为转变的核心是现行政府以经济增长为导向的绩效考核机制的转变。这种经济增长导向的考核模式，使得政府对社会公平的关注度减弱，同时也使社会公平与效率之间严重失衡，扩大了贫富差距，导致政府与市场之间出现职责权限划分界限模糊，原本可以由市场高效率提供的服务，政府直接插手管理，导致"政府失灵"和"市场失灵"现象的存在，同时，政府在新生代进城农民工人力资源培训与开发过程中职责定位不清，既是规划者，又是执行者；既是管理者，又是分配者。政府职能角色存在越位、缺位、错位现象，从而引发了大量社会矛盾。促进经济增长有利于社会财富的积累，但如果忽视社会公平和秩序则可能引发社会动荡，进而加大了社会治理的成本与风险。促进政府考核模式由经济增长导向转向社会公平导向，有利于政府部门将有限的资源投入到对新生代进城农民工的人力资源开发方面，这种政府行为有利于社会公平的实现。此外，对改善弱势群体经济地位，保持社会公平优先和效率的适度均衡，有利于社会长期稳定发展。按照工业化、信息化、新型城镇化、农业现代化同步发展的要求，积极探索中国特色农业劳动力转移道路，着力稳定和扩大农民工就业创业，着力维护农民工的劳动保障权益，着力推动农民工逐步实现平等享受城镇基本公共服务和在城镇落户，着力促进农民工社会融合，有序推进、逐步实现有条件有意愿的农民工市民化。提高农民工的社会福利水平，解决公共服务、户籍、住房、就业、技能提升、成本分担等社会问题，保障和落实人民最关心的利益问题，从而促进社会和谐稳步发展。

（3）现有关于弱势群体的政府法律行为聚焦于让新生代进城农民工等弱势群体享受公平的法律权利救济。让其摆脱弱势地位并融入城市的最好法律手段不是权利救济而是发展权利与资源的赋予。因此，政府的法律行为立足于与新生代进城农民工人力资源开发相关的权利与义务的构建，从而从全方位构建其人力资源开发的法律体系。近年来，国家对农民工人力资源开发培训越来越重视，相继出台了一系列政策措施，不断健全培训制度体系。国务院《关于进一步做好为农民工服务工作的意见》提出，到2020年，每年开展农民工职业技能培训2000万人次；《国家新型城镇化规划（2014—2020年）》也明确提出，开展农民工就业技能培训，使每个农民工都可以得到一次政府补贴的技能培训，基本消除无技能上岗的现象。全国各地也探索出一些富有针对性的做法。农民工已成为我国产业工人的主体，是推动国家现代化建设的重要力量，为经济社会发展做出了巨大贡献。党中央、国务院高度重视农民工工作，自《国务院关于解决农民工问题的若干意见》（国发〔2006〕5号）印发以来，又相继出台了一系列政策措施，主要内容包括：第一，要着力稳定和扩大农民工就业创业；第二，着力维护农民工的劳动保障权益；第三，着力推动农民工逐步实现平等享受城镇基本公共服务和在城镇落户；第四，着力促进农民工社会融合；第五，进一步加强对农民工工作的领导。

（4）行政行为转变的基础来源于政治、经济、法律行为的转变。只有当政府不再重点关注经济增长而关注社会公平时，政府的行政行为才可能将目标转向社会公平领域。转变"管制行政"为"服务行政"，转变现有公共服务创新体制，创新公共事业体制，构建覆盖包含新生代进城农民工等弱势群体的服务体系，实现行政服务均等化，是当前政府行政行为的主要目标。赵建国、于晓宇（2017）认为，经济意义上的社会公平通常指收入分配公平。人们谈论社会不公平时，往往更多的是指结果的不公平，社会公平被认为是指社会实行公正的分配，使分配格局达到社会满意的状态。政府通过制定公平的分配政策使社会财富得到合理分配，缩小贫富差距，公民相应地也会表现出更加信任政府的态度。因此，建设和谐社会，提升政府信任度，需要各级政府促进社会公平、收入公平、阶级平等，在工作过程中按规则办事，为人民服务，打造服务型政府，公正对待每一位公民，保证机会平等、权利平等、过程平等和结果平等，保障公民基本权利。一方面，通过公正公平的法律规范和规章制度来推动社会的公平正义，维护公民的平等权利；另一方面，要防止贫富差距过大引起的阶级分化，要公平合理地分配社会财富。社会公平也是政府执政能力的一种体现。政府工作人员工作清廉，执法公正，防止贪污腐败的发生，将大大提升公民对政府的信任度，化解政府信任危机。因此，提高政府的执政水平与执政能力，改善社会不公，促进公民在政治、经济等多领域的公平感知，实现收入与阶级的相对公平，将会使居民更加信任政府，对于建设社会主义和谐社会有重大意义。

第五节 新生代进城农民工人力资源开发的政府行为机制分析

根据管理学理论，人的动机可分为内源性动机与外源性动机。基于成就动机与价值实现的目的而参与人力资源开发的动机称为内源性动机，而基于获得社会报酬与物质奖励或逃避处罚而进行人力资源开发的行为动机称为外源性动机。上述分析表明，新生代进城农民工的人力资源开发动机可以大致划分为如图2-4所示。

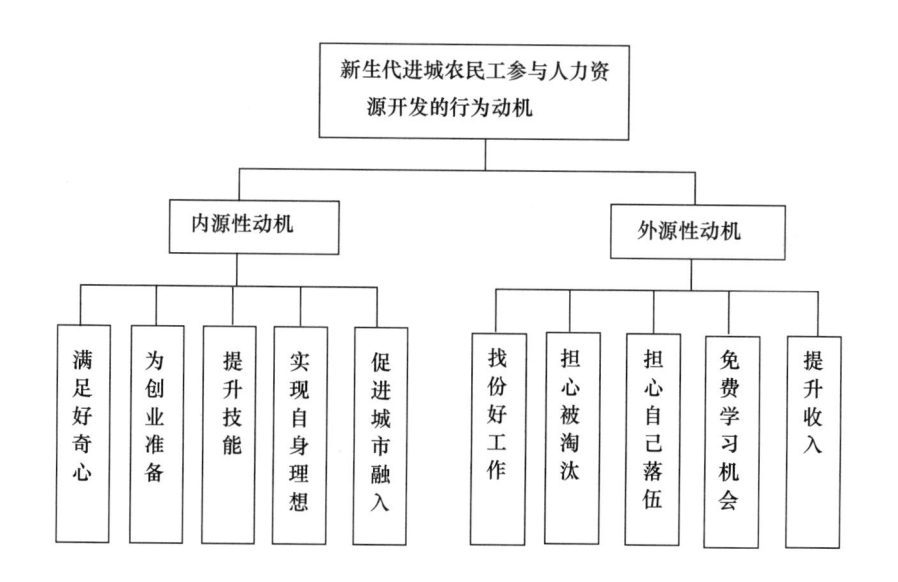

图2-4 新生代进城农民工参与人力资源开发的行为动机

一 内源性行为刺激机制分析

根据行为心理学理论，内源性行为反应的刺激一般源于工作本身，一份有挑战性工作、有成就感的任务与有贡献价值的工作都会激励人的内源性行为产生。新生代进城农民工人力资源开发的内源性行为来源于工作的挑战性、创业梦想的实现、自身抱负与理想的实现、技能的提升、向城市社会上层流动而带来满足感、成就感以及自我价值的实现等刺激行为。这种源于兴趣、好奇心、成就需要或自信心等个体内源性刺激行为相对稳定，外界对新生代进城农民工的人力资源开发的内源性动机刺激效果则相对有限。

根据亚当斯的挫折理论，当新生代进城农民工个人的人力资源开发目标非常重要、实现的愿望强烈却又无法实现时，其需要不能满足，将导致新生代进城农民工产生挫折情绪与行为。这种受挫折后的行为表现一般分为两种，一种是采取积极的态度进行适应与应对，另一种就是采取消极甚至对抗态度应对，表现为攻击、冷漠、幻想、退化、忧虑、固执和妥协等。依据纳金斯的强化理论，刺激行为可分为正强化、负强化、忽视三大类，而针对新生代进城农民工的人力资源开发的内源性行为，政府应当努力创造有利于内源性行为目标实现的正强化行为，避免负强化行为，减少忽视性行为。根据新生代进城农民工的人力资源开发的内源性动机，政府可以通过以下行为方式进行正向强化。

（1）降低创业风险的政府行为。政府可以通过免费提供创业学习机会、免费提供创业指导、给予无偿创业资助、鼓励银行发放创业低息贷款等行为，来降低新生代进城农民工创业的风险，这种降低风险的政府行为可以正向激励新生代进城农民工主动参与相关专业知识与技能培训。加强农民工职业技能培训，提高就业创业能力和职业素质。整合职业教育和培训资源，全面提供政府补贴职业技能培训服务。强化企业开展农民工岗位技能培训责任，足额提取并合理使用职工教育培训经费。鼓励高等学校、各类职业院校和培训机构积极开展职业教育和技能培训，推进职业技能实训基地建设。鼓励农民工取得职业资格证书和专项职业能力证书，并按规定给予职业技能鉴定补贴。加大农民工创业政策扶持力度，健全农民工劳动权益保护机制。实现就业信息全国联网，为农民工提供免费的就业信息和政策咨询。

（2）消除社会阶层垂直流动的障碍的政府行为。克伯指出，社会流动首先有利于社会的稳定。在一个没有社会流动的高度不平等的社会里，往往会出现暴力；而社会流动机制能鼓励人们通过自己的努力解决其生活的窘境。他认为，当个人流动的希望减小的时候，处于社会底层的人的本能反应和内在冲动就是对整个分层系统的集体挑战，其结果可能就是暴发阶级冲突。① 在当今社会中，存在市场垄断与权力资本交织带来社会阶层固化，行业收入差距逐渐扩大，新生代进城农民工长期固化在二级劳动市场部门就业，这种劳动市场分割、行业垄断与户籍政策歧视所带来的影响直接阻碍了新生代进城农民工融入城市并向城市中上层社会流动，这是行为负强化过程，容易酝酿社会风险和加大政府治理成本。消除社会阶层垂直流动的障碍就是消除新生代进城农民工的人力资源开发行为负强化的过程。因此，政府应着力于调节收入分配差距、保障就业机会公平、改革户籍制度以及取消捆绑在户籍制度上的相关歧视性政策，以达到消除社会阶层垂直流动障碍的目的。

（3）引导企业提供其有挑战性工作平台的政府行为。现有农民工大多在劳动密集型的加工制造业就业，其劳动过程简单、枯燥，这样的工作难以激发起新生代进城农民工的工作兴趣和积极性。这就要求政府部门通过财税政策与资助扶持的方式，积极引导企业转型提升，提升企业工作的技术含量与复杂程度，或是通过改变工作模式（如丰田公司的精益生产模式）提升新生代进城农民工的工作过程参与度，同时丰富了工作过程。王华轲（2016）结合当前我国新生代农民工培训关系国计民生的实际情况，借鉴发达国家培训转移农村剩余劳动力的成功经验，新生代农民工培训必须要在政府主导下强调企业的作用，必须明确政府与企业在新生代农民工培训中的定位：政府应该处于主导地位，发挥主导作用，主要通过制度供给和经费保障来推动、支持与规范企业等机构开展新生代农民工培训，以确保培训实效；企业应该处于主体地位，主要是在政府制定的相关政策、法律法规与制度的推动、支持与规范下作为新生代农民工培训的实施主体。这种由

---

① Harold R. Kerbo, Social Stratification and Inequality, Class Conflict in Historical and Comparative Perspective, Mcgraw – Hill, Inc. 1991, p. 14.

企业主动构建的技能提升的环境与实践平台的刺激行为，可激发新生代进城农民工的工作兴趣，提升工作成就感，从而正向激励新生代进城农民工主动参加人力资源开发。

（4）引导与构建多方参与的社会交流与社会承认平台的政府行为。新生代进城农民工的开发行为有时是基于社会价值实现的目标。通过构建知识产权交易规范、搭建技能竞赛平台、举办行业技术交流等形式，可以为新生代进城农民工构建一个社会交流与社会承认的平台，完善新生代进城农民工社会参与机制，建设一种包容性城市，推进农民工融入企业、子女融入学校、家庭融入社区、群体融入社会的体制机制。加强对国家相关政策建议进行科普宣传与教育，提高农民工科学文化、技能知识和文明素质，营造农民工积极参与社区公共活动、建设和管理的氛围。城市政府和用工企业要加强对新生代进城农民工的人文关怀，丰富其精神文化生活。构建一种同质化的社会文化交流平台。这也将有利于引导他们主动克服人力资源开发过程的障碍、提升他们参与的主动性与积极性。

二 外源性行为刺激机制分析

外源性人力资源开发行为来源于外源性动机。相对于内源性动机，外源性动机因为外源性动机的多样性与外界环境的复杂性影响而变得更为复杂与难以分析。外源性动机刺激下的行为并不是基于行为本身而是为了行为结果而产生的。提升工资、表扬、克服恐惧、消除不安全感的人力资源开发行为都是外源性刺激行为。根据马斯洛（Abraham H. Maslow）的需求层次理论，这种基于生理、心理、安全等低层次需求的行为刺激，将可能产生外源性刺激行为。当前的新生代进城农民工虽然基于社交需求与个人价值实现的愿望强烈，但由于处于城市社会的底层，其居无所住、低收入、谋生的技能缺失、劳动权益难以保障的现状让他们不得不面临外源性环境的刺激（或威胁）而被迫参与到人力资源开发行为中。

在外源性刺激行为类别中，政府需要根据不同的情况与对象，通过以下方式施加正强化或负强化的政府行为刺激。

（1）完善职业教育体系。职业教育不仅使其拥有初次进入某一行业或职业领域、驾驭一项工作的能力，更应该使其拥有终身学习的习惯与能力。来自中国中央电视台 2013 年 2 月 16 日的《在新闻中穿行》数据显示，在德国只有 25% 的初中毕业生，选择通过高中进入大学深造，多达 65% 的初中毕业生直接进入德国的职业教育体系。在三年半的职业教育学习中，学生每周有 3—4 天时间在企业当学徒实践，其余时间在职业学校学习。德国政府与企业在职业教育方面投入很大，企业承担了整个职业教育的 2/3 以上的经费投入。此外德国技术工人薪酬稳定并且优厚，技术工人的平均年薪为 35000 欧元，而刚毕业的大学生则为 30000 欧元左右。在德国，高级技工是企业竞相追逐的人才。严谨、系统的德国的职业教育为德国培养了大批高素质的人才。在中国，因为职业教育仍然存在社会吸引力不强、发展理念相对落后、行业企业参与不足、人才培养模式相对陈旧、基础能力相对薄弱、层次结构不合理、基本制度不健全、国际化程度不高等诸多问题，并集中体现在职业教育体系不适应加快转变经济发展方式的要求上。职业教育形式单一、中间组织职能缺失、企业参与积极性弱、新生代进城农民工参与意愿与支付能力欠缺、各开发主体之间缺乏有效联动，导致了职业教育与现实社会需求难以匹配，其开发的效果难以获得社会承认，这种现状阻碍了中国职业教育的发展，而中国职业教育发展的滞后性也降低了新生代进城农民工人力资源开发的政府行为效用。此外，大部分职业教育需要脱产就读，这增加了新生代进城农民工的时间与费用成本，因此也削弱了他们参加职业培训的愿望，这也是职业教育发展缓慢的因素之一。

因此，通过完善职业教育发展体系、丰富职业教育手段、加大职业教育投资力度、鼓励与引导多方主体尤其是企业主体的主动参与、提升职业教育的适用性与针对性等手段来提升新生代进城农民工的人力资源开发效用。抓住发展机遇，站在经济、社会和教育发展全局的高度，以战略眼光、现代理念和国际视野建设现代职业教育体系，加快发展现代职业教育，是促进教育公平、基本实现教育现代化和建设人力资源强国的必然选择。

（2）完善就业准入制度。国家通过《劳动法》《职业教育法》

《招用技术工种从业人员规定》等法规规定了招聘技术人员要求"先培训，后上岗"的就业培训制度，并对部分（现有 87 类职业）技术工种从业人员实行就业准入制度，其目的是促进劳动者改善素质结构和提高素质水平，进而保障劳动者职业安全与职业能力提升。通过实行就业准入控制，推行职业资格证书制度，有利于规范劳动力市场建设、为劳动者就业创造平等竞争就业的环境、实现劳动力资源合理开发和配置并将职业发展纳入良性发展轨道，进而促进劳动者主动提高自身的技术业务素质，实现尽快就业和稳定就业的目的。目前相对于中国 1838 个职业工种而言，仅有 87 类职业实施就业准入，仅覆盖了 4.73% 的工种，整体覆盖率偏低。这需要政府与行业协会等中间组织逐渐将部分行业纳入就业准入管理，通过逐步推进的就业准入制度，让仅靠出卖简单劳动力就能获得就业的机会逐渐减少，这种面临失业的外源性威胁刺激将迫使新生代进城农民工提升自主学习动力，从而达到提升开发的主动性目的。

（3）重塑技术职称的社会信用。伊文斯与赫尔（Evans and Herr）在 1978 年提出，职业技术教育的目的至少有获取职业技能、职业选择自由与培养终身学习能力三个目的，还应包括提高道德水准、培育适应社会分工与发展需求的目的。[①] 在中国，由于职业资格认证标准不统一，证书管理混乱，职业教育的目的相对模糊，认证主体多头参与，职业技术资格管理松散，职业证书的社会信用低下，导致了中国现有技术职称与职业资格管理体系的发展停滞不前甚至倒退。在职业资格认证方面，国家直属部门、行业组织、培训机构、用工企业都在进行职业资格论证，缺少统一的体系。如电子商务师有信息产业部、人力资源与社会保障部、国资委、中商联等多个部委进行资格鉴定，这种多方认证的行为势必影响了证书的权威性，也影响了新生代进城农民工进行职业技能认证的积极性。此外，由于职业认证形式单一，认证、教育开发和就业脱节，对职业能力评价的有效性弱，造成持证

---

① 朱靖：《职业教育概念、分类与使命再论》，《中国职业技术教育》2012 年第 9 期。

人员在市场上不被认可。① 这些状况严重削弱了新生代进城农民工通过正规职业培育与职业资格认证来规范提升自身技能的迫切性与愿望。因此，需要政府与中间组织重塑国家技术职称的社会信用，使其发挥正向引导新生代进城农民工参与人力资源开发作用。

（4）改革现行收入分配制度，缩小贫富差距。联合国根据劳伦茨曲线所定义的判断收入分配公平程度的指标是基尼系数（Gini coefficient），如基尼系数低于 0.2 表示收入绝对平均；0.2—0.3 表示比较平均；0.3—0.4 表示相对合理；0.4—0.5 表示收入差距较大；0.6 以上表示收入差距悬殊；并把 0.4 作为贫富差距的国际警戒线。根据中国国家统计局的调查结果，2000 年中国基尼系数达到 0.412，冲破了国际警戒线。而 2000 年至今中国贫富差距不断拉大却是不争的事实。2012 年到 2016 年中国居民收入的基尼系数分别为：0.474、0.473、0.469、0.462 和 0.465，2016 年比 2015 年高了 0.003，但是并没有改变中国基尼系数总体下降的趋势。有学者和国际组织的研究表明，2010 年中国基尼系数超过了 0.5。② 在中国推行市场化进程中，由于制度安排带来的行业与职业利益分化、高收入调节手段长期缺乏、劳动报酬占收入分配比过低、二次分配转移支付力度偏小、劳动力市场分割导致就业机会不均、垄断行业利益固化、社会保障不健全使得底层社会成员基本权益受损等一系列问题，使中国社会的贫富差距越来越大，这种贫富差距的扩大将会使社会阶层变得固化，进而削弱了新生代进城农民工为改变自身命运而进行人力资源开发的主动性与积极性。因此，理顺收入分配机制、通过税收调节收入分配、加大劳动报酬分配占比、健全社会保障体系是缩减贫富差距、提升新生代进城农民工人力资源开发的积极性与主动性的有效手段。

（5）积极落实《就业促进法》与其他劳动保障法规。保障就业机会公平是提升社会成员人力资本投资积极性的主要手段之一。劳动

---

① 杜林芝：《我国职业资格认证制度问题与对策》，《合作经济与科技》2012 年 4 月号下（总 439 期）。
② 熊光清：《中国贫富悬殊的成因与对策》，《哈尔滨工业大学学报》（社会科学版）2012 年第 6 期。

权益的法律保障则是保护社会成员劳动报酬权益公平实现的有效手段，如果社会成员的就业公平机会与平等的劳动报酬权益得不到保障，则会扭曲社会公平与正义，进而扼杀社会成员主动提升人力资本的动力。2008年1月1日起实施的《就业促进法》规定了劳动者公平就业、享受就业服务、职业教育与培训、就业援助、平等就业和自主择业等权利，也规定了各级人民政府可采取税费减免、贷款贴息、社会保险补贴、岗位补贴等办法对就业困难人员实行优先扶持和重点帮助等具体政策手段，同时也规定了负责法规落实的监督检查责任主体，但是在实际执行过程中却难以得到落实。如《就业促进法》第五十九条规定审计机关、财政部门应当依法对就业专项资金的管理和使用情况进行监督检查，并在第六十七条规定了未按标准提取培训经费可对其进行处罚。但到目前为止，尚没有一家政府审计机关或财政部门公布过企业合规提取培训经费与使用情况的报告，也没有职工经费依法提取或使用不合规定而进行处罚案例的媒体报道。这一事实说明，就业促进法规的落实状况并不理想。

积极落实社会保障法规，对创造公平就业的环境、消除就业歧视、促进城乡劳动者平等就业、推进企业参与职业教育、促进政府开展职业培训有重大的积极意义，这对新生代进城农民工的人力资源开发的资源配置、切实保障各项劳动权益提供了政策支持与法规保障，对提升新生代进城农民工参与人力资源开发的积极主动性具有重大意义。

（6）授权中间组织行使部分人力资源开发培训与行政监督职能。政府举办的公共培训具备规模效应，但能够统计的职业种类已经达到了1800多种，要想提升职业教育的针对性，政府"大包大揽"式的全能政府模式已经难以匹配当前的社会需要，积极引导工会、行业协会等中间组织与企业的多方参与已成为必然趋势。但企业作为经济理性的市场行为主体，当违法成本低廉时，推动或投资素质相对较低的新生代进城农民工的人力资源开发的主动性弱，这要求政府通过对行业协会等公益性组织进行部分行政授权，使其行使推动与监督企业的人力资源开发行为、整合培训资源、督导就业准入、保障员工的基本劳动权益，检查职工教育经费的使用情况，督导新生代进城农民工人力资源开发的落实情况，从而有效弥补政府的人力资源开发行为针对性不足。

（7）通过财税政策与专项资助引导企业参与新生代进城农民工的开发。企业作为经济理性的市场行为主体，除了国家法律法规赋予的强制性义务外，将有限的开发资源投向人力资本较高的员工，而素质相对较低的新生代进城农民工很难获得市场化主体的青睐。此外，政府举办的公益性职业教育针对性弱，并不能满足新生代进城农民工的实际发展需求，而企业作为新生代进城农民工的直接用人单位，最了解他们的具体需求，也能最有效地影响他们的人力资源开发行为，但他们缺乏人力资本投资的经济动力。政府部门通过转移支付、税收减免或优惠、项目外包等财税政策进行合理引导企业参与新生代进城农民工的人力资源开发，使企业在新生代进城农民工开发过程中经济利益外溢性得到有效弥补，是推动新生代进城农民工人力资源开发的有效手段。采取多渠道促进农民工就业创业，积极参与实施农民工职业技能提升计划，配合做好农民工工资支付情况专项检查等工作。实施财税优惠政策鼓励企业为新生代进城农民工提供优质的人力资源开发与培训环境。定期开展对农民工法律宣传服务活动，加强对农民工特别是新生代农民工的思想引领和人文关怀，通过政府与企业之间的协调作用推进农民工市民化。

（8）加大自主开发的政府资助力度。新生代进城农民工的自主开发的动力不足的原因之一是其低收入现状使其难以承受超出其支付能力的人力资源开发成本。对新生代进城农民工的自主开发行为进行政府资助，有利于鼓励新生代进城农民工提升自主开发的积极性与主动性。原因之二是新生代农民工自身不够重视，缺乏积极性。新生代农民工群体整体文化水平比之于老一代农民工有所提高，但初中文化程度以下还是占比不小，达60%以上，因此他们继续学习的渴望、提高学历的愿望应该是非常强烈的，尤其是就业、融入城镇等过程中出现问题时，这种愿望会更强烈。但相对于他们的收入而言较昂贵的学费、含金量较低的文凭等现实问题的存在,使他们参与的积极性大大受挫。面对这样的困境,政府需要加大培训资助力度来提供职业技能教育、市民意识教育、法制教育。此外,还可通过资助政策的设定引导新生代进城农民工的人力资源开发向符合社会当前需要与国家战略发展需要的方向有序推进,进而实现国家、企业与新生代进城农民工个人的三方共赢。

三 政府行为路径与效用评价机制构建分析

对新生代进城农民工人力资源开发的政府行为可分为政治、经济、法律与行政行为,其中政治行为与行政行为偏向内源性动机行为刺激,而经济与法律行为则偏向于外源性动机行为的刺激。在这四大行为体系中,政治行为是利益分配的核心行为,政治行为的结果体现在政府的经济行为、法律行为与行政行为之中。完善新生代进城农民工的政府政治行为主要体现为落实参与选举的权利、增加人大代表数量、完善个人劳动权益与发展权益表达机制。(1) 选举权的落实是构建其参政、议政、监督政府行为与搭建个体权益诉求的渠道权利的有效手段;(2) 提升人大代表的比例是构建户籍人口与非户籍人口平等的政治权利,是参与政府法律、法规、政策、条例与利益分配决策的制订、监督政策落实的有效手段;(3) 完善权益表达机制则体现为新生代进城农民工的劳动权益与发展权益表达机制的构建,可以通过社区政治选举、参加工会或其他能够集中表达他们权益的公益性中间组织来表达他们的劳动权益与发展权益。

此外,政府的人力资源开发行为中,政治行为与经济行为经常同时作用于其他三大主体,而法律与行政行为则很少直接作用于新生代进城农民工,更多的是通过工会、行业协会等中间组织以及企业作用于新生代进城农民工。通过以上分析表明,政府在新生代进城农民工的内源性动机与外源性动机的刺激行为机制上各不相同,政府对新生代进城农民工的人力资源开发行为的作用分析机制如图2-5所示。

通过构建政府行为效果评价指标体系模型,并形成效用评价指数,是本书的核心组成部分。另外,通过选取截面数据计算各项指数

第二章 新生代进城农民工人力资源开发的政府行为的分析框架

结果，进而验证指数的有效性，是对本书研究成果的有效检验。

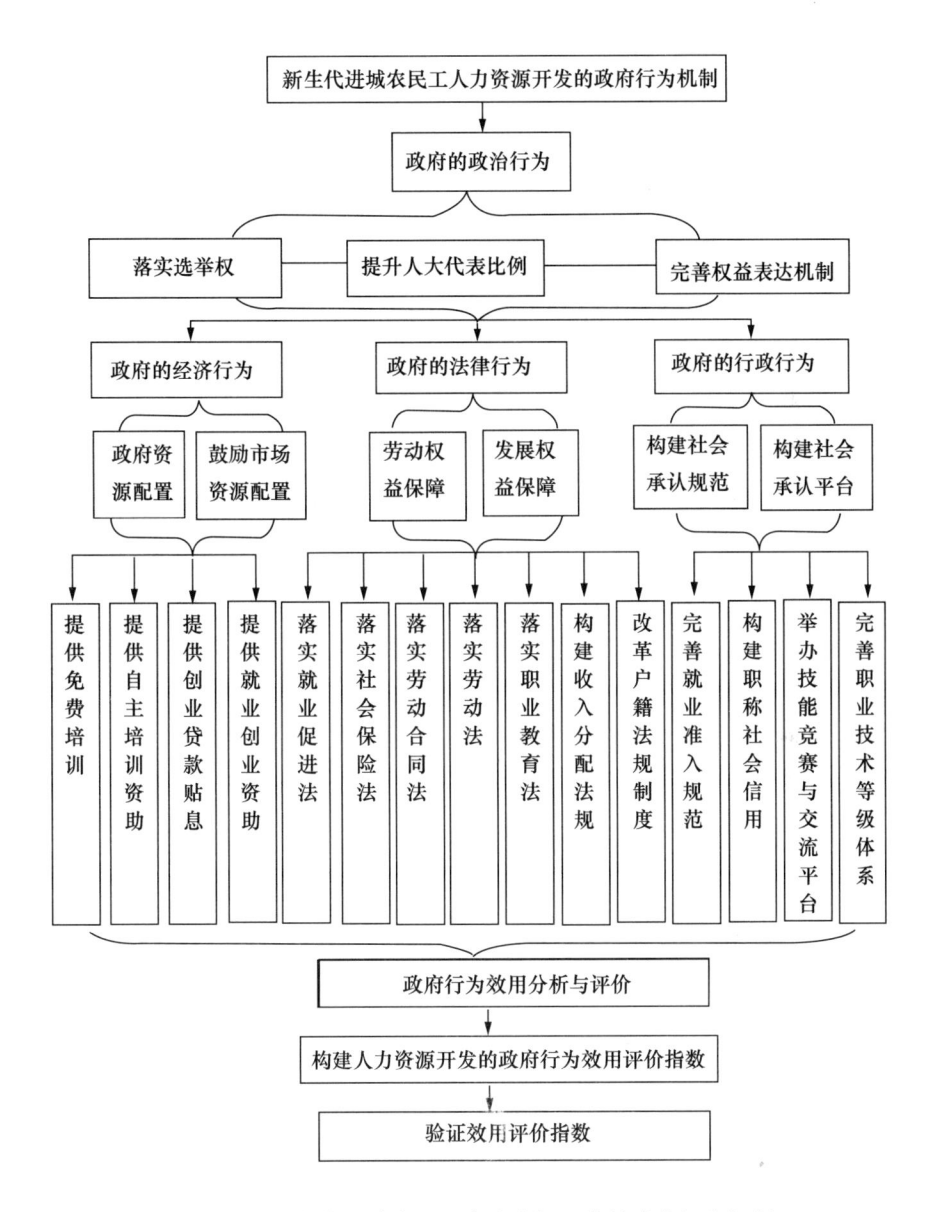

图 2-5 新生代进城农民工人力资源开发的政府行为机制

第三章　新生代进城农民工的现状与期待

在古代，尽管中国儒家思想强化了安土重迁的习俗，但"父母在，不远游"的古训只对社会上层、中层有一定的约束力，而在贫苦的基层早已突破了这一古训。在家乡无地可种而其他地区还有富余的地可耕种时，基层的贫苦大众就会迁移。而由于这些移民都是最底层没有文化的农民，封建社会的上层并不重视，史书也极少记载，仅在遇到天灾人祸时，逃难的人中也有中、上层人士，史书才会记载。[①]中国最早的民工产生于大禹治水期间，在21年的治水期间，有很多的农民变成了土木工人。与现代社会不同的是，这些土木工人的吃住与其家属的基本生活都是受雇方统一提供的。[②]中国古代人口迁移大多是自发性质的，也有政府组织的。自发的移迁中，主要是基于利益的追求或生活环境改善的两大目的。早期由人口稀少的北方草原流向人口稠密的黄河流域迁移，以及由人口稠密的黄河流域迁向人口稀少的江南地区迁移，都是这两大目的的体现；非自发的迁移，又分为政府强迫型迁移和自然环境强迫型迁移。政府强行的迁移，大多是基于拓土固疆、社会安稳或拆迁安置等目的。

新中国成立以后，随着国家战略的变化、经济的发展与户籍制度的变迁，中国共历经了四次迁移大潮，首先是1949—1957年以政权更替、恢复生产的城乡间自由迁移潮和基于经济建设需要的城市向农村的计划迁移潮并兴迁移潮，其次是1958—1965年政府基于户籍制

[①]　魏城：《中国农民工调查》，法律出版社2008年版，第44—59页。
[②]　李春光：《中国劳动史话——先秦至民国》，中国劳动社会保障出版社2004年第1版，第34—39页。

度对城乡间进行人口迁移控制而产生的被动人口迁移潮;再次就是1966—1977年以政治迁移构成的人口逆城市化迁移潮;最后是1978年至今以追求生活环境与收入改善的自发性的"农民工潮"。从新中国的人口迁移历史分析可以看出,改革开放前的城乡间移迁行为,绝大部分是由政府行为主导的被动迁移行为,而改革开放后中国农村向城市迁移的民工潮则有所不同。

第一节 进城农民工的形成与发展

一 农民工形成与发展

自1978年的改革开放至今历时30余年,中国历经由计划经济体制向市场经济体制转变,产业结构调整、城市化进程加快以及国民经济增长加速,使得以户籍制度为核心的二元社会体制渐趋弱化,自发性"民工潮"蓬勃兴起和涌动并逐渐增强,这一时期中国人口迁移空前活跃并迅速发展。在此期间,主要特点表现如下:迁移原因逐步由以政治原因、社会原因为主转变为以经济原因为主;迁移机制逐步由以计划组织为主转变为市场调节为主;迁移流向主要表现为以农村人口向城镇迁移、不发达地区向发达地区迁移、迁移意愿由被动迁移为主转向自发性主动迁移为主。这段时期,以户籍制度为基础的城乡二元社会体制仍严重制约着农村迁移人口获得城市居民的户籍,但对城市化的人口迁移的控制力已逐步减弱。根据国家统计局发布的2012年至2016年5年间的统计数据显示(见表3-1),截至2016年,全国农民工总量从2012年的26261万人增长到28171万人,人数总量增加了7.3%,其中进城务工人员从16336万人增长到16934万人,增长了3.7%。本地农民工从9925万人增长到11237万人,增长了13.2%,均呈上升趋势。此外,数据还显示,2012年至2016年这五年期间,劳动人口从93727万人减少到90747万人,减少了2980万人,这说明中国的人口红利已经消失,劳动力供给下降的拐点已经到来。

表3-1 我国2012—2016年全国农民工增长情况统计

名称\年份	全国农民工总量（万人）	相较上一年增长率（%）	外出农民工（万人）	相较上一年增长率（%）	本地农民工（万人）	相较上一年增长率（%）
2012	26261	3.9	16336	3.0	9925	5.4
2013	26894	2.4	16610	1.7	10284	3.6
2014	27395	1.9	16821	1.3	10574	2.8
2015	27747	1.3	16884	0.4	10863	2.7
2016	28171	1.5	16934	0.3	11237	3.4

资料来源：根据2012年至2016年国家统计局发布的国民经济和社会发展统计公报相关数据整理而成。

二 农民工发展动因分析

30多年来，中国亿万农民工持续进军城市，其背后有相应的国情、制度与政策作为持续支撑的动力。

（1）农村人力资源过剩与工业化发展对劳动力需求的机遇匹配。在中国农村率先实施的改革，释放了中国农村存在大量剩余劳动力的信息；中国改革开放战略的实施，为中国工业化发展创造了巨大的发展机遇，而工业化发展（尤其是初级工业化）对劳动力产生了巨大的需求。这一需求的匹配为大量农民工进城创造了机遇与条件。

（2）改革开放的推进与人口管理制度的"松绑"是持续促进农民工进城的体制动力。在中国沿海地区率先开放最早创造吸纳进城农民工的条件，而随着改革开放在地域空间上递延、在经济领域的扩展与在社会领域上的丰富，中国城市社会对进城农民工需求量持续增加，而政府适时地阶段性推进国家政策的局部调整与人口管理政策上持续松绑，为农村劳动力持续向城市迁移提供了持续的动力。

（3）长期城乡发展的不平衡与收入的"剪刀差"是农民工持续流入城市的经济动力。在社会主义初级阶段，中国农业资源有限、农村人口众多、劳动力严重过剩、劳动效率低下，使得在农村的投入产出比严重低于城市；同时在国家优先发展工业的指导思想下，农业的市场价值被长期扭曲，农业劳动价值被政策转移到了工业领域，城乡收入存在持续的"剪刀差",这是农民工渴望进城的经济动力。此外,农村劳动力过剩与城市劳动力短缺、农村与城市生活水平的巨大差异、地区经济发展不平衡也是农民工持续进城现象存在和发展的社会条件与经济动力。

(4)经济增长导向下政府绩效考核模式为农民工进城与融入创造了社会条件。在市场经济体制改革与经济增长导向的政府治理模式下,各级政府为了促进与稳定经济发展,纷纷出台吸引人口流入、鼓励资本投入的政策,积极推进本地工业化与城镇化发展,这给农民工持续流入创造了良好的社会环境。

近年来,随着经济的发展和产业结构升级、采取多种措施和合理规划、促进户籍改革、引导农村富余劳动力向非农产业转移、努力改善农民进城务工环境、推动社会福利均等化、促进农村劳动力有序流动,是当前中国人口管理、农村城镇化及构建和谐社会所共同面临的最大挑战。

三 进城农民工的现状——兼代际差异比较

(一)成长环境分析

老一代进城农民工出生在改革开放前,其工业化、信息化、城镇化、市场化与国际化程度非常低,家庭基本都有两个以上的兄弟姐妹,他们在外出前都有务农经历且拥有干农活的技能,初次外出务工时他们的平均年龄相对较大且大部分已婚,心理相对成熟,整体劳务市场现状是供大于求。而新生代的成长环境则显著不同于上一代,表3-2是两代农民工群体的成长环境差异对比。

表3-2　　　　　　　进城农民工成长环境代际差异对比

类别	老一代进城农民工	新生代进城农民工
成长的时代	改革开放前	改革开放后
就业供给环	供大于求	供给结构性短缺与失衡
平均年龄[①]	39岁	26岁

---

① 数据来源于国务院2006年发布的《中国农民工调研报告》。

续表

类别	老一代进城农民工	新生代进城农民工
初次外出务工[①]（珠三角）	26 岁	18 岁
结婚与否	80% 已婚	80% 以上未婚
会否干农活	基本都会	89.4% 不会[②]
务农经历	基本都有	37.9% 无务农经历
家庭环境	一般两个以上兄弟姐妹	多独生子女，极少兄弟姐妹
生活条件	坚苦	优越

资料来源：根据中国工运研究所编《新生代农民工：问题·研判·对策建议》一书的相关资料整理。

（二）受教育程度分析

来源于全国总工会新生代农民工问题课题组的调研数据显示，在传统农民工群体中，受教育程度在初中及初中以下学历人群比例为 51%，而新生代农民工群体中的比例为 32.8%；近七成的新生代进城农民工拥有高中及以上学历，整体素质明显高于传统农民工群体。详细数据见表 3-3。

表 3-3　　　　　农民工受教育程度代际差异一览

受教育水平	比例（%）		
	农民工总体	传统农民工	新生代农民工
小学及以下	2.8	6.6	0.4
初中	37.1	44.4	32.4
高中	24.5	25.4	24.0
中专（或职高）	15.2	11.2	17.8
大专（或高职）	16.0	10.1	19.7
大学本科及以上	4.4	2.4	5.6

资料来源：全国总工会新生代农民工问题课题组的《2010 年企业新生代农民工状况及对策建议》第 33 页。

[①] 广东省总工会：《新生代农民工群体性特点与权益保护》，内部调研报告。
[②] 刘传江、程建林：《第二农民工市民化：现状分析与进程测度》，《人口研究》2008 年第 5 期。

(三) 就业状况分析

根据全国总工会近几年内持续调查研究的数据显示，在2014年，农民工在制造业、服务业、建筑业就业的比例分别为31.3%、42.9%和22.3%，在2015年，农民工在制造业、服务业、建筑业就业的比例分别为31.1%、44.5%和21.1%，可见农民工在工作环境相对较差的建筑行业和制造业等领域就业的比例逐年下降，而在服务行业中的就业比例明显上升。此外，受益于人力资本的提升，新生代进城农民工在质检、文员等相对体面的工作岗位比例持续上升，在企业规模相对较大、运营相对规范的企业就业的比例比老一代进城农民工有较大幅度的提升。

表3-4　　　　　　　　　进城农民工就业状况代际差异

类别		传统农民工比例（%）	新生代农民工比例（%）
就业行业	制造业	56.4	67.3
	建筑业	12.3	3.7
	服务业	24	26.3
	农业	5.4	1.0
就业岗位	普工或后勤人员	54.2	46.2
	文员或质检员	2.6	9.7
	服务员	3.8	10.8
所在单位规模	100人以下	40	33.3
	101—1000人	39.6	38.2
	1001人以上	20.4	28.5
所有制类型	国有企业	21.8	12.5
	集体企业	6.1	3.2
	私营企业	40.3	26.1
	外商（含中国港澳台）	31.8	58.2

资料来源：根据全国总工会新生代农民工问题课题组的《2010年企业新生代农民工状况及对策建议》一书整理。

（四）社会性差异

在社会性差异方面，新生代进城农民工已经具有显著的时代性特征,他们外出务工的动机不再是改善生活而是为了体验生活与追求梦想;他们在忍耐力与吃苦耐劳方面比传统农民工相对较弱,其稳定性弱、跳槽频度远高于老一代(具体数据见表3-5)。有调查数据显示,老一代进城农民工的跳槽频度为0.08次/年,而新一代进城农民工则是0.45次/年,跳槽频度是老一代进城农民工的5.6倍。[①] 影响新生代进城农民工离职因素依重要度排序分别为工作发展、工作条件、工作关系、工资待遇与工作保障。新生代进城农民工将工作发展列为最重要的因素,他们将自己能够成为城镇产业工人作为基本职业定位与角色期望,这与传统的农民工将赚取更多的工资收入以便回到农村过上安稳的生活有着本质的不同。但是,大部分的新生代进城农民工的职业能力与经济条件远滞后于其扎根城市的生活愿望,而这个差异仅依靠他们自身的努力很难弥补,其结果是导致了他们当前的迷茫与不安,为寻找更好的发展机会他们不得不频繁地变换工作。[②]

表3-5　　　　　　　　进城农民工社会性代际差异

类别	传统农民工	新生代进城农民工
外出务工动机	改善生活	体验生活、追求梦想
工作生活重要度排序	工作排在首位,家庭关系次之	依次是工作、学习、婚姻、家庭关系、人际交往
忍耐力	强	弱
吃苦精神	强	弱
对劳动权益的追求	实现基本劳动权益	追求体面劳动和发展机会
跳槽次数	0.08次/年	0.45次/年
维权方式	个体维权	群体维权
信息开放度	相对封闭	相对开放
价值观的多元性	相对单一	相对多元

---

① 《新生代农民概念写进中央一号文件》,2010年2月2日,http://Jsnews.jschina.com.cn。

② 李桦、黄蝶君:《新生代农民工离职类型及其影响因素研究》,《经济与管理》2012年第4期。

续表

类别	传统农民工	新生代进城农民工
对城市文明的接受度	相对拒绝	相对接受并参与传播
需求层次差异	追求生存,重视工资待遇	追求发展,重视工资待遇与自身技能提高及权利实现
职业角色认同	自认为是农民占54.8%	20世纪80年代出生自认为是农民占32.3%,20世纪90年代出生自认为是农民占11.3%
	自认为是打工者占22%	20世纪80年代出生自认为是打工者占32.3%,90年代持此观点占34.5%

资料来源：根据中国工运研究所编的《新生代农民工：问题·研判·对策建议》相关资料整理。

(五) 发展性差异

相对于传统农民工，新生代进城农民工思维与心智尚未成熟，价值观不太稳定，未结婚生子，职业尚未定型，其未来的预期性弱，可塑性更强。他们更愿意也更有机会接受职业培训，他们的人力资本更高，学习力更强，投资收益率也更高。其具体分析见表3-6。

表3-6 进城农民工发展性代际差异

类别	老一代进城农民工	新生代进城农民工
接受过职业培训[1]	22.9%	36.9%
思维与心智成熟度	思维与心智相对成熟	思维、心智未成熟且不断发展
价值观稳定度	价值观牢固,难再塑	价值观尚未形成,可塑
未来预期性	已婚,未来可以预期	面临结婚生子、子女教育,未来难以预期
职业可塑性	职业基本定型,可塑性弱	职业发展存在变数,可塑性强
未来打算	务农为11.0%	务农为1.4%
	做生意或创业为17.9%	做生意或创业为27.0%
	继续打工为57.1%	继续打工为50%

[1] 国家统计局网站：《2009年农民工监测调查报告》，2010年3月19日。

续表

类别	老一代进城农民工	新生代进城农民工
定居意向	89.7%选择回家乡定居，仅10.3%表示留在城市	44.1%表示可能回家乡，55.9%选择在打工的城市买房定居

资料来源：中国工运研究所编：《新生代农民工：问题·研判·对策建议》，中国工人出版社2011年第1版。

1. 新生代进城农民工的投资收益率更高

Heckman等学者通过人力资本投资的时序模型的研究表明，人力资本投资回报率与年龄呈负相关，高能力与低能力的投资回报率是两条平滑不相交的曲线，最优的投资回报应是实现不同投资阶段的回报率相等，对年轻人进行更多的人力资本投资，效率会更高。[①] 林竹（2011）提出了应加强农民工的人力资本与心理资本、社会资本的协同发展，而对农民工人力资本投资的提升会促进其心理资本和社会资本的积累，从而实现农民工高质量就业。[②] 黄快生、马跃如（2014）通过分析新生代农民工人力资本状况并在借鉴国外人力资本理论研究成果的基础上提出了要加强新生代农民工人力资本投资和积累。[③] 戴烽的研究也证明了相对受教育程度较高、有培训经历或城市取向的进城农民工的培训效果相对较高。

2. 新生代进城农民工学习力更强

戴烽（2010）的研究显示，学习力差异取决于目标与动机、个人意志力、成就感与经验四大要素的差异，其中前两类属于主观差异，后两类则是客观差异。农民工学习的目标动机可分为生存与发展两类，激发农民工持续学习的意志要素则归结为是回农村还是留在城市的想法，成就与经验要素则属于客观差异。导致主观差异来源于其城

[①] 国家统计局网站：《2009年农民工监测调查报告》，2010年3月19日。

[②] 林竹：《农民工就业：人力资本、社会资本与心理资本的协同》，《农村经济》2011年第12期。

[③] 黄快生、马跃如：《国外人力资本理论研究新动向对新生代农民工人力资本投资和积累的借鉴》，《湖南社会科学》2014年第2期。

市取向还是农村取向,导致客观差异的主要原因是外部的生存环境。(1)主观差异:生存还是发展的目标选择决定了目标要素的差异性,回乡还是留城的选择导致了学习的意志差异;(2)客观差异:事实上,老一代农民工在投资新生代农民工,而新生代农民工则在投资自己;人力资本投资的多寡决定学习的经验与成就差异。[1] 研究表明,新生代农民工比老一代农民工有更强的学习力,主要原因是成长环境、个人特征、就业情况、城市适应性等多因素造成的。

3. 新生代进城农民工培训意愿较高,但方向迷茫与结构失衡

刘平青等(2005)的调查显示,新生代进城农民工对新技术感兴趣,而对传统的技术如电工、钳工、装修等不感兴趣,对管理与营销有兴趣,对法律知识有模糊认知,对权益保护方面知识较为欠缺。并且不知道自己适合学什么、该学什么,接受什么样的培训,不知道该去哪学习,也不知道从事什么行业、掌握多高的技术才能带给他们比较满意的收入,这说明他们对培训的意愿较高,但方向迷茫与结构失衡。[2] 马世英、崔宏静等(2014)认为功能价值、情感价值和社会价值能够促进新生代农民工职业培训支付意愿的形成,相关企业和培训部门可以优先考虑从提高感知价值和调动参照群体影响着手,有针对性地设计职业培训内容、推广职业培训项目,逐步消除新生代农民工的风险隐忧,提升其人力资本的价值。[3]

四 小结

和老一代进城农民工相比,新生代进城农民工面临着老一代进城农民工相同的际遇与困境,但因为代际禀赋的差异,使得他们面临的困境显现出新的变化。总体来说,这些困境与变化是老一代农民工问

---

[1] 戴烽:《农民工人力资本培训评估》,社会科学文献出版社2010年第1版,第221—307页。

[2] 刘平青、姜长云:《我国农民工培训需求调查与思考》,《上海经济研究》2005年第9期。

[3] 马世英、崔宏静、王天新:《新生代农民工职业培训支付意愿的影响因素》,《人口学刊》2014年第3期。

题的延续与发展。但是,新生代进城农民工因其成长的环境已经发生了巨大的变化,他们学习与生活在城市,心理预期高于传统农民工,耐受能力低于传统农民工;他们难以在城市获得稳定、高收入的工作,难以融入城市主流社会,位于城市底层与边缘;同时,土地的基本保障功能对他们而言已经大大削弱,而他们又未能进入城市社会保障体系中,只能处在城乡两端的尴尬边缘;在社会身份方面,新生代进城农民工拥有工人与农民的双重身份,务工为生,重视劳动关系、工作环境、看重劳动付出与回报对等,关注工作条件的改善和工资水平的提高。但是,他们在生活习惯、思维方式与处事方法上仍然保留着农民的痕迹。在户籍制度的影响下,在高房价、低收入水平的生活压力条件下,他们面临着职业选择迷茫、职业规划欠缺、学习培训需求难实现、就业的稳定性弱、精神与情感需求不能很好满足、基本权益难以保障、犯罪率高等一系列社会问题,这些问题与困境阻碍其追求个人梦想,影响了他们长期、稳定的就业,构筑与聚集了社会风险,不利于社会和谐与稳定。

第二节 农民工的贡献

在市场经济与改革开放逐步推进、人口流动管制逐步放开的条件下,农民工向城市中转移是经济转型、城乡一体化的过程。但是,中国农民工群体的形成,是在中国庞大的农村人口资源、特殊的户籍制度、不完善的农村土地产权制度、长期形成的城乡利益格局和城乡心理隔膜等多重背景下形成的特殊现象。进城农民工为中国经济发展做出重大贡献,却没有充分享受经济发展的成果,他们期待融入城市却面临着诸多困境。

深圳当代社会观察研究所所长刘开明通过对深圳农民工的发展历程进行研究与总结后认为,中国的改革始终是基层发展起来的,是由农民工为主要群体的草根经济发展起来的,中国城市化的进程也是被农民工自下而上的推动而发展的过程。① 通过理性的分析，我们不难发现，中国农民工为中国乃至世界经济与社会的发展做出了巨大贡献。

一 对中国宏观经济社会的贡献

（一）对中国经济的贡献

在国际贡献方面，中国进城农民工大量进城，以充裕而廉价的劳动力促使世界制造业在全球区域内的重新分布，拉低了全球的社会商品的平均价格，让全人类享受了廉价的商品，同时促进了世界产业工人发展，为其他发展中国家提供了有益的经验借鉴；在国内贡献方面，杨晓军（2012）通过对1985年到2009年农民工与经济发展的相关数据研究表明，农民工对中国经济做出巨大贡献，但在经济成果分享上严重偏低，具体支撑数据如表3-7所示。

表3-7 农民工数量增长与劳动生产率提升对经济增长贡献与成果分享比率统计

与农民工相关因素	指标名称	比例
数量增长贡献	对总劳动生产率增长平均贡献率	19.96%
	对总产出增长贡献率	13.41%
农民工劳动生产率提升	对总劳动生产率增长平均贡献率	17.60%
	对总产出增长贡献率	16.58%
经济成果分享	平均分享率	9.65%

资料来源：数据摘自杨晓军发表于2012年第5期《人口与科学》杂志上的《农民工对经济增长的贡献与成果分享》。

农民工对经济成果的平均分享率为9.65%，对经济成果的平均额外分享率为5.81%，自1985年以来，中国农民工数量总体呈快速增长趋势，农民工总量在1985年约6713.6万人，而到2000年突破1.5亿人，到2012年则超过了2.6亿人，年均增长率超过了5.5%，几乎是同期城镇化增长速度（2.86%）的1倍；农民工数量增加的过程不仅是

---

① 魏城：《中国农民工调查》，法律出版社2008年版，第17页。

第一产业向第二、第三产业的就业转移,同时还是各种社会资源在城乡部门间重新配置的过程,也是社会总体劳动生产率提升的过程,这一过程促进了物质与人力资源的配置效率,促进了经济增长。

农民工的出现加快了农业市场化、工业化、城镇化、国际化的历史进程;正是他们廉价的劳动力才吸引了大量外资并使中国迅速成为世界第二大经济体、"世界制造中心"和世界贸易大国,他们是中国在国际社会迅速崛起的坚强后盾;在中国,进城农民工支撑中国庞大的出口经济,拉动了GDP高速增长,中国经济的外贸依存度超过了70%,也由此诞生了一大批出口加工的中小企业群,而这些出口企业员工中约有80%是进城农民工。2011年数据显示,中国进城农民数量达到15863万人。他们每月平均工作25.4天,每天平均工作时间为8.8小时,平均每周工作时间超过44小时的比例达到84.5%,超时加班成为常态。即便如此,他们赚取的收入也仅为城市居民的58.82%。但是,进城农民工用低价劳动力,支撑了出口产品的低价位竞争,农民工用自己创造的产品和价值,奠定了中国世界工厂的地位。进城农民工如同钟摆一样漂泊于城乡社会边缘,他们以廉价的劳动力、极低的城市基础服务和社会保障需求来提升中国产品在国际贸易中的竞争力,他们较低的社会权益需求也降低了地方政府在提供公共财政方面的压力,这种制度性或体制性的利益转移行为使中国进城农民工为中国经济社会的发展做出了巨大的牺牲。

表3-8是根据中国国家统计局公布的数据编制的1995年至2011年农民工增长与对经济贡献的测算表。

表3-8　　　　　　　　农民工增长与对经济的贡献

	1995年	2011年	增长率
总劳动人口数量(万人)	68065	76420	12.28%
农民工数量(万人)	9370	15863	69.30%
国内生产总值(亿元)	59810.5	472115.0	689.35%
外出农民工人均GDP(按均值的0.8计)	7030	49423	603.05%

续表

	1995年	2011年	增长率
农民工贡献占国内生产总值比（%）	11.01	16.61	50.79
农民工人的年收入（元）	2270.99	24588	982.70
农民工收入占人均GDP比（%）	25.84	39.80	54.00

表3-8的数据说明，从1995年到2011年，进城农民工对国内生产总值的贡献由11.01%上升到16.61%，约占中国国内生产总值的1/6，进城农民工已经成为中国经济发展中不可或缺的力量。此外，农民工人均年收入大约是农村居民人均年收入的3倍，农民工将在城市赚取的收入转移到农村用于农村消费、支援农业与农村建设，是中国农村经济社会建设的主要投资力量，农村社会的快速发展也离不开他们的巨大贡献。

（二）对社会发展的贡献

1. 城市化的动力源

党的十六大以来，我国城镇化发展迅速。2002年至2011年，我国城市化率以平均每年1.35个百分点的增速发展，城镇人口平均每年增长2096万人。2011年，城镇人口比重达到51.27%，比2002年上升了12.18个百分点。在此期间，乡村人口为65656万人，减少了12585万人。[1] 农民工进城缓解城市劳动力供给不足，扩大了城市消费市场，促进了第三产业发展，为城市居民提供了广泛的服务，并为自身的市民化做好了准备，成为城市化发展的直接动力。图3-1是新中国成立以来城市化增长率曲线图。

城市化应该是工业化、城镇化与外来人口市民化三者的有机结合，农民工在中国城市化进程中充当了主力军的角色，他们使中国城市市政、交通、桥梁、商务办公与城市住房环境发生了改头换面的变化，为我国工业化、城市化、现代化的基础建设做出

---

[1] 转引自国家统计局《2011年城镇化率达51.27% 社会结构趋优化》，资金项目网，2012-08-20。

了巨大贡献，同时还促进了城市空间向外拓展，推进了农村城镇化进程。

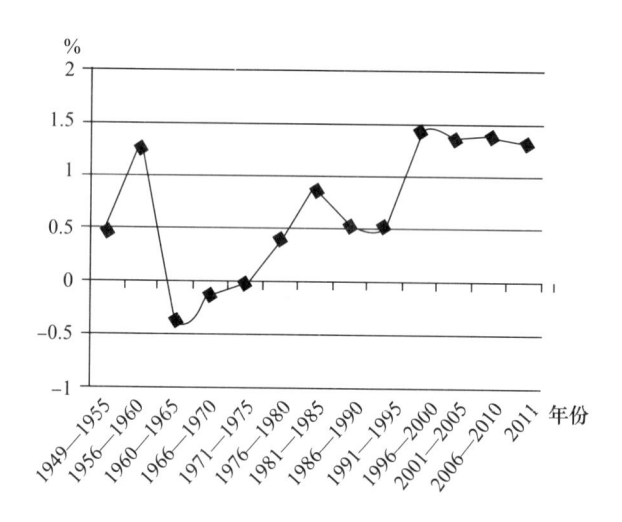

图 3-1 中国城市化年均增长情况

2. 优秀文化的传播者与城市居民素质提升的促进者

就进城农民工自身特质而言，因为进城农民工进入城市后抢走了城市居民的部分就业机会，同时他们比城市户籍居民更能干、有闯劲、能吃苦、更积极主动，其经济利益驱动力更强，这使得城市居民产生了强烈的危机感，城市居民不得不努力提升自身的能力从而保持就业竞争力，这种行为促进城市居民的素质提升。此外，进城农民工来自全国各地，各民族优秀的文化在城市中展现并融合，丰富了中国现代城市文化的外延与内涵，促进了民族间的相互理解、团结与交融。

3. 城乡社会转换的缓冲带

在中国耕地面积有限的情况下，正是从农村土地承包责任制发起的土地改革，才使得农民种地积极性得以充分调动，农民劳动积极性的提升带来了劳动效率的提升，才使农村劳动力闲置的问题得以凸显，进而促进农村剩余劳动力进城务工。农民工进城为中国工业化增添了新力量并促进了城市城镇化的发展,大大加快了经济步伐。农民工进城的行为也促进了中国城乡二元结构的分解,唤起了中国政府推进城乡二元经济结构改革的良知与决心。① 此外,进城农民工为城乡之间与工农之间创造了一个广阔的中间过渡地带,缓解了城乡间对立态势,构造了一个新的社会结构层次,并通过这个结构层次的推延实现社会的相对平稳的重组。②

4. 农村现代化的播种人与农村社会发展的投资人

进城务工行为转移了大量的农村劳动力,增加了农村收入,改善了农村生活条件,传播了先进城市文化和现代工业文明,促进了农村经济、政治和文化的现代化;进城农民工通过在城市社会打工赚取的收入投入到农村,为中国农村经济的起步、农业现代化发展带来了宝贵的资金,为缩小城乡差距、改善农村人口的生活条件做出了巨大贡献,也为中国 9 亿农民找到了脱贫致富之路,进而促进了农业现代化、农村劳动力分工与农村社会现代化的进程。

5. 中国人口素质提升的实践者

进城农民工进入城市后意识到自身的文化素质等人力资本严重不足,则通过城市生活与行为习惯的习染与实践来改变自身的修养与内涵,力求生活结构、社会行动与城市社会趋同与融合,实现经济、文化与社会结构再生产的社会化过程和状态。通过多种社交信息平台和网络渠道向市民学习有关城市生活的常识和规则等,消除自身在文化素养、职业素养、法律素养和心理素质方面的主体性障碍,顺利完成从农民工到"城市人"的转化。③ 同时通过赚取有限收入投入到自我学习与成长或子女的教育方面,以期改变自己未来的社会地位。他们的行为提升了自身的素质,同时还为其下一代创造了良好教育环境,为农村教育发展奠定了坚实的基础。

---

① 钱文荣、黄祖辉:《转型时期的中国农民工——长江三角洲十六城市农民工市民化问题调查》,中国社会科学出版社 2007 年第 1 版。
② 李培林:《流动民工的社会网络和社会地位》,《社会学研究》1996 年第 4 期。
③ 张凤巧:《同喻文化视域下新生代农民工学习研究》,《中国成人教育》2016 年第 19 期。

二 对深圳经济社会的贡献

(一) 对深圳市经济发展的贡献

深圳市 2010 年的经济数据显示,深圳市的生产总值为 9500 亿元,规模以上工业增加值为 4050 亿元,地方财政收入为 1107 亿元,每平方公里 GDP 产出为 4.77 亿元,社会消费品零售总额为 3000 亿元,外贸出口总额达到 2042 亿美元、固定资产投资为 1945 亿元,以上七项指标在过去五年年均增率分别为 13.2%、13.2%、21.9%、17.56%、15.8%、15% 和 10.5%;其增长速度远高于国家平均水平,且每平方公里 GDP、外贸出口额等部分指标还处于全国领先水平。在过去 30 年里,深圳市在经济发展方面取得的成就举世瞩目。这些成就的取得得益于农民工持续的推动。农民工的发展使深圳市成为中国最早探索给户籍制度与政策松绑的城市。自 1988 年起至今,深圳市还是户籍与非户籍人口倒挂最严重、农民工人口比例最多的城市,农民工对深圳市的发展做出了巨大贡献。表 3-9 是深圳市经济增长与人口增长的分析表。

表 3-9 深圳市人口增长与经济发展状况

深圳市基本指标	1979 年	2010 年	年均增长率 (%)
常住人口 (万人)	31.41	1 037.20	11.9
户籍人口 (万人)	31.26	251.03	7
非户籍人口 (万人)	0.15	786.17	31.8
城镇职工年平均工资 (元)	769	50456	14.5
本市生产总值 (万元)	19638	95815101	25.3
人均 GDP (元/人)	606	94 296	11.8
全社会固定资产投资额 (万元)	5938	19447008	29.8
社会消费品零售总额 (万元)	828341	14416103	26.9

资料来源:《深圳市统计年鉴 (2011)》。

表 3-9 的数据表明，在 30 年左右的时间内，GDP 年均增长速度（25.3%）是人均 GDP 增长速度（11.8%）的 2.14 倍；以非户籍人口劳动生产率是户籍人口的 0.8 倍值进行计算，则深圳市外来人口数量的增长对 GDP 增长的贡献为 71.47%，远高于 19.96% 的国家平均水平（杨晓军，2012）；此外，人口增长拉动固定资产投资，也带来了社会消费的大幅增长。数据显示，在此 30 年时间内，固定资产投资与社会消费额的增长速度均超过了 25%，是人口增长速度的 2 倍以上，而非户籍人口的数量增长速度是户籍人口增长速度的 4 倍以上，如果没有农民工的快速增长，固定资产与社会消费的增长速度不可能实现。

（二）对深圳市社会发展的贡献

在过去的 30 多年中，农民工一直都是深圳市产业工人的主力军，也一直是深圳市新兴经济发展的主力军，他们对深圳市的发展贡献不仅体现在经济层面，对其社会层面的贡献同样巨大。

1. 以牺牲农民工权益换取了深圳市城市建设资本

农民工以群体数量大、低工资、低就业期望、吃苦耐劳等品质成功吸引了来自全球的巨大投资，这些投资在深圳创造了大量就业机会的同时，还为深圳市城市发展积累了大量的物质资本。但这种资本积累是以牺牲农民工合理的社会回报与基本社会保障权益换来的。

2. 推动了就业制度的改变

中国针对农民工的户籍制度和医疗、失业、养老等社会保障体制都是以深圳市为蓝本、先在深圳先行先试再向全国推广起来的。深圳市自改革开放起，先后推出粮油供给机制改革、档案转移改革、蓝印户口试点、设立最低工资标准、社会保险试点、异地退休与养老试点改革等措施，建立了中国最早的人才交流市场。此外，深圳市也一直是中国户籍制度与就业制度改革的发起者、试验者与推动者，这些改革为推动深圳市的发展做出了巨大贡献，这种改革的力量来源于数量庞大且持续增长的农民工群体。

3. 加快了深圳市产业结构调整

随着深圳市农民工逐渐成长与发展，其劳动技能不断提升，深圳市也历经了由"深圳制造"向"深圳创造"、由"深圳速度"向"深圳质量"转变的过程。数据显示，在深圳市的产业结构中，高新技术、金融、物流、文化四大支柱产业占全市生产总值的比重超过60%，产业结构持续优化，第二、第三产业保持协调推动经济持续增长的格局，农民工对深圳市产业结构调整的贡献功不可没。

4. 对深圳市政府职能转变的贡献

在这种人口红利诱惑与获取过程中，深圳市政府在这种数量庞大、远超户籍居民的外来人口压力下，其行政职能不再是管理与服务好户籍居民，还需要对外来人口进行管理，其外来人口的管理理念先后经历了创造环境引导流入——限制盲目流入——组织有序流入——加强流动人口管理——推动流动人口服务等多个阶段。在此过程中，深圳市政府的相应职能历经了巨大调整，其政府职能理念也实现了由过去的"行政管理"转向"人口服务"的现代行政理念转变。

5. 对深圳市城市社会的贡献

深圳市由一个小县发展成举世瞩目的现代城市，其城市社会发生了巨大变化，深圳市也因其良好的基础设施与优秀的城市居住环境获得了"国际花园城市""国际环保城市"等赞誉。此外，由于农民工的推动，深圳市在2004年最早完成了中国农村城市化改革，成为中国首个没有农村户籍人口的城市，其城市化进程全国领先；在立法方面，截至2010年，深圳市自行制订并在实施的法律法规共101项，这些法规推动了城市规范化管理与服务，实现了深圳市政府与国际化管理接轨。

6. 对深圳市人文精神的贡献

在过去30年中，深圳曾是中国城市发展的样本与标杆。来自五湖四海的农民工给这个城市注入了活动与激情，同时也增进了城市的包容与内涵；他们以高压力的工作方式、快节奏的生活方式、勤俭务实、追求高效的特质展示了深圳市城市精神的主要内涵。

通过对进城农民工贡献的理性分析表明，进城农民工虽然在主观方面体现了其贡献的无意识性、被动性与主动性，但其在客观上却体现了贡献的必然性、现实性与可持续性,这种贡献体现了其劳动力价值、社会价值与自我实现的价值。

第三节 进城农民工的困境与风险

进城农民工既是支撑中国工业化的重要力量,也是推动中国改革的重要力量,他们为中国工业化发展、城市化的发展、城乡文化的融合、农村经济的发展与农业现代化的发展做出了巨大贡献。但是,以农民工供给平衡城市发展和工业就业需求,既有短期的好处,也有长期的负面影响。他们虽然推进了中国的城市化,但同时也逐渐成为城市化深入发展的障碍性因素。工业现代化、城市现代化都需要他们,而他们自身的人力资源素质使他们面临着政治、经济、法律、行政等诸多弱势与困境,而这些困境将可能导致潜在的、巨大的风险。

一 面临的困境

(一)政治困境

政治参与是现代政治学中的一个重要概念。亨廷顿和纳尔逊认为,政治参与是"平民试图影响政府决策的活动"。[1] 我国《中国大百科全书·政治学》将政治参与定义为"公民自愿地通过各种合法方式参与政治生活的行为"。[2] 进城农民工在城市居住地的政治参与度低,他们很少或从来没有参与过基层的政治选举,也很少参加当地的党团活动。他们没有充分享受宪法赋予的选举与被选举权,仅有极少部分享受了参加工会组织的权利。于扬铭(2016)认为,一方面,由于在城市务工就业,农民工回乡政治参与的权利无法有效实现;另一方面,由于城乡二元分割以及相关体制机制尚未理顺,农民工在城市

---

[1] S. 亨廷顿、J. 纳尔逊:《难以抉择——发展中国家的政治参与》,汪晓寿译,华夏出版社1987年版,第5页。

[2] 中国大百科全书总编辑委员会、中国大百科全书出版社编辑部:《中国大百科全书·政治学》,中国大百科全书出版社1992年版,第485页。

享受政治参与的权利又无法得到保障[1],使他们在城市利益再分配中话语权的缺失,同时还在劳资双方的谈判中丧失了平等话语权。在某种意义上,他们在城市遭遇了政治排斥。他们的选举权和被选举权在城市得不到切实保障,农民工群体的意愿没有正式的表达渠道,其利益分配的建议权与表决权的缺失使得他们在城市社会再分配中处于劣势;在社区层面,由于农民工户籍不在城市,他们自然无权参与社区居民的民主选举、民主决策、民主管理与民主监督,这将他们排除在城市微观融入的社会决策机制与体系之外,这些都反映出农民工制度化政治参与和社会现实之间存在巨大差距。

（二）经济困境

经济排斥是指个人和家庭未能有效参与生产、交换和消费等经济活动。近年来,随着新型城镇化建设的不断加快,农村劳动力流入城市的数量显著增加。根据国家统计局的数据,2015年全国农民工总量为27747万,比2014年增加352万,增长了1.3%。[2] 随着进城务工人员的不断增加,农民工的融入成为备受关注的焦点问题。党的十八大报告明确把城镇化作为"新四化"战略的重要内容;党的十八届三中全会做出的《中共中央关于全面深化改革若干重大问题的决定》赋予了农民更多权利和利益,完善了城镇社保体系;同时,党的十八届五中全会明确指出,要建立健全更加公平、更加可持续的社会保障制度,实施全民参保计划。在农民工经济困境研究方面,王秀芝、朱瑶(2017)等选取了我国不同地区、不同城市规模的农民工群体,从城市生活成本、自我保障成本、机会成本和住房成本等方面进行研究分析得出,农民工的经济困境对农民工市民化进程推进较大的阻力,且农民工融入城市生活所要承担的经济压力因地区以及城市规模的差异而有所差异,政府部门应当制定相应政策改善这些方面的困境。[3]

---

[1] 于扬铭:《农民工政治参与的困境与实现路径》,《海南大学学报》(人文社会科学版) 2016 年第 1 期。

[2] 资料来源:2015 年国家统计局《全国民工监测调查报告》。

[3] 王秀芝、朱瑶:《城市化进程中农民工融入的经济困境及对策》,《行政科学论坛》2017 年第 1 期。

另外，因为劳动力市场的分割造成了农民工公平就业权利的缺失，这使他们在城市就业方面处于弱势；由于他们的人力资源素质整体偏低，因而只能进入二元劳动力市场中次属劳动力市场，他们依靠简单劳力来获取低廉的收入，生活在城市的底层社会。经济困境使他们被城市社会边缘化。

（三）法律困境

维护农民工的合法权益一直是我国法律援助的重点，自1994年施行法律援助制度以来，我国在农民工权益保障的立法和实践等方面对法律援助工作进行了深入的探索，且取得了一定的成效。徐宏伟（2007）认为农民工法律常识的缺乏、相关法律机构的不健全、法律宣传不到位、维权成本高和维权程序烦琐使得农民工在法律权益方面受到了损害。[1] 张彦华（2010）认为，农民工群体仍存在着对法律的认知程度不高、法律信仰不够、维权意识淡薄等法律困境。[2] 宋博纳（2015）认为，由于农民工自身文化教育素质的低下、传统小农思想的束缚、执法环境的不健康、法律援助机制的不完善等因素造就了农民工法律意识不强的状况，导致农民工法律知识缺乏、法律观念淡薄、法律信仰缺失、法律能力不足等问题。[3] 国家法律保护体系不健全、政府行政执法不到位或不作为、企业在逐利过程中注重眼前利益而忽视社会责任，是造成农民工处于法律社会弱势的根本原因。他们的劳动报酬权与社会保障权利的缺失，基本权益遭遇用人单位漠视，他们不能充分享受医疗、养老等社会保障，其子女教育也面临着机会与环境弱势。他们在经济收入、社会福利保障方面受到绝对剥夺、相对剥夺或多阶剥夺，受到了不公正的待遇。[4]

（四）行政困境

任庆伟、张本厚、秦相平（2013）指出，法律不完善、模式选择

---

[1] 徐宏伟：《农民工法律援助的障碍及对策》，《特区经济》2007年第12期。
[2] 张彦华：《新农村建设中农民工法律意识的构建》，《中国农学通报》2010年第13期。
[3] 宋博纳：《我国农民工法律意识提升问题研究》，《农业经济》2015年第11期。
[4] 梁波、王海英：《城市融入：外来农民工的市民化——对已有研究的综述》，《人口与发展》2010年第16卷第4期。

不一致和责任缺位是农民工养老保险中的三大行政责任困境。[1] 刘小年（2017）从马克思的社会人思想出发进行系统分析，发现农民工市民化的历时性，是在经济现代化、城乡二元结构与国家政策等因素作用下，通过二步转变及国家政策设置阶段的双重机制，依次呈现为经济、社会、政治、生活四个阶段的市民化。应该在政策上将农民工市民化前后阶段关联、更好地发挥政府主导作用及与现代化相结合。[2] 地方政府受制于经济增长导向的绩效考核机制，将有限的公共服务资源投向了城市户籍居民，导致了农民工在城市就业机会、医疗保障、养老保障、失业救济、教育资源分配等方面遭受了一系列的不公平待遇，政府从行政的视角而将其置于城市社会的底层。

（五）人力资本弱势

人力资本的概念是由20世纪50年代美国经济学家西奥多·W.舒尔茨（T. W. Schultz）提出来的，其认为人力资本是由人们通过自身的投资形成的有用的能力所组成，体现为人自身的知识、能力和健康的总和。农民工人力资本是指通过接受教育、参加培训、投资健康与迁移流动等方式而凝结在农民工自身的各种能力的总和。由其自身的教育水平、职业技能、承担的社会保险情况、健康状况、工作经验等构成。[3] 但是，从目前情况来看，农民工由于在政治上的弱势、社会保障的缺失与城乡资源分配的差别，其限制了他们均等享受教育资源的权利。此外，他们进入城市后作为外来移民受到层出不穷的社会排斥，几乎不太可能再接受正规教育或继续教育，并且这一弱势地位正在向他们的子女身上递延。另外，农民工因为处于政治弱势而在城市人力资本投资的资源分配中失语，这使他们被部分地排斥在城市教育与培训的资源分配体系之外。而在这种体制性排斥下，政府还缺少相应的社会救助机制。农民工在人力资本投资的社会救助机制缺失的

---

[1] 任庆伟、张本厚、秦相平：《农民工养老保险中的行政责任诉求与路径选择》，《甘肃社会科学》2013年第1期。
[2] 刘小年：《农民工市民化的历时性与政策创新》，《经济学家》2017年第2期。
[3] 陈昭玖、胡雯：《人力资本、地缘特征与农民工市民化意愿——基于结构方程模型的实证分析》，《农业技术经济》2016年第1期。

条件下,他们自身微薄的收入也难以支撑其在人力资本方面的投资,这导致他们很难实现收入上的提升、职位上的向上流动,成长空间受限。

(六) 多维的社会排斥

社会排斥的研究起源于20世纪初至五六十年代贫困(poverty)研究中对贫困、剥夺(deprivation)和劣势(disadvantaged)概念及理论的探讨。20世纪70年代以后,西欧经济结构发生剧变,社会面貌也出现巨大改变。在经济重建过程中,出现了由于大规模经济变迁所引起的贫困问题。这在西欧最初被称为"新贫穷"现象,迫切需要寻找一种新的能对其概念化并讨论其成因的方法。西方学者们在对这种"新贫穷"的研究过程中,逐渐形成了社会排斥这一概念。1974年法国学者勒内·勒努瓦(Rene Lenoir)最先提出"社会排斥"一词,但并没有对社会排斥的含义进行明确的界定。20世纪80年代,欧盟的反贫困计划使用了社会排斥这一概念,试图通过社会政策,改变社会资源的分配,提高社会成员的社会参与,解决福利国家危机。[1] 社会排斥是失业、歧视、技能缺失、收入低下、住房困难、罪案高发、丧失健康以及家庭破裂等交织在一起的社会现象。农民工在城市面临经济排斥(就业与消费)、政治排斥、文化排斥、社会组织与网络排斥、社会保障与教育排斥、空间排斥(住房的地域),导致了一系列的社会问题。刘丽(2012)认为,新生代农民工在城市社会面临的政治、经济、制度、文化等方面的"社会排斥"制约了这种资本的效力,从而阻碍了新生代农民工融入城市的进程。因此,新生代农民工要想留在城市完成继续社会化的过程,必须明确从滞留(共栖),到城市适应,再到城市融入(竞争、合作、内化与认同等),最后实现融合(共生)的路径。[2]

---

[1] 彭华民:《社会排斥与社会融合:一个欧盟社会政策的分析路径》,《南开学报》2005年第1期。

[2] 刘丽:《新生代农民工"市民化"问题研究——基于社会资本与社会排斥分析的视角》,《河北经贸大学学报》2012年第5期。

（七）城市社会融入困境

黄佳豪（2013）认为，由于城市的文化排斥、空间区隔使新生代农民工很难建立起对城市社会的认同，从而陷入交往困境。新生代农民工的交往主要局限于有着血缘、亲缘和地缘的群体，倾向于通过挖掘内部的传统资源实现交往的"内卷化"建构。实际上，扁平化、简单化、封闭化、低层次化的社会交往空间，既不利于他们进行信息传递、获取资源、向上流动，也使他们缺乏必要的社会支持。[1]农民工在城市中遭遇了制度排斥、文化排斥、城市融入的社会机制缺乏等困境。他们因为生活成本和社会交往的原因，在整合原有地缘、血缘、亲缘关系的基础上，在城中村重建了自己的文化与社会空间，与城市社会的交往率也较低，对社区正式组织的活动参与度不高，以血缘与地缘关系为主体的内倾式社会交往模式封闭了他们的活动空间，限制了他们的城市融入实践，使他们在居住空间、社会参与上被整体边缘化，处于城市社会隔离的状态。

二 农民工问题的成因

受制于国家制度安排、政府教育体制、企业逐利行为、新生代农民工素质等多方面的因素，新生代进城农民工的人力资源开发主要存在以下问题。

（一）政府的制度安排问题

在长达三十年的"以经济建设为中心"的政府绩效导向下，进城农民工长期被排斥在收入再分配的制度安排之外。中央及地方政府财政在资助进城农民工群体方面的投资非常有限；在政府"重就业轻提升"的指导思想下，没有成立统筹农民工培训的专门机构，也没有统筹协调的领导机构，使行业组织、中介机构参与不足，职业培训政策不配套，就业与培训的信息渠道建设滞后，现有扶持政策难以落地，有限的资金投入与使用效率偏低。此外，政府没有设置就业准入的强制性门槛，也使农民工参与培训的外在动力不足。项继权（2007）指

---

[1] 黄佳豪：《社会排斥视角下新生代农民工市民化问题研究》，《中国特色社会主义研究》2013年第3期。

出，造成农民工权益受损、难以融入城市社会的根本原因是城乡二元结构及不公平的制度，其中最为根本和重要的是传统城乡二元的户籍制度对农民工的歧视。内生机制层面即新生代农民工自身的因素，如个体的背景特征、个体所拥有的人力资本和社会资本都会对其社会融合造成影响。[①] 戴烽（2010）认为，农民工的户籍身份（没有正式户籍）、雇用身份（出卖劳动力）、职业身份（低收入的非农产业）和流动身份（培训投入效果）影响了新生代进城农民工人力资源开发效果。

（二）政府的人力资源开发机制问题

现有的教育体制与社会需求对接方面出现的巨大偏差，是学界声讨已久的问题。在"重学历"而"轻技能"的职教体系下，教师水平参差不齐，教材开发重理论而轻操作，并且存在脱离实际、偏离社会需求的现实；同时，由于农民工教育培训结果评估系统不健全，对农民工教育培训和就业指导的介入时机与方式不合理，有效的经费支持与资助有限，部分实用课程社会化又造成培训费用过高、受教育机会不均等系列问题。此外，还存在适合农民工人力资源开发的课程有效供给不足，人力资源开发效率低下等问题。最后，因政府部门的培训时间与地点安排不合理，培训形式又让农民工难以接受，进而降低了农民工参加培训的积极性，制约了农民工的开发效果。

（三）用人单位的问题

农民工因为自身素质因素，只能在企业最底层从事简单的劳动。企业为了追求短期利益而忽视了自身的社会责任。同时因为新生代进城农民工跳槽频率较高，用人单位担心"为他人作嫁衣"而不愿在培训方面加大投入，普遍存在"重引进而轻培养"的状况。此外，大多数企业没有树立"以人为本"的管理理念，新生代农民工自主学习的技能在企业得不到发挥，这种学不致用的现状打击了农民工自主学习的积极性。企业为了追求自身短期利益最大化而忽视社会责任，安排农民工超时加班，挤压了他们自我提升的时间与机会，这也影响了农

---

① 项继权：《农民工的社会融合及其制度基础》，《襄樊学院学报》2007年第12期。

民工开发效果。同时，由于用人单位基于利润最大化的目标，在招聘新人时，对技术提出了更高的要求，对员工的就业稳定性给予了关注，而对工资的增长给出了"较低"的供应，这就提高了新生代农民工就业的门槛。因而，新生代农民工的就业困境随之而来。①

（四）新生代进城农民工自身的问题

新生代进城农民工由于自身的学历与素质限制，只能在企业的基层从事简单的劳动以换取微薄的收入，这种基层的简单劳动、低技能、低素质与低收入的现状，使他们对在城市长期稳定发展缺乏预期。这种预期也影响了他们的开发投入意愿，进而重视眼前利益而轻视长期发展。刘平青、姜长云（2005）认为，虽然农民的培训需求强烈并且培训意愿很高，但实际参加培训的比率较低。造成知行背离的主要原因是：（1）对未来需求的认知偏差；（2）对于培训成效的短视化；（3）缺少长远的职业发展与个人成长规划；（4）自身素质限制了培训效果；（5）培训信息的传递问题；（6）学习内容对自己未来是否有帮助的判断迷茫。②

此外，他们自身的宽容心与责任感相对较弱，重自身发展而轻企业责任从而频繁跳槽，使企业不愿在他们身上持续投入。最后，在低收入状况下，他们对职业素质与技能培训的认知有限，个人开发目标需求迷茫与模糊，开发培训的支付能力弱，这些因素降低了他们的自主开发能力与效果。

三 可能导致的社会风险

黄颂、陈友华（2002）指出，横向的社会流动经历了从升到降的过程，而垂直性流动则经历了从降到升的过程，其中垂直性社会流动对政治的影响更大。克伯指出，社会流动首先有利于社会的稳定。新自由主义宣扬物质不平等的积极价值，功能主义社会学家则强调社会

---

① 程云蕾：《宏观调控与新生代农民工就业困境的政策援助》，《吉首大学学报》（社会科学版）2015年第2期。
② 戴烽：《农民工人力资本培训评估》，社会科学文献出版社2010年第1版，第186—211页。

不平等的积极意义。① 在一个没有社会流动的高度不平等的社会里，往往会出现暴力；而社会流动机制能鼓励人们通过自己的努力解决其生活的窘境。张翼、尉建文（2014）研究得出，农民工群体性事件参与的比例相对较低，造成较大社会危机和社会动荡的可能性并不大，但流动人口基数大，潜在发生的风险较高，需要引起高度重视；农民工具有参与利益受损型集体抗争的习得性风险，过去参与抗争的经历会提高再次参与抗争的社会动机；工作中遭受到的不公经历、在同一城市形成的同质性"强关系"纽带以及居住时间的逐渐延长等，都会在一定程度上提高农民工的抗争意识。② 所以，当处于城市社会底层的进城农民工垂直流动的希望减小的时候，他们的本能反应和内在冲动就是对整个分层系统的集体挑战，其结果可能就是暴力冲突。社会流动之所以是必然的，是因为社会分层中内含着某种激励机制。而在中国现代社会中，进城农民工融入机制缺乏、社会保障体制覆盖不健全、垂直流动的空间狭窄，极易导致以下社会问题并引发社会风险。

（1）制约中国内需消费市场的扩大。在经济上，体制长期将农民工拒于城市之外，农民工长期扎根于城市工作与生活的愿望较低，进城务工则为了追求经济利益并节省开支，其赚取的收入不在城市形成消费，制约了中国内需扩大并导致消费疲软。

（2）制约了农村社会的发展。随着城乡差距、贫富差距进一步扩大，进城务工的农民工逐渐增多，农村社会精英逐步流出，农村人力资源进一步匮乏，这将严重制约农村社会的发展，使农民工大量输出地处于更加不利地位，对于农村区域的发展形成了制约。

（3）制约经济增长方式的转变。大量的廉价劳动力使企业在国际竞争中处于人力成本上的优势，这一优势使很多企业轻易地获取了高额利润，从而影响了科技创新动力，进而影响研发投入动力，这不利于企业升级换代，也不利于中国经济增长方式的转型；此外，这种低

---

① 黄颂、陈友华：《略论当代西方社会分层中关于社会流动的思想》，《思茅师范高等专科学校学报》2002年第2期。
② 张翼、尉建文：《特大城市农民工群体性事件参与风险分析》，《中国特色社会主义研究》2014年第4期。

人工成本、高资源投入、低产品附加值的经济增长是以牺牲环境、牺牲农民工权益为代价的，这种经济增长方式不可持续。

（4）制约中国国际贸易发展。这种以低成本与低附加值的产品加剧世界对中国的反倾销和贸易壁垒，加大人民币升值的压力，严重影响中国企业在国际市场的竞争力。

（5）延缓全面小康社会实现的进程。随着贫富差距的进一步拉大、底层社会垂直流动的路径变窄、社会保障体系覆盖不全等系列问题的出现，进城农民工的问题曾经是中国改革留下的包袱，现在已经演变成中国全面建成小康社会的一个主要障碍。

（6）阻碍城市社会治理。农民工遭遇的各类社会排斥将农民工置于城市社会体系之外，这不利于城市化过程中不同背景、不同阶层的社会群体之间的融合，增大了城市居民与流动人口之间的矛盾冲突，不利于和谐社会的构建。[1] 此外，农民工以地缘、血缘组成的城市次级社会，他们固守传统的负面社会因素，生产要素简单化和低层次化使农村缺乏突破自我的"文化力"，生产形式单一，导致了社会结构的封闭性和社会结构变迁的停滞，引发了城中村土地使用、城市规划、基础设施建设、流动人口治安及第三产业的管理等阻碍城市社会治理的一系列问题。

（7）影响政治稳定。萨缪尔·亨廷顿在《变革社会中的政治秩序》一书中提出，社会动员与经济发展都是现代化过程所造成的必然结果，但是社会动员往往比经济发展的速度更快，这使需求的形成与需求满足之间产生差距，这种差距使人们产生"社会挫折感"。但是，在社会中存在着纵向和横向流动的机会和可能，这种"社会挫折感"因此得到缓解。否则，它就会促使人们通过政治体系施加压力。如果在这种政治参与迅速扩大的同时，该社会的政治制度化水平仍未相应地提高，就会造成政治动乱。社会成员的利益受损而产生的挫折感是反叛社会行为产生进而成为导致社会风险的根源。此外，相对剥夺理

---

[1] 丁日成：《城市增长与对策——国际视角与中国发展》，高等教育出版社2009年第1版，第22页。

论也告诉我们,人的挫折感产生于相互比较之中,当人们在某一参照系下经过比较感受到利益受损了,就会产生挫折感,从而产生危害社会的行为。[①]农民工长期在城市社会遭遇严重的社会不公,不利于"先富带后富、实现共同富裕"政策的实现,并对构建和谐社会产生负面影响。

(8)影响执政党的社会地位。钱文荣、黄祖辉(2007)指出,中国的城市化由政府主导自上而下的制度投入型城市化,是一种基于经济增长的城市化,是一种城市早熟、市民社会晚出的城市化。这种重经济建设而轻社会建设的城市化,使社会主体,特别是底层群体由于利益诉求和纵向流动的渠道缺乏而深感"尊严""被尊重感"和安全感缺失,从而产生挫折感和相对剥夺感,使社会信任度和凝聚度下降,将可能引发严重的社会冲突和失序。作为处于经济与政治弱势、遭受多重社会排斥的农民工,他们的问题如得不到解决则可能严重影响党和政府与工农群众的关系,影响政府在人民群众中的形象与威信,削弱党的执政基础。

这些困境使农民工处于社会弱势地位,让他们在身心方面付出了沉重代价。农民工工资水平增长缓慢,低廉的工资还经常被拖欠。很多农民的身心健康在简单、重复、高强度的工作模式与恶劣的工作环境中受到了严重摧残,他们的子女因为没有时间照料且缺乏资本投入而遭受教育与成长危机。也有不少农民工因为长期两地分居而使其婚姻出现了严重问题;在农村社会中也因为子女外出打工而使"空巢老人"孤独无助。随着社会的发展,农民工在主观感受与自我评价——自尊、平等与自重的意识逐步加强,而他们有限的经济权益、政治权益和社会安全权益得不到有效保障,低的收入水平与生活隔绝使他们长期被排斥在城市主流社会关系网络之外,这种社会不公将可能使他们滋生消极心理与报复社会行为,进而引发社会风险。

---

① 胡滨:《我国城市化进路中社会风险探析》,《西部论坛》2012年第22卷第2期。

第四节　进城农民工的发展期待

中国庞大的进城农民工群体为了生存的压力、改善家庭生活质量、让子女接受更好的教育或寻求个人发展而背井离乡进城务工，却被城市与农村社会双重边缘化，他们的出路如果不能很好地解决，将会产生巨大的社会风险。何得桂、吴理财（2007）等学者研究认为，让农民工融入城市社会、促进农民工从两栖人到城市市民转变是中国现实的呼唤与历史的必然。[①] 罗红（2015）认为，农民工市民化是我国工业化、城镇化发展的必然结果，也是世界现代化发展的必然趋势。建立农民工市民化的实现机制，有利于更好地推进农民工的市民化进程，提高城镇化质量，实现"人"的城镇化。[②] 长子中（2010）认为，农民工的城市化一般要经历以下四个阶段：（1）职业的流动，农村剩余劳动力转移到城市就业；（2）空间上流动，即从农村流向城市；（3）实现定居上的转变，即在城市买到房子，有基本的生活基础和保障能力；（4）逐渐融入城市社会，在其融入过程中，稳定的就业岗位、完善的社会保障、良好的住房条件是实现农民工入城落户与持续发展的基础；而农民工在农村的土地权益则成为制约农民工融入城市的障碍。[③]

高斯席德（Goldscheider G.）指出，移民的适应是"移民对变化了的政治、经济和社会环境做出反应"的过程。[④] 进城农民工的市民化过程就是一个移民的过程。作为城市的后来者，尤其是面临着政治、经济、法律与行政困境且热切期望融入城市的进城农民工群体，

[①] 何得桂、吴理财：《促进农民工和谐融入城市的战略思考》，《贵州大学学报》（社会科学版）2007年第25卷第3期。

[②] 罗红：《新型城镇化背景下农民工市民化实现机制研究》，《农村经济》2015年第7期。

[③] 长子中：《当前农村社会稳定面临的问题及政策建议》，《开放导报》2010年第2期。

[④] Goldscheider G., *Urban Migrants In Developing Nations*, Westview Press, 1983.

他们对政府的期待最为强烈。戴烽（2010）认为，促进农民工融入的社会支持网络中，除了家庭、亲属、同乡、朋友、工作单位之外，还应包括政府、工会、社会团体等，而政府在工会与社会团体等第三方组织的构建方面发挥着主导性作用。中国人民大学农业与农村发展学院的白南生教授认为，长期候鸟式的流动带来的问题有夫妻问题、留守子女问题、农村劳动力外出后的养老等问题，中国政府应该给农民工一个稳定的制度安排与行为预期，从而降低因为流动带来的社会成本。因此，根据马斯洛的需求层次理论，新生代进城农民工对政府的期待的理论框架如图3-2所示。

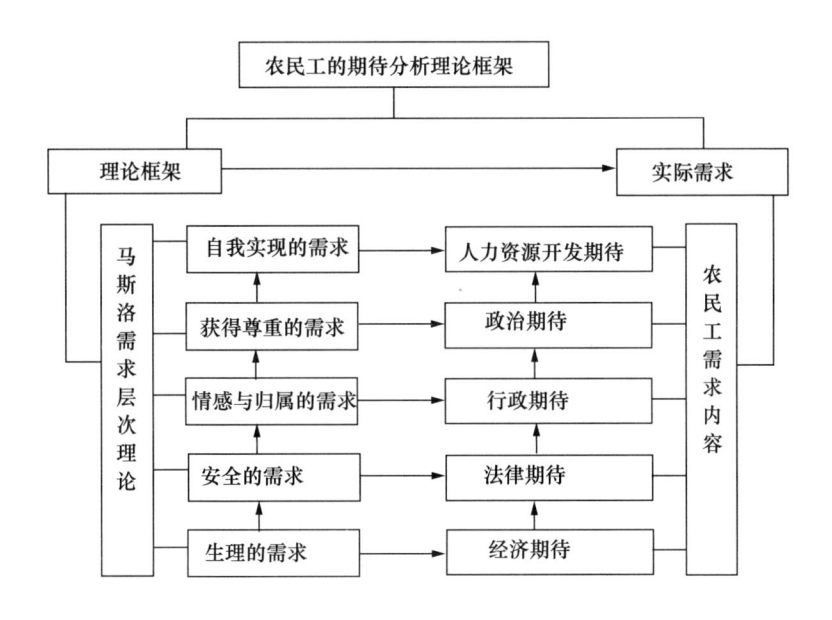

图3-2 农民工的期待分析理论框架

一 经济期待

经济期待是为了满足基本生理需求的期待，是马斯洛需求层次中最低层次。2009年广州大学人权研究中心副主任谢建社通过对广东省三大监狱的调查显示，农民工犯罪以侵犯财产为目的的犯罪占到了农民工犯罪比例的81%，他们对物质财富充满了渴望。但是，因次级劳动力市场的就业机会扭曲与个人人力资本弱势等原因，他们依靠简单劳动获取的收入低廉，生活动压力巨大，节衣缩食，不敢消费，基本生活支出仅用于维持生存层面。他们对经济的自由度充满了渴望，收入不稳定、入不敷出等原因使他们可以忽视法律而犯罪侵财。中国改革开放经历了 30 多年的发展而积累了大量的社会财富，广大农民工做出巨大贡献却没有充分分享中国经济社会发展成果，他们对政府部门提高薪资收入水平、帮助其脱贫致富充满了期待。同时，随着新生代农民工后备数量增长潜力有限，劳动力无限供给的时代即将结束。其经济价值的提升将提高企业用工成本，廉价劳动力时代已经结束，其民主与权利意识正在兴起，农民工逆来顺受的时代亦将结束。新生代农民工的这些群体特质正在倒逼中国经济增长方式转型。[1]

二 法律期待

法律期待也是处于相对较低层次的社会需求，但是，法律是保障安全需求的基本手段。社会心理学认为社会责任规范、相互性规范和社会公平规范三类规范对社会成员的亲社会行为的生产非常重要。由于国家分割城乡社会的户籍制度的改革滞阻、法律保护体系不健全、政府行政执法不到位或不作为、企业在逐利过程中注重眼前利益而忽视社会责任等行为侵蚀了农民工原来有限的劳动权益，严重损害了社会公平规范，这种行为不利于农民工亲社会行为的产生，阻碍了构建和谐社会的进程。此外，根据刘平青、姜长云（2005）对农民工培训需求调查结果显示，农民工的法律意识非常模糊，同时对法律知识培训需求最为期待。进城农民工法律意识的觉醒使他们对法律赋予自身权利的期待更加理性。[2] 进城农民工期待劳动报酬、社会保障等基本法律权益不受漠视与侵蚀，期待国家能够健全并落实基本的社会保障法规，期待着社会责任规范与社会公平法律规范的完善。

---

[1] 刘成玉、李玲玲：《经济增长方式转变与新生代农民工的观念和行为调整》，《农业现代化研究》2012 年第 3 期。

[2] 钱文荣、黄祖辉：《转型时期的中国农民工——长江三角洲十六城市农民工市民化问题调查》，中国社会科学出版社 2007 年第 1 版，第 22—57 页。

三 行政期待

行政期待是农民工期待着在社会行政服务中享受与城市户籍居民同等权益，让他们获得基本归属感，这是基于城市融入、情感归属与社会交往的基本期待。胡滨（2012）认为，城市化进程中由于进城农民工的纵向流动的机制与空间缺失、法团主义制式下社区与社会团队等权力诉求中介的缺失，使政府直接面对国家和社会民众。但是，由于国家与个人尤其是身处底层的进城农民工的距离越来越远，这种社会联结非常脆弱。因此，政府应该在国家和民众之间建构有效的行政缓冲机制和中介，大力培育市民社会，扩大市民在公共事务上的参与程度，将各种社会矛盾的解决纳入体制化轨道，为利益调和提供一个宣泄口和解压阀，化解社会风险。[1] 此外，农民工期待在就业机会、医疗保障、养老保障、失业救济、社会救助、教育资源分配等方面享受与户籍居民同等的权益，这一权益的获得是地方政府的基本行政责任。此外，在社区层面，他们还期望政府能够在社会治理时将其纳入城市微观融入的社会决策机制体系之中。[2] 行政期待的实现有赖于政府完善公共服务实现所有居民的基本权益平等，同时还需要政府充分体现"执政为民、服务为民"的行政理念，积极引导与创造良好的社会接纳氛围，为农民工融入城市创造良好的发展环境。

四 政治期待

政治期待是基本权益获得社会承认与尊重、其意志能够得以顺畅表达的较高层次社会需求。农民工群体利益分配建议权与表决权的缺失使得他们在城市社会再分配中处于劣势；进城农民工在政治上的困境使他们对构建正式的意愿与诉求表达渠道、与城市居民平等行使选举权和被选举权、参与立法与议政、参与社区居民的民主选举、民主决策、民主管理与民主监督等方面权利充满了期待，而政治期待的满足需要政府通过"顶层设计"来实现。

---

[1] 胡滨：《我国城市化进路中社会风险探析》，《西部论坛》2012年第22卷第2期。
[2] 梁波、王海英：《城市融入：外来农民工的市民化——对已有研究的综述》，《人口与发展》2010年第16卷第4期。

五 人力资源开发期待

根据马克思主义人的理论，人力资源开发的目的是为了让人获得自由发展，人在自由发展中实现其社会价值。农民工人力资源开发期待虽然是高层次的需求，但人力资源开发的过程始终贯穿于其他四个层次的需求之中。在现实条件下，农民工人力资源开发的目标是实现农民工职业身份的转换。但是，农民职业身份的转换是三种主要力量交织作用下实现的，即城乡比较利益差异、制度条件和农民个体所拥有的人力资本、职业与生活经历。根据移民的自我选择理论和人力资本转换理论，提升进城农民工的人力资本是他们冲破制度性障碍、赢得社会尊重、构建社会自信、促进主动融入的有效途径，也是促进社会公平、构建和谐社会的有效途径，因此提升进城农民工的人力资本不仅是农民工本身的个人期待，更是当今民众深层次的社会期待。

移民不等于流动人口，移民是有归属感的，而流动人口没有归属感。政府作为政治社会的维护者、法制社会的构建者、行政服务的实施者、经济社会的推进者与市民社会的管理者，需要破除制度性障碍、构建法制权益保护机制、提升行政与服务效率来推进进城农民工的人力资本的提升，从而促进进城农民工的有效融入与实现社会的和谐治理。总之，政府在农民工融入城市等方面的政治、经济、法律与行政期待满足方面应该发挥主体性作用。

第四章 国外政府的人力资源开发行为研究

人力资源开发是20世纪80年代兴起的旨在提升组织人力资源质量的管理战略和活动，早期的研究与应用仅限于市场化的企业类主体，后被应用于其他所有组织，包括政府。对国家的发展程度划分方法一般是依据人均国内生产总值（GDP）、城市化率与人类发展指数三种指标中的一种进行划分的。以 GDP 作为一个国家发展评价指数，是基于经济发展水平来进行评价的，评价了一国的物质文明的发展程度，具备一定的合理性，但 GDP 只代表一个国家的经济水平，其稳定性弱，且难以衡量一个国家的自然资源禀赋、人力资本贡献、环境贡献、国民幸福程度等国家成员的真实发展状况；以城市化率进行排名则是从工业化与城镇化视角进行评价的，评价了一个国家的科技文明与物质文明的发展程度，也具备一定的合理性，但城市化率难以衡量一个国家人类发展与幸福的发展状况；本书基于研究的需要，没有以人均 GDP 的数据或城市化率来划分一个国家的发达程度，而是根据联合国开发计划署（UNDP）在《1990年人文发展报告》中提出的以人均预期寿命、人均收入、成人识字率、各级学校入学率等数据为衡量指标的人类发展指数（Human Development Index，HDI）来衡量一个国家的发达程度，所以本书用 HDI 来衡量联合国各成员国经济社会发展水平的指标。为了研究的参照性，参考中国处于发展中国家的实际国情，本书从欧洲、美洲、亚洲等地区选取了部分国家进行了研究。表4-1是本章所选取样本国家的人类发展指数与城市化及世界排名状况。

表4－1　　　　2011年度人类发展指数及城市化率排名

地区类别	国家名	人类发展指数		城市化排名	
		指数值	世界排名	城市化率	世界排名
欧美国家	美国	0.91	4	0.82	28
	加拿大	0.91	6	0.8	34
	德国	0.91	9	0.74	45
	法国	0.88	20	0.77	41
	英国	0.86	28	0.9	15
	俄罗斯	0.76	66	0.73	49
	巴西	0.72	84	0.86	24
亚洲国家	日本	0.9	12	0.66	72
	韩国	0.9	15	0.81	33
	新加坡	0.87	26	1	1
	中国	0.69	101	0.51	113
	印度	0.55	134	0.29	161

资料来源：2011年11月2日联合国发布的《2011人类发展报告》。

表4－1的数据表明，城市化水平的高低受制于一国的自然资源禀赋与工业化程度，与人类发展指数的评价标准差别明显，而人类发展指数则更能展现一个国家人力资源开发状况的政府行为效用。此外，为了使样本具有借鉴性，本书所选取的国家样本除印度外，其发展指数要高于中国。

第一节　欧美国家人力资源开发行为研究

一　美国政府的人力资源开发行为

美国是世界上经济最发达的国家。美国经济的发展史可以说是美国人力资源开发的历史。教育是美国人力资源开发的主要手段。美国政府和民间组织齐心协力抓教育，并保持教育计划及其实施的连续性，不受国家元首更替的影响。20世纪50年代末，美国进行了全国性的深入的教育改革。80年代中期，又把教育问题提到关系国家和民族兴亡的高度。90年代初，美国政府制订了提高教育质量的综合计划，这一构想的基本内容就是要把现在每个州各不相同的小学、中学和大学的教学课程和考试标准统一起来，在全范围内提高教育水平。美国十分重视教育，2015年度的教育经费支出占财政总支出的7.89%，是世界上教育经费开支最多的国家。美国不仅重视以初等、中等和高等教育为主体的正规教育，而且还实施终身教育。由于科技的迅猛发展，知识日新月异，人们的职业变动频率加快，美国政府提供并实施终身教育。鼓励人们不断学习新知识，掌握新技术、新本领，以跟上时代前进的步伐。值得一提的是，美国已经率先进入知识经济时代并提出终身教育是知识经济的成功之本。

（一）正规教育

通过对教育的巨大投入，加大人力资源开发投资教育是人力资源开发的最主要、最有效的手段。而美国教育之所以能在人力资源开发中发挥作用，得益于政府和社会各界对教育的投入。美国政府非常重视高等教育，早在1862年美国国会通过的《莫雷尔法案》中就规定，各州如有一个国会议员，联邦政府就拨给该州3万英亩的公有土地用于建造学院或大学。美国政府视教育为国家发展的基础和人才培养的关键。1983年美国政府提出了"为21世纪而教育美国人"，1985年又发表了"国家为21世纪准备师资"的报告，主张面向21世纪培养科技人才。前总统乔治·布什1988年在其竞选总统时，就曾以"教育总统"作为自己的竞选口号，上台不久，就召集全美教育工作会议，制定"美国2000年教育战略"。前总统克林顿提出在21世纪的知识经济中，实现教育领先比以往任何时候更为重要，政府的头等大事是确保每个美国人享有世界上最好的教育。乔治·W.布什2001年向国会提交"绝不让一个孩子掉队"的教育改革方案，旨在提高美国公立中小学教学质量。布什政府计划自2002年至2007年一共拨款1125亿美元用于社区学习中心的建立。美国政府在教育和人力资源上形成了较为完整、系统、务实的一系列政策。随着历届政府多项政策的出台和实施，美国各层次教育都快速发展。1990年美国全国的教育开支超过军费开支,达到 3530 亿美元,1998 年教育经费占政府总支出的 15.8%,是世界上教育经费支出最多的国家。

美国的高等教育大致可以分为四类,第一类为研究型大学,可授予最高至博士学位,在这些大学周围形成了庞大的高新技术产业中心;第二类为州立综合性大学及学院,培养目标为中级科技、学术及专业人才;第三类是社区学院,占全国高校总数的 40%,包括 2 年制的普及学院和技术专科学院,招收高中毕业、成绩较低的毕业生及同等学力的学生,毕业时授予副学士学位;第四类被称为开放性大学,也称为"无围墙大学",包括广播函授大学、暑期大学、夜间大学、业余大学、实验大学、自由大学等,该类大学向社会各阶层、各种年龄层的人群开放,按标准考核及格均可获得学位。四类大学的比例反映了经济、文化、政治的发展对教育提出的市场需求变化,并在竞争中以市场化配置的方式自动调节。

(二)职业教育

美国从初中开始设立职业技术教育课程,但主要还是从高中阶段进行。其职业教育分为三类:初中毕业生直接进入专门的职业技术学校学习;普通中学中有 25% 的学生用 50% 的时间来学习职业技术;而比职业中学和综合中学更高层次的社区学院和专科学校,招生的主要对象为受过中等教育的学生或职业技术中学毕业的学生。此外,也有不少大学开设高层次的职业技术培训课程,培养高层次的技术人才。美国加大了职业教育和培训力度,其职业教育和培训使劳动者具备基本知识和技能,并且改善人力资源的素质,为美国经济的增长提供高质量的人力资源。美国拥有发达的职业培训网络,可为个人提供包括从大学正规教育到夜校的广泛机会,有助于个人获得发展所必需的技术和资格。美国现在 90% 的企业为其职工制订了培训计划。美国工商企业每年用于职工培训的费用已达 2100 亿美元,分别超过中等教育与高等教育的经费。另外,联邦政府还筹集资金,介入学校的就业培训,主要对经济萧条地区的失业工人和经济地位差的人制订培训计划,使他们有机会得到培训和获得生活维持费,并提高他们的就业能力。

（三）社区学院

社会学院在美国高等职业教育中起着十分重要的作用，这些社区学院大部分兴建于 20 世纪 50—70 年代，一般具有职业教育、普通教育、大学转学教育三大职能，其中以职业教育职能为主。职业教育的专业和课程设置体现了多层次、服务地方的特色，注重实用与本地化就业技能培养。社区学院的职业教育职能主要是为社区经济发展培养与输送人才、满足高等教育大众化需求，当地政府对职业教育给予了更多的扶持与鼓励。美国的社区学院一般为二年制的公立学院，可颁发国家认可的短期培训证书，也可授予最高为副学士学位。美国法律规定，不论其受教育程度如何，只要年满 17 岁的学生都可以进入社区学院学习，无须入学考试，收费低廉，其主要目标是为无证书的毕业生进入中等劳动力市场提供服务，社区学院的毕业生毕业后可直接就业或转入大学继续深造。美国所有学生中，成人和继续教育学生的 51%、接受高等教育学生的 43% 来自社区学院，在全国范围内，每年有 23% 的社区学院学生转入四年制大学学习。[①]

（四）美国的人才市场

20 世纪是美国经济腾飞的世纪。从 1913 年开始至今，美国的 GDP 总量、人均 GDP 水平一直居世界首位。美国 GDP 占世界总量 1870 年为 8.9%、1913 年为 19.1%、1950 年为 27.3%。第二次世界大战以后，虽然世界向多极化发展，但美国的 GDP 占世界总量一直保持 20% 以上的水平，1998 年为 21.9%，而同期美国人口只占世界的 4.6%。2000 年，按平均购买力计算的美国 GDP 总量占世界 29.6%。美国以不到世界 1/20 的人口创造了占世界 1/5 以上的财富。从这可以看出，美国具有一个强大的人才市场。从 1984 年开始运转的全国性工作岗位数据库，到 80 年代末已经有 300 万个工作岗位，这一数据为高、中等教育水平的人才提供服务，有力促进人才跨地或跨单位流动；其人才流动服务机构已经成为一个行业，在美国有 4000

---

① 除巴西政府的人力资源开发经验与其他特别注释外，本章其他内容从王通讯、李维平著的《人才战略论》一书中国外政府人才开发经验内容中总结提炼而成。

多家公办或民办的人才服务机构，每年接受约 1500 万人的流动申请，解决上千万个工作岗位空缺，其人才租赁行业每年可产生 100 亿美元营业额、促进约 70 万人的临时雇用；美国政府不直接干预人才市场的微观操作，而是通过宏观政策对人才流动进行调节，主要体现在以下几个方面：（1）运用法律调整雇主与雇员之间的关系，如《全国劳工关系法》《公平劳动标准法》《劳工管理法》等，这些法律法规规定了最低工资、最高工时、劳资纠纷，使人才流动有法可依；（2）制订刺激企业增加工作岗位的激励措施；（3）进行劳工培训与再培训；（4）促进人才应用，如人才租赁、临时雇佣等，尽量使人力资源利用效率最大化。

（五）美国政府对弱势群体的开发

美国职业教育随着美国社区学院的普遍建立而兴起，其目的是为经济发展提供充足的人力资源，消除就业不平等，为弱势群体的职业发展提供直接或间接通道。（1）美国青年培训：美国在 1983 年制定了国家职业培训基本法案——《工作培训合作法》，制订该法案的初衷是为失业人员和青年进行培训，为实施稳定就业政策提供法律保障。根据该法案，美国的青年培训由在校生暑期就业培训、在校生长期培训、离校青年培训三个子项目构成，这些培训均由联邦政府、州政府给予相应的资金支持；这些培训可让学生走出校门接触社会，以便使他们对社会获取感性认识，同时积累一定的工作经验；这些培训还可帮助那些高中毕业后未升学或中途辍学的 17—21 岁青年获取长期就业的职业技能，以减少其对政府救济行为的依赖。（2）美国失业人员培训：在美国，一般因为劳动者素质偏低、不能适应高新技术发展要求、企业裁员、产业结构或企业布局调整导致的失业，如需获得政府援助则被强制参加培训。克林顿于 1996 年 8 月签署了一项《个人责任与工作机会融合》法案，通过改革福利制度、变无限救济为有限救济来鼓励失业者再就业，从而督促失业者积极参加政府提供的各类培训，寻找新的工作机会，以尽快摆脱对国家的救济依赖。（3）政府对失业培训的投资：对失业培训每年投资额约在 60 多亿美元，在经济状况较好的年代中，约有 70% 的失业人员在接受失业培训后找到了新的工作。(4) 小企业培训：美国的服务业占国民经济生产总值早已超过制造业，其服务业中存在大量的中小企业，很多失业人员进入中小企业工作，还有些人员自办小企业，小企业培训对提高就业率起到了重要作用。小企业培训项目中，培训中心聘请当地专家和有经验的小企业主进行授课，培训内容简单实用，对失业人员融入小企业发展成效显著。

二　德国政府的人力资源开发行为

德国位于欧洲中部，国土面积35万多平方公里，人口约8000万人，人口总数量位居欧洲第一，经济制度为市场经济，政治体制为联邦制。第二次世界大战后，德国经济历经了快速发展，并在20世纪60年代中期成为经济增长的奇迹，其增长速度仅次于日本，远高于其他工业国家。德国经济的快速发展，利益于德国拥有一支素质良好的劳动力大军。20世纪90年代，德国经济出现两大显著变化，一是以IT产业与生物技术为代表的新经济产业迅速崛起，成为德国经济的主要助推器；二是以重视人力资源开发、重视人的价值与潜能开发、以人的现代化为主要特征的经济生态化特征显现，人力资源开发与科技、经济共同发展，相互促进，从而推动德国经济社会整体进步。现代社会变化的幅度、速度、能级之大，给劳动者提出了前所未有的新要求，即大学生毕业时不但要掌握一定的理论知识，还要有较强的实践能力。鉴于这一现实，对应用型人力资源管理人才培养的研究与探讨也显得尤为必要。被人们称为第二次世界大战后德国经济腾飞的秘密武器——"双轨制"职业教育思想对于应用型人力资源管理人才的培养具有一定的借鉴。

(一) 德国的教育特点

1. 不断深化的普通教育

德国在1763年就开始对国民实行义务教育，到1860年的义务教育入学率就达到了98%。得益于科学教育的普及与发展，当时德国的教育经费投入与科学水平都居欧洲之首。除此之外，孔国军（2012）认为，德国教育的特点有以下几点：第一，形成以人为本、因材施教、分流入学的教育体系。实行的教育分流方式符合社会分工和对人才的需求。其最大特点是让家长根据孩子能力及兴趣选择成长路线。动手能力较强的人有可能将来从事技术型（操作型）工作，逻辑思维能力较强的人有可能从事研究型工作，不会因学业上的困难造成各种心理、生理上的压力。第二，职业教育贯穿整个教育体系，民众普遍认可职业教育。德国职业教育高度普及也与德国社会对职业教育认知和接受密不可分。在德国参与职业教育的学生并非"低人一等"。第三，建立职业教育与高等教育相互连通的"立交桥"，构建终身教育体系。在普及中等教育之后，德国又提出人民可普遍享受高等教育的权利，政府通过聘请国际优秀的教授、通过奖学金的方式资助大学生等措施实现这一理念，这些措施使德国的教育水平在欧洲持续保持着领先水平。

2. 双轨制的职业教育

早在1876年的《工业法典》中，就规定了地方政府需要通过措施保证学徒要按当局法令上学，雇主要保障学徒的学习时间，训练的师父要求具备相应的资质，学徒期满需要经过考核；随后为了适应知识经济的发展，要求学徒在知识与技能方面需要进一步深化，因此在学徒培训中增加了关于知识学习与传授的要求，从而发展成现在的"双轨制"职业教育。双轨制教育模式是企业加学校的模式，即课堂与实战训练相结合，学生学完9年的义务教育以后可以直接进工厂当学徒，学习操作技术并到专门学校学习专门的理论与专业知识。双轨制的职业教育一般是两到三年，第一年的课程是基于职业适应性、创造准备等职业基础课程；第二年是以结合产品的专业技能训练为主的培训；第三年是以本专业技能培训，其间有一半时间在生产车间结合生产进行培训。德国的职业教育由联邦政府建立的职业教育研究所、职业教育总委员会以及各州的相应机构负责，行业协会也设有相应的职业培训委员会，协助部分管理工作。德国人认为产品的质量与制造者的素质密不可分，双轨制的职业教育对学徒的训练十分严格，学徒学成后综合素质较高，在社会与企业中社会地位很高，德国青年不仅以拥有高学历为荣，同时还以拥有一技之长为荣。德国规定任何人可随时选择自己所需要的专业进行深造，这一规定不会让青少年感到眼前的选择就是一辈子的选择,也不会有一考定终身的想法。

3. 应用型人才的培养

在应用型人才培养方面,所有的教授均来自工业企业,基本都具有博士学位,要具有工业界担任5年以上中层领导职务经验;专业课程设计在遵循教学规律方面也努力适应工业发展需要,随时根据社会需求与工业发展要求进行调整;学生在企业完成毕业设计;教授的科研直接融入工业企业之中;德国政府的理念认为,培养技术工人是造就社会有用人才、拓展个人活动范围与在他人帮助下实现个人收益的有机结合,这种培养应用型技术工人的职业教育是德国工业经济发展的基石。德国高等教育一般分三类:综合型大学、应用型大学和高等职业学院。大学教育与职业教育比例因州而异,比如,萨克森州60%的中学生进入大学学习,40%的中学生进入职业院校学习。应用型大学主要培养学士,学制3年,也有研究生但不是主要培养对象(实践性研究生)。博士目前是合作培养,即应用型大学与综合型大学联合培养博士。应用型大学不能培养德国传统的拿毕业文凭或学位证书的工程师。大学生要在校园学习,同时必须进行一种职业学习,目的是提升大学生实践动手能力,解决企业用工问题。

(二)德国人力资源战略

德国政府的人力资源开发之所以能取得巨大成功,其原因之一是经常调整人力资源战略,使之与国家战略需要相匹配。近年来,德国人力资源战略出现了一些新变化,主要如下:(1)重视人力资本投资。(2)构建包括公务员、企业员工与社会终身教育为主要内容的科学的人力资源培训体系;构建企业员工培训体系是提升企业国际竞争力;终身教育的目的是提升国民素质;所有的课程都历经了培训需求调查分析、精细的课程设计与包装、配合适合成人学习的方式与手段、做好培训效果评估与反馈。(3)通过在留才、用才与选拔人才方面的措施,从注重人才培养转向吸引与利用好人才。这些变化使德国政府的人力资源开发行为变得高效、务实。

三 英国政府的人力资源开发行为

英国位于欧洲大陆西部,是大西洋的一个岛国,陆地面积为24

万多平方公里，2000年人口总数约为5951万。英国政府的经济战略是以稳定就业与经济增长为目的。1999年数据显示，英国失业率为6%，低于大多数欧洲国家；英国的工业产业结构在技术革命中经历了巨大变化：传统产业是钢铁业、机械重工业、纺织业；转化的方向是通讯、生物工程、材料工程三大高技术产业，借此实现劳动密集型产业向知识密集型产业过渡；英国的服务业已经占国民生产总值的66%，容纳了75%的就业人口。同时，英国还是传统的世界金融中心，拥有各个领域的新技术与先进的生产能力、完善的商业管理手段与丰富的人力资源，其综合国际竞争力位居世界各国前列。

（一）教育普及、改革与人才培养

1. 义务教育的普及

在英国，全国990万学生，超过国家总人口的1/6，在公立学校就读享受减免学费、免费提供学习用具与上学交通等方面的优惠，有93%的学生在公立学校就读。英国作为世界上最早实施义务教育的国家之一，从1870年颁布《初等教育法》，规定5—10岁儿童必须接受义务教育，到如今规定5—16岁青少年接受12年义务教育，其间历经多次改革，以保障儿童和青少年的受教育机会。尤其是自1973年《教育法》颁布以来，通过法律规定英格兰与威尔士的义务教育年限为12年，从此英国进入12年义务教育阶段。时至今日，英国的教育发展及改革一直坚持义务教育优先的原则，在学制、课程设置、学业考核、师资培养、财政、管理等方面的政策及法规越来越完善。

2. 适时的教育改革

为了适应社会发展需求，英国的教育改革的主要特点体现在以下几个方面：在1988年引进各种形式的学校课程，改革学生成绩与测试评定，让家长了解学校信息，引导学生参与教学；在英格兰与威尔士，在义务教育的最后两年，政府、学校、企业共建平台，学生可以选择进行工作实践，以帮助学生了解社会、提升学识与学习必要的技能；在资格证书管理方面，全国职业资格普通证书（GNVQ）为16—18岁的青年设立，以便其为接受职业教育与高级教育做好准备；英国还有高级普通教育（A）级证书考试与高级补充水平考试（AS）；还对义务教育结束后未能升入高等教育的青年进行免费职业教育，以促进其顺利就业。

3. 充分发挥高等教育培养人才的优势

自牛津大学建校以来，英国高校历经900多年发展，取得了辉煌的学术成就和社会影响。成就英国高校的，是其世界一流的师资和人力资源管理。所谓高校人力资源管理，是指高校为了实现其既定目标，运用现代管理措施和手段，对高校人力资源的获取、开发、保持和运用等方面进行管理的一系列活动的总和。在20世纪80年代之前，英国高校在人力资源管理方面的措施较少，研究也不多。自20世纪80年代以来，英国高校在人力资源管理理念发展、组织结构变迁、职能领域扩张、战略地位提升和专业化发展等方面，都取得了巨大的成就。到了20世纪90年代初，英国高校一般都建立了人事管理部门。经过不断探索和发展，英国高校形成了具有自身特色的人力资源管理体系、方法和技术。全国大约有170所大学与高等教育学院，第一学位多需要全日制学习，一般为两年制；这些大学不但要承担正规教育的责任，还要开发适合市场需要的职业训练课程，承办职业教育训练，使高等教育的人才培训优势得到充分体现。

4. 继续教育战略

英国继续教育是与英国的初等教育、中等教育相衔接的公共教育体系的重要组成部分。其受教育对象主要是义务教育（16岁）后未能顺利升学的学生、待业青年、企业员工等，学生群体复杂，年龄跨度较大。实施继续教育的机构多种多样，其中，继续教育学院是英国实施高等职业教育的主要场所。继续教育学院的规模和课程门类不尽相同。规模较大的学院课程门类齐全、学习形式灵活多样，同时开办学术性教育、普通职业教育和专业培训的证书课程，甚至有大学学位课程。英国人力资源开发战略之一就是通过继续教育开发在职人员的知识与技能，提升工作效率从而达到提升国民劳动生产率的目的。在英国，每年大约有250万人接受继续教育，全国约有500所学校为这类人群提供教育课程，学生通常为兼职，授课时间可以是晚上、周末或其他时间；另外，还有全套专为在职人员设计的国家职业资格等级考试，以国家的标准来检查在职人员的专业知识与专业技能。1996年，英国政府提出终身教育的理念，在抓基础教育以鼓励更多的人接受高等教育同时，鼓励青年人通过职业教育与技能培训，以通过双轨教育来实现人力资源的合理配置。①

（二）广泛开发人才，促进充分就业

20世纪80年代，英国的产业结构发生了明显变化，最主要的是由制造业向服务业转移，产业结构的变动给传统的工业城市带来了巨大的就业压力，在产业结构变化过程中，如果劳动者没有掌握新领域或新产业所需要的技术，就会面临失业的危险。英国政府于1996年将之前的失业救济（Unemployment Benefit）和收入补助（Income Support）合并为找工作补助（Jobseeker's Allowance），并按不同年龄、不同身体状况的人提供找工作资助与积极工作补贴，规定了不同岗位与不同身体状况的人群的工作时间标准，对工作超过规定时间标准的人群给予奖励。英国的失业率低来自稳定的经济增长、积极创造就业机会与鼓励就业的政府措施。

1. 成立就业促进机构

英国在2001年设立的工作年龄局，其主要职能是促进充分就业。该局通过针对每个人的不同情况，有针对性地提供就业服务与帮助，监督各项就业措施的实施，详细制定适合不同就业条件的人员的就业规定，促进充分就业；全国性就业中心承担职业介绍工作，对促进18—24岁、25—49岁以及50岁以上人员就业有不同的帮助措施，对单亲、残疾人也有相应的帮助政策；为失业人员提供金融、就业选择、职业发展、经验兴趣能力测定与符合市场需要的服务，并可优先接受市场最急需技能的对口培训。

2. 技能培训

为了应对大多数失业人员缺乏必要的工作技能的现状，政府设立了学习与技能委员会，与工作年龄局及其他政府机构共同推动失业人

---

① 王通讯、李维平：《人才战略论》，党建读物出版社2004年第1版，第223—349页。

员的技能培训；政府还通过强制或鼓励的措施要求各类雇主实行学徒制以向雇员提供持续的技能培训。王国辉、孙嘉铧（2013）在《学习时代》绿皮书中通过对英国政府行为研究指出，"学习是通向繁荣的关键——不管是个人还是整个国家而言都是如此，为了达到持续的增长，我们需要一支受过良好教育，有着良好准备，并且能够适应环境变化的劳动大军"。由英国成人教育政策文本中可见，职业技能、就业技能、人力资源、经济竞争力等始终是国家提倡成人教育学习的背景和目标中最为关键的因素。而出现频率最高的词汇无疑只有一个——技能。在英国技能培训几乎成了16岁后教育的同义词。在其提出的主要措施中大多数以促进技能获得为主要目标，如实行国家职业资格、促进学术教育和职业教育地位的平等，强调雇主对培训的参与、推行训练信用卡、改进职业指导、产业大学等措施。这些无一不是以提升技能在学习中的地位和分量，以鼓励青年的"技能"学习为目的的。

3. 职业介绍网络与传呼系统

目前英国有数千家职业介绍中心，仅伦敦就有100多个，这些职业介绍中心统一归口于联邦政府的劳动部下属的职业介绍中心进行管理，该中心每天发布各行业最新的就业机会，失业者如果发现有合适的岗位可以立刻联系。政府给予长期失业者和大龄失业者重点帮扶，向雇用失业在两年以上的雇主发放一次性奖励。政府还推出了一个基于互联网的高智能传呼系统，以实现与弱势群体快速沟通目的，就业弱势群体可以将自己的特长和职位要求输入中心的数据库，当雇主的需求与失业者的职业要求基本相一致时，该系统就会自动发出传呼信息，政府的职业介绍所也可通过该系统即时联系他们，以便更加快捷有效地帮助他们找到工作。

四 巴西政府的人力资源开发行为

巴西是拉丁美洲面积最大、人口最多的国度，其在20世纪末期创造的经济奇迹让世界瞩目。其人力资源开发的政府行为特点主要从以下方面进行描述。

（一）巴西的职业教育体系

巴西政府十分重职业教育，巴西的经济成就与其极具特色的职业教育密不可分。早在20世纪70年代初，巴西就颁布了《教育框架法》，将职业教育纳入了义务教育体系，从政策和立法上确立中等教育应包括普通教育与职业教育的双重目标。《教育框架法》规定在高中阶段必须实施强制性的职业教育。在教育课程体系方面，由全国教育委员会制定了两套职业教育课程体系，一套用于专业技术学校培养技术工人，另一套则用于普通中学或综合中学培养中等水平的技术员。在职业教育体系方面，巴西的职业教育可分为基础职业教育、职业技能训练和技术职业教育三种类型。其中，基础职业教育的培养对象是开放的，不受文化程度限制，主要由非学历职业教育机构承担；职业技能训练目的在于使受教育者达到高中毕业生水平，类同于中国的中等职业教育；技术职业教育主要针对已经获得中等教育文凭的人进行进阶训练，相当于中国的高等职业教育。总体来看，巴西正规职业教育的重点是发展高等职业教育，而校外非学历职业培训则逐渐发展成一个正规体制外的终身学习体系。学校职业教育机构推进了巴西职业教育发展。巴西的职业教育是在1971年巴西政府颁布了《教育框架法》之后引入的。到了1987年，国家制定的职业教育政策体系，已经覆盖了改善职业准备、职业咨询、构建能力与薪酬挂钩的国家职业证书制度、添置能够实施最新的教学的设备、推动职业教育研究和广泛开展国际职业教育合作等内容。

（二）巴西的职业教育机构状况

校外职业教育机构是巴西职业教育的强大支柱。其中，以下三类教育机构最具社会影响力：(1) 国家工业职业教育服务机构。该机构现在全国有600个独立的教育中心和260多个与企业合办的教育中心，这种教学模式为学员提供三年学制的职前职业教育，其模式是前两年在教育中心脱产学习、最后一年在相关企业实习的"2+1"模式。该职业教育服务机构作为技术员学校的补充，同时还开展技术员的职业教育。(2) 国家商贸职业教育服务机构。巴西在全国建立了25个移动学习机构、75个教学企业和598个独立的教育中心，其学制从6个月到18个月不等。其中部分移动机构开设在火车车厢、大型集装箱载重汽车和轮船等交通工具上，为交通不便的边远地区提供了流动式职业教育。（3）国家农业职业教育服务机构。巴西在全国设有4个教学农场、19个职业教育中心和307个地区办公室，为农民职业教育提供服务。这三类教育机构是由法律赋权、国家行业协会管理、私营业主投资的教育机构，但其办学经费来自企业上缴、占企业工资总额的1%—1.2%的工资税，政府将这笔税款作为办学经费拨发给这三类教育机构。此外，根据巴西有关法律，学员与职业教育服务机构签订教育合同后就有资格在不同的学习或实习阶段获得相应标准生活津贴。这三类教育机构除提供职前教育外，还提供包括技师（师父教育）在内的多形式、多规格在职教育。近年来，这三类教育机构为巴西经济建设提供了大批合格的劳动者。这一贴近经济需求与职业实践的职业教育模式，获得了国际广泛认可，德国、瑞士、法国等多个发达国家与其开展了多形式的职业教育合作。

（三）与经济社会相适应的职业资格制度

目前，巴西共有28个国家职业委员会，包含了180种职业，700多万名注册会员。国家职业委员会主要负责制定职业政策和本行业标准，并负责监督行业规范执行。每个全国职业委员会在一些州设有分会，最大的职业委员会有27个分会，较小的职业委员会只有十几个分会。分会的职责是执行国家委员会的规定，负责管理本州（分会）职业人员（包括法人）注册登记，稽查所辖地区的非法执业情况。国家职业委员会由全体会员选举产生，三年至四年为一任期，最多任期为两届，但委员会委员在卸任几年后仍可再次参选。每个州的委员会还设有候补委员，以便正式委员因特殊情况不能履行职责时，由候补委员行使正常的职能。巴西的职业资格有相对完备的法律体系进行支撑，包括国家法律以及地方或行业法规等。同时，各类职业委员会根据职业市场与行业需求的变化，研究和确定从业人员应该具备哪些能力，并依此建议大学开设相关专业的课程，制订相应的考核与评价标准。此外，巴西的职业准入条件比较宽松，注重职业道德规范，重视工会会员的发展权。

（四）职业教育师资队伍建设

对于非正规职业教育，教师一般由经验丰富的技术专家担任，国家职业培训机构针对在职资深的技术专家自主开发了教师培训课程，不仅要求这些教师理解相应的基础知识，还要知晓其在社会实践中的具体运用方法，以便使学生获得系统的专业知识并具备实战性专业技能；而在正规职业教育方面，巴西实行严格而又灵活的教师聘用制度，有1/3以上的教师通过培训考核的方式从资深的技术人员聘任并兼职担当。此外，还通过多种途径提高教师薪金福利待遇，并为这些教师提供继续教育机会。

（五）支持职业教育发展的财税政策

巴西职业教育经费主要来自如下几个方面：联邦与地方政府的公共预算、国际公益组织与机构（如美洲开发银行）的资助，以及民营企业、工会、非政府组织经费等。其中，最主要部分来源于社会福利部门从企业每月支付给员工的工资中征收一定比例的社会保障费用。巴西政府在职业教育中直接投资存在缺位现象，但部分资助职业技能教育活动的基金与计划进行了有效弥补，其中包括教育部的职业教育扩展方案、职业教育竞争力计划、国家资格计划、护工职业教育化项目等。这些计划有其专用目的，也为职业培训提供了部分资金。此外，还有按电信公司总收入1%提取的电信服务普及基金，主要用于消除文盲与数字鸿沟；从交通罚款总额中提取5%作为国家交通安全及教育基金，用于培训与提高那些负责与交通相关的工程、教育、电脑、警务、监督与运行人员。

巴西政府重视社会保障体系和职业教育相结合，分别在1966年与1990年成立了国家社会福利局和劳工保障基金（FGTS）及工人扶持基金（FAT）。根据巴西现行法律规定，各行业雇主须为其雇工向上述三机构每月缴纳福利费，所得款项用于发放福利金、抚恤金、工人职业培训和向中小型企业发放小笔信贷等。其中向FAT缴纳的雇员月工资的1%主要用于工人职业培训；为了拓展职业培训与教育资源并构建公平分配机制。目前巴西联邦政府期望赋予政府以职业教育融资的法定责任，并统筹资金来源将其统一纳入特定的国家基金后进行再次分配。

(六) 推动职业教育发展的专项计划

(1) 职业教育发展计划。为了发展职业教育，巴西政府制定了"职业教育发展计划"。根据这个计划，巴西各州政府、市政府、非政府组织和团体将筹集资金，建立大量新的职业学校，学生将在这里学习适应劳动力市场需要的课程。(2) 全国工人职业培训计划。为了提高劳动者素质，1995—2002 年，巴西政府启动了 10 亿美元的"全国工人职业培训计划"投资项目，利用工人扶持基金在全国范围内对工人进行相关的职业技能培训。其培训对象包括三个层次，即针对 14—18 岁的青少年培训、无门槛的成人职业培训与有一定职业技能基础的专业进修。(3) 确立"巴西教育年"。1996 年，为突出教育的重要性，总统卡多佐宣布 1996 年为"巴西教育年"，并要求政府和全社会把教育置于社会发展的首要地位，同时还采取一系列强化职业教育的措施，让更多青年人接受职业训练。(4) 中学普及电脑及网络教育计划。为了让全国所有中等职业教育学校与现代信息社会接轨，总统卡多佐在 2002 年签署了 5 亿美元的政府投资计划，为全国所有公立中学和中等职业教育学校配置上网电脑。

(七) 巴西职业教育特点

巴西的职业教育主要有以下特点：(1) 不盲从他国经验。巴西政府的职业教育不盲目照搬其他国家的经验，其国家职业教育服务机构立足国情，开发出一套既符合职业教育普遍规律又适合巴西文化传统、符合自身发展的职教体系。(2) 职工教育培训经费提取并转移支付模式使得所有市场主体积极参与。政府通过按工资总额比提取一定额度的经费并转移支付给教育机构的模式，使所有企业基于理性行为而主动参与职业教育培训，这实际上使所有的企业都推动并参与了职业教育和职业培训。(3) 配置贴近工作场景的教学环境。巴西的企业教学模式使学生学习置于符合教学要求的真实工作环境之中，从而使教学更贴近实际并学以致用。(4) 灵活适用的办学模式充分满足社会需求。巴西通过设置移动学习机构等办学机制模式，使社会需求通过灵活的形式和规范的运作得以充分满足。(5) 政府充分重视。政府通过立法与多种专项计划将职业培训置于社会发展首位的高度，这对职业培训的发展起到了巨大的推动作用。（6）多途径的财税费用保障模式，使得巴西的职业教育有了充足的资金保障。

第二节　准发达国家人力资源开发的政府行为研究

一　日本政府的人力资源开发行为

（一）日本的教育改革历程

日本政府强调人口不是国家的压力而是其社会发展的动力。虽然日本土地资源非常匮乏，总面积37.8万平方千米，人口超过1.26亿，每平方公里的人口密度为348人，是世界平均人口密度的8倍多，是中国的3倍、美国的12.6倍，但其人力资源开发成效显著。目前，日本拥有数量仅次于美国的科学家、工程师与企业家队伍。日本历经三次重大教育革命。

第一次教育革命的重心是将失学救助与扫除文盲作为重要目标。1872年开始的"明治维新"，确立了教育立国的理念，同年还颁布了《教育基本法》，将失学求助与扫除文盲作为基本的法律制度来推动，到1911年，日本适龄儿童入学率达98.2%。

第二次教育革命是推动初中教育的普及。在日本战败后，日本修订了《基本教育法》，将6年的义务教育延长至9年，同时又颁布了《学校教育法》，适龄青少年初中入学率在1947年达到99%，而青少年高中入学率从1950年的50%逐步上升，到1970年已经超过80%，同期大学入学率达17%。[①]

第三次教育革命重点关注教育质量与学生素质提高，改革的目标是促进高等教育结构多样化，教育评价的多元化，促进学生的创造性

[①] 朱名宏：《人才激变——现代人力资源开发机制》，文汇出版社2001年版，第32—38页。

思维培养，构建学校、家庭与社会一体化的培养模式，推行终身教育制度。

(二) 日本的职业教育现状与特点

1. 职业教育立法

第二次世界大战后，日本通过立法强化了职业教育的意义与地位，主要体现在通过1947年颁布的《劳动基本法》，内容包括了开展职业教育促进工人素质提升和提升劳动生产率；同时还颁布了《职业安定法》《技能养成规定》，明确失业者必须参加职业训练方可再上岗就业。1958年颁布的《职业训练法》，重点强调参加职业培训是就业者的责任与义务；1985年颁布的《职业能力开发促进法》，确立了公共职业培训与企业自行培训具有同等重要意义的法律地位，执行职业能力培训的机构包括公共职业教育机构、残疾人职业教育学校、技能开发中心等官方机构，还有雇用事业团设立的职业教育大学、短期大学、高等职业训练学校等半官方机构，还包括促进企业内部建立的职业教育系统，这些成为日本国内职业教育的主要形式。

2. 职业教育的分类与施教思路

在初中课程中设计部分初级职业教育课程，同时在全国设立了11门技术家政课，包括木材加工、家庭生活、食物、电气、金属、机械、信息基础、栽培、被服、住所、教育等；通过这些课程的学习，学生在毕业时已经初步具备了生产与生活所必需的技能，对社会有了一定的适应能力。而随着高中教育的普及，在初中所开设的职业教育课程已经失去了原来的意义，而是渐渐演变成职业素质提升的手段；在职业高中教育方面，日本的高中有三大类，一类是为上大学所开设的普通高中，另一类是为了直接就业而开设的职业高中，还有一类是两者都具备的综合高中，三类高中毕业生的学历水平完全等同；与中国不同的是，所有普通高中与综合类高中都开设了职业教育课程，并规定学生必须修满此类课程相应的学分才可以毕业；职业高中分别开设了工业、农业、服务业等35种职业教育科目，课程的针对性非常强，同时政府建立了技能审定制度来客观评价这些学生的职业技能，技能评定的结果则直接影响他们的就业前途。

日本政府通过这种方式促进职业高中的学生勤奋学习。在社会经济发展、家庭总收入提升、职业高中毕业生毕业后就业意愿降低、希望延长读书年限的期望增加、职业高中学生比例下降的情况下，日本政府通过改变办学理念、重视职业高中的基础教育质量、注重学生创造性实践能力培养、不断优化课程结构，以适应学生毕业后继续深造或选择就业的多样性需求。此外，在1985年，日本科学与教育审议委员会下设的职业教育委员会推动了一项政策建议，要求除工商专业外的所有专业均需设立信息技术课，并要求教学内容趋向多元化、组合弹性化以满足学生个性化需求，同时要利用学校、企业、社区的教育资源，要利用学校、企业、社区三方资源开发出可以转换的教学课程，实现各类学校的联接；同时还增加普通高中的职业教育内容；在高职高专教育方面，主要招收初中毕业生进行五年制的职业技术学习，课程内容包括了基础教育与专业教育两类课程，强调实际操作技能培养，高专毕业生也可插班进入大学或技术科学大学深造。

3. 日本的在职人力资源开发体系

日本的在职人力资源开发可以分为专修学校、短期大学、职后教育等形式。

（1）专修学校。设立目的是补充经济产业中技术人才不足、促进现有人才的技能调整；专修学校的培养目标是使学生获得与职业相关的生产能力。这类学校以私立为主，招生对象面对初、高中毕业生，以高中毕业生为主，学习年限一般一年以上，一年授课超过800学时；政府对一些如计算机、信息技术等紧缺专业提供经费资助；1995年1月，修完规定课程并通过专修学校考核合格的毕业生可获得"专门士"学业称号。同时在1998年6月，日本政府颁布的《学校教育部分修改案》规定从1999年开始，"专门士"可以直接升入大学。

（2）短期大学。1950年，日本政府在美国的督导下，依照美国模式将基础较好的旧式专门学校升格为4年制大学，将基础较弱的专门学校或大学改建成2年或3年制的短期大学。在1964年，短期大学获得法律承认，成为高等职业教育的有益补充。短期大学以私立为主，设立目的为传授、研究高级技术与知识，培养职业与生活中所必需的能力，授课形式灵活多样，主要特点是专注于学生开展家庭教育、寻找工作等实际能力的培养。

（3）职后教育。日本职后教育主要由企业主办的职业教育、政府机关主办的职业教育与通讯教育、自发的学习会与研究会等构成；在1958年，日本政府就制定了企业训练标准，确立了技术鉴定制度，以提高企业员工素质与企业技能储备；在1986年，日本政府的劳动省对雇员在30人以上规模的企业进行调查显示，有94%的企业都拨出专门资金对企业内职员进行教育投资，有实力的企业还自己办学，如"松下电气学院""日立工业专科学校""丰田工业大学"等；企业内培训多为具有企业道德、职业精神、专业技能、企业经营全景类的通才型培训，为员工日后晋升打下基础；地方政府与各地官方机构举办的公共职业训练，如规模较小的企业职业训练、失业者训练、残疾人职业训练、社会急需的技能训练、新领域的技能训练等，这类训练分为6个月的短期课程和4年的长期课程，长期课程招收高中毕业生，毕业后取得相关专业的指导员资格证书，相当于大学本科水平但不会授予学位，学生毕业后可以到企业职业训练部工作。后者主要针对已经有职业经验和技能的在职人员开设，他们参加培训并通过考试后，正式结业并回到原来的单位。通信函授教育也是一种重要的组成形式，主要针对难以集中听课的职工，其授课内容为社会急需的专业课程。现在随着网络技术的发展，这种教育慢慢演变成网络教育或远程教育的方式，其教育方式变得更加方便、快捷与有效。此外，还有一些学习会、研究会等，一般各企业都会无偿提供资金、教材、设备与场地以大力倡导。

4. 日本职业教育的特点

日本政府通过法律为企业、学校及其他机构提供了职教的目标、内容与实施方法，监督、指导教学活动规范有序运行，减少了学校、企业与其他教育机构的盲目发展，抑制了市场投机性行为；政府直接出面承办公共职业训练工作，为职业教育提供诸如减免场地与设备投入费用、减免税收等，以保证教育沿着社会需要的方向推进。其政府人力资源开发行为的总体特点表现在以下三个方面：①大力倡导并推动终身教育；②针对性与实用性强；③政府主导。

（三）日本的职业资格制度

日本的职业资格制度从最早的法学与医学职业资格制度开始，后来范围逐渐拓宽，通过规范化与法律化，形成了有效职业资格管理体系。

1. 职业资格的分类

日本的职业资格分为国家资格、公共资格与民间资格三类，国家资格包括政府所需的从业资格，约 6000 种；公共资格包括大臣认定资格、省厅认定资格与商工会等团体认为资格（部长认定、部委认定与社团认定），民间资格约 4000 种，由各行业协会与社会团体组织的技能考试或准入资格考试等组成。

2. 资格考试对人力资源开发促进作用

所有考试组织严谨，参加考试者需要符合相关学历、工作经历，并按照高竞争、低合格率的模式组织；公共资格和民间资格的信用效力低于国家资格；国内举办各种考试培训中心，以帮助学生顺利通过考试，职业资格考试也是日本终身学习的组成部分。

日本在第二次世界大战后短短的几十年内，从一个资源贫瘠、国家破败、经济贫穷、人才缺乏、人民生活水平低下的国度跃升为世界第三大经济体（在过去二十多年里曾经一直是仅次于美国的第二大经济体），日本的成功可以归结于政府引导企业构建的终身雇用制、年功序列制以及工会等在人力资源开发模式的成功。在工会的参与下，这些措施使企业与员工共同构建长期、稳定、共赢的职业生涯发展规划，让员工看到长期成长与发展的希望。

二　韩国政府的人力资源开发行为

韩国被称为"亚洲四小龙"之一，在 1961 年，韩国 GDP 只有 21 亿美元，而到 1996 年增长到 481 美元，人均 GDP 也由 82 美元增长到 10763 美元，增长了 130 倍。韩国以一种"汉江奇迹"的方式从一个穷国发展成一个世界发达国家，归因于以下几点：（1）实施了顺应历史传统的人力资源开发战略；（2）充分利用国民爱国、忠诚与献身的民族精神推进职业素质的提升；（3）树立教育立国的基本发展策略。

韩国的职业教育成功,主要是基于以下原因。

(一) 韩国教育经费支出

韩国的教育经费支出在1960年占GDP的2.5%,1970年达到2.8%,1972年韩国教育经费开支占政府预算的15.9%,到1990年占到了19.6%,在世界银行统计的71个国家中位列第8。大量的教育经费支出是韩国政府人力资源开发的基本保障。

(二) 教育的普及及社会力量参与办学

1960年,韩国已经完成小学阶段的义务教育计划,自20世纪70年代开始,小学升入初中的人数比例逐步上升,到1988年时,已经有高达99.5%的小学生步入初中阶段学习,9年义务教育的普及目标已经完成;到1995年,初中升入高中阶段的入学率高达90%,大学入学率高达55%,其教育发达程度已经位居发达国家前列。韩国的民间资本参与办学的规模非常大,在1995年,韩国高等学校中私立院校的在校生规模占大学生总数的82%,同时,私营部门中用于高等教育的支出占GDP的6%,超出了政府在高等教育中的支出(5%)。韩国各级学校的高入学率,使韩国整体国民教育素质快速提升,韩国从普通劳动者到专业技术人员都受过良好教育,具备现代知识社会需要的高素质。

1. 韩国的职业高中

其专业门类涉及农业、工业、商业、水产、海洋、艺术、综合及实习8大类,韩国职高的课程针对性强、学用结合、教学质量高、毕业生质量好且就业广受欢迎,所以在校生的规模非常庞大。在1982年,韩国职高在校生达到近100万人。除职高外,韩国还开办了实业高等学校,类似于中国的中等专科学校,其在校生在1982年超过了10万人。

2. 韩国的大学教育

1994年统计数据显示,韩国设有135所专门大学(相当于中国的高等专科学校),在校生约为50万人,普通大学(相当于中国的大学本科)142所,学生约115万人,全国每10万人中有4540人是专门大学以上学历,仅次于美国的5655人,排在全球第二位。此外,民间经济大力支持教育事业，为了培养高级学者以促进学术交流，韩国于1974年成立了高等教育财团，是在教育部注册登记的公益性教育组织，他们通过设立各类奖学金来进行教育投资并推动人才培养，让他们心怀感恩地回报祖国，为祖国效力。

(三) 韩国人才开发战略顺应经济结构调整

在20世纪50年朝鲜战争结束后，韩国立足发展内向型经济，寄望于发展本国人民生活所急需的生产资料来带动经济的高速发展，但是受制于资金、技术、原材料等物料资源的短缺，其国民经济发展对国外的依赖性非常强，其内向型经济发展战略受阻。到了20世纪60年代，通过十多年的修养调整，世界经济结构发生了巨大变化，发达国家开始将劳动密集型产业向发展中国家转移，韩国抓住了这一历史机遇，制定应对这一产业转移的政策措施，并努力提高这些产业的技术含量，积极培育相应产业的人才质量与数量，形成了技术与经济快速增长的人才优势，以达到积极引进、快速转化与努力提升的目的。到20世纪70年代，西方发达国家经济开始衰退，贸易保护主义势力加强，贸易壁垒逐步形成，东南亚劳动力价格优势开始凸显，此时韩国立足于发展知识与技术密集型产业，并对引进的技术与产业进行模仿，到20世纪70年代，在人力资源优势的推动下，韩国已经成为工业化国家。20世纪80年代，随着以科技进步与知识能力的提升，韩国的经济结构调整进一步升级，其以物质资本投入和劳动力投入的增长优势不再，以知识密集型、资本密集型与技术密集型的增长开始占据上风，其国力与国际市场竞争力不断加强。韩国认真反思1997年的金融危机，发现韩国企业只顾赚钱而没有立足于开发新产品、走科技创新的路子，在20世纪末，韩国设立了一系列人才发展计划，如在2010年把韩国建设成知识信息国家，其科技竞争力由世界第22位提升到世界第5位，韩国公民要做到人手一台电脑、每人一个主页，每人一项发展，在2003年的科研投资占到财政预算的5%等。其人才开发战略调整的主要措施如下。

1. 贯彻终身教育理念，改革教育体制

过去韩国重文凭，忽略韩国学生的创造能力与职业精神的培养；

重儒家文化的继承、服从、忍让、合作精神，而忽略了人的个性、开创性、独立和竞争勇气的培养；鉴于此，韩国政府将竞争机制引入教育领域，鼓励民间资本大力参入，努力推动研究、咨询、中介等社会机构参与教育市场，政府建立了相应的数据库以对教育与培训的效果进行监控，从而使得每个国民终身接受优质教育，使国民素质与理念终身跟随时代的步伐。

2. 改革研究与开发机制，促进全民性技术创新

由政府出面组织产业界、学界与科研机构进行交流与合作，设立新的保险险种，以降低研发新品的风险，鼓励优秀人才投身科研。

3. 强化知识产权保护制度

韩国政府通过设计新的知识产权保护机制，强化版权制度，公平处理有关纠纷，在国内形成兼顾发明人权益保护与公众知识共享机制。

（四）韩国人才战略立法

韩国主要是通以下法律来推动人力资源开发的规范化发展：（1）1967年《科学技术振兴法》，规定了科技振兴国家的综合政策，也包括了对科技人员的激励；（2）1972年《工业技术开发促进法》，规定政府在金融、财政方面支持私营企业自主开发和引进技术，提高企业国际竞争力，以支持企业起用和以高薪聘用国内外优秀人才；（3）1972年《工程服务促进法》，强调工程服务规范，反对不正当竞争；（4）1973年《特定研究机构援助法》，强调对某些专业领域研究机构进行大力扶持与发展，主要是电子、通信、船舶、电气等，历史证明这些领域都对韩国经济发展做出了巨大贡献；（5）1973年《国家技术资格法》，统一全国职业技术资格的标准和名称，制定了职业资格证书及考试制度，对专业人员的管理做到了有法可依，同时该法也对专业技术人员起到了很好的激励作用，专业人员的使命感、责任感与社会地位得以加强；（6）1976年《韩国科学和工程基金法》，以法律形式保障重要科研机构的基金供给，以保证战略性的科研项目得以顺利进行；（7）1976年《韩国科学财团法》，该法对该财团的设立办法、社会地位、经费来源等进行保证，以起到对国家科技发展的促

进作用；(8) 2000 年的《科技教育基本法》，将科学技术革新作为要素纳入法律，突出培养女性与儿童的科技素质重要性。这些法律的实施推动了韩国政府的人力资源开发的规范化。

三 新加坡政府的人力资源开发行为

新加坡于 1957 年脱离英联邦殖民统治，后于 1965 年脱离马来西亚成为一个独立的国家。独立之前的新加坡主要是马来西亚、印度尼西亚等国的橡胶片、椰干等加工处理、分级待出口的转运中心，本地劳动者多从事技术含量低的简单体力劳动。独立后随着中转业务的萎缩，大批文盲半文盲青壮年劳动力失业，其失业率高达 14%，国家适时确立了勤俭品质与学习愿望是国家无形资产的理念。目前新加坡的教育投资占到国家财政支出的 20%，占 GDP 的 4%。1995 年，国内 25 岁以上具有大学文化程度的人员比率达到了 7.6%，中学后教育入学率为 70%；在提高成人素质方面，在 1972 年成立了生产力促进局，主要负责培训企业员工；到 1979 年又成立了工业职业培训局，主持就业前职业技术、在职职工的技术、文化训练、国家技术标准（针对一、二、三级技术工人）考核与发证工作；1982 年又设立基本教育委员会，设立的目的是为在职职工制定基本教育方案，后来新加坡国际局又制订了工程硕士联合培训计划、科技管理人员培训计划等；资金来源是政府拨款、税收提成、企业或私人赞助、面向个人收费等。政府用企业主依法缴纳的占工资总额一定比例的资金建立"技能发展基金"，资助职工培训。

（一）新加坡的普及教育和终身教育

在新加坡立国之初，因为人力成本低、政法环境廉洁高效，有很多香港、台湾等地的企业到新加坡建立纺织厂、玩具厂等劳动密集型产业。虽然在其国内有不少反对声音，但新加坡政府认为自己既缺土地又缺资源，只有立足于丰富的劳动力来立国，外资来设立企业，既可以解决民众生存问题，也可以让民众获得生产技能，相应的工程与技术水平也得以提高，这一理念使得新加坡对待外资企业的政策一直没有动摇。除吸引外资手段外，新加坡政府还大力改善国内的公共安全、个人安全、卫生保健、教育发展、信息与通信网络、交通运输和服务业等方面，努力营造世界一流的软环境以达到吸引外国高级人才的目的，而此目的也正好与发展本地人口素质目标相一致，这一举措也有力促进了新加坡人才开发战略国际化的新形势。在普及教育方面，新加坡政府从1960年到1985年国民生产总值提升了12.9倍，而同期教育投资却提升了15.7倍，在1957年到1970年间年均教育经费增长速度为13%—14%，而到1979—1982年该增长速度为23%—30%，其教育经费的投入力度在各国教育投资比例中位居前列。新加坡的小学至高中阶段的教育都是免费的，直到大学阶段才开始收费。

（二）新加坡通过人口政策促进国民素质提升

该国虽然人口不多，但也实施了计划生育政策。新加坡法律规定如果生育第三胎则给予超生处罚。但是，政府清楚地看到了妇女在家庭教育与人口素质提升中的地位，特别制订了鼓励高学历的妇女生育政策，给予高学历妇女生育第三胎免予处罚的特殊规定，这使社会鼓励妇女多受教育，构建良好家庭文化环境、使儿童受到更好早期教育与家庭引导，从而促进国民素质的大力提升。

四　印度政府的人力资源开发行为

作为世界人口仅次于中国的人口大国，其国土面积仅为中国的1/3，印度在1947年脱离英联邦独立时，其粮食不能自足，也没有工业支援，其国家极度贫困，但到了2001年，印度GDP已经达到了4794亿美元，但人均GDP仅为479美元，其国家财政分配严重不均，每天收入低于1美元的人口占全国的53%，全国文盲率为50%，但其秉承科教兴国的方针，发展高端科技，使某些重点领域的科学技术特别发达。如在天体物理、空间技术、分子生物学、遗传学、核技术、电子技术等方面已经非常发达，尤其是计算机软件开发技术IT业的发展水平和市场份额居世界第二位，仅次于美国；其每百万人中科技人员为3329人而居世界第三位，仅次于美国和俄罗斯。

印度的人力资源开发虽然起步较晚，但该国政府非常重视科研，每年在科研方面的投入占GDP的0.9%，虽然该国的人类发展指数远低于中国，但也有很多值得借鉴的地方：（1）立足国情，政府制订尖子人才教育优先发展政策。这种政策的目的是通过树立先行培养达到国际先进水平的尖子人才，后拉动国家发展的战略。印度于20世纪50年代起就在全国设立6个印度理工学院，按美国麻省理工学院的标准与世界最先进的办学理念来办这些大学，当年全国教育开支占到全国GDP的4%，其IT业的快速发展，为国民带来了巨大财富。(2) 利用传统文化优势，因势利导。印度是文明古国，其哲学与宗教非常发达，这使得印度人口的逻辑思维能力突出，政府因势利导，制订IT开发人才的培养计划并取得了巨大成功。(3) 英语教育为国际化交流提供了保障。

在印度国内，由于重视脑力劳动而轻视体力劳动，其职业技术教育并不受国民的重视，相对于普通教育，印度的职业教育发展缓慢且比例严重失衡。目前，印度的职业教育主要由工业训练学校、科技学校、高中职业训练班组成。

因为该国的工业并不发达，其城市化率仅为29%，因此该国政府的人力资源开发行为对中国的借鉴意义并不显著。

第三节　小结

从国外人力资源开发的政府行为相关研究文献中，可以看出，发达国家将人力资源开发上升到国家战略层面，总体上体现了如下特征。

1. 切合国情制订人力资源开发战略

人力资源开发战略大多是建立在本国的国家发展战略基础上，为国家战略的实现提供人力支撑并成为国家战略的一部分，英国、新加坡、日本等国家的发展经验表明，人力资源开发战略是国家发展战略的一部分。要想获得较高的人力资源开发效率，必须切合实际国情制订人力资源开发战略。

2. 较高的财政支持与资金投入

从日本、韩国、新加坡等国的发展经验表明，政府在教育投入方面占GDP的比重高低对人力资源开发的效率与效果影响巨大，加里·贝克尔认为,国家在人力资本方面的投资收益率远胜于物质资本投资收益率;巴西的多渠道筹措资金的方式值得中国学习与借鉴。

3. 倡导终身教育

这些国家的人力资源开发经验表明,国外政府将基础教育、普通教育与职业教育并重,通过多种形式宣传与倡导终身学习。德国政府构建包括公务员、企业员工与社会终身教育为主要内容的人力资源培训体系;构建企业员工培训体系的目的是提升企业国际竞争力,终身教育的目的是提升国民素质;所有的课程都历经了培训需求调查分析、精细的课程设计与包装、配合适合成人学习的方式与手段以及培训效果评估与反馈等过程;英国政府在1996年提出终身教育的理念,在抓基础教育以鼓励更多的人接受高等教育的同时鼓励青年人参加职业教育与技能培训,以通过双轨式教育来实现人力资源的合理配置;日本通过立法的形式,促进学生的创造思维培养,构建学校、家庭与社会一体化的终身教育式人才培养模式。这些研究表明,终身教育是发达国家人力资源开发的主流理念。

4. 普通教育与职业教育高度融合

普通教育使人在获取社会技能方面受益,职业教育使人在获取工作技能方面受益。但是,工作技能是社会技能的一部分。日本、美国、澳大利亚等国家将职业教育与普通教育高度融合,目的是促进人们获得基本的生存与发展技能。很多国家从初中阶段即强制导入职业教育,使他们义务教育的中后期开始学习职业技能,以引导他们将自己的兴趣与职业相融合,同时增加他们的就业能力;英国政府的人力资源开发战略之一就是通过继续教育开发在职人员的知识与技能,提升工作效率而达到提升国民劳动生产率的目的。在英国,每年大约有250万人接受继续教育,全国约有500所学校为这类人群提供教育课程,学生通常为兼职,授课时间可以是晚上、周末或其他时间;另外,还有全套专为在职人员设计的国家职业资格等级考试,以国家标准来检查在职人员的专业知识与专业技能。

5. 立法保障职业培训的公益性与规范性

政府通过法律为企业、学校及其他机构提供了职教的目标、内容与实施方法，监督、指导教学活动规范有序运行，减少了学校、企业与其他教育机构的盲目发展，抑制了市场投机行为；政府同时通过法律强制规定各参与主体的责任与义务，如规定人力资源开发机构服务的公益性、失业者参加技能培训的义务性、企业在人力资源开发方面资助的强制性等法律条款，保证了职业教育的规范性、公益性与强制性，以保证职业教育沿着社会需要的方向推进。

6. 政府主导，多主体参与

以上的研究表明，政府与各主体之间的责任与义务非常明确，政府通过法律行为规范各个主体的责任与义务，通过行政授权方式使工会、行业协会、商会与其他人力资源服务机构拥有部分行政强制权力，并通过这些强制权力引导行业内的组织、企业与个人规范参与人力资源开发。

（1）政府的人力资源开发职责。制订国家人力资源开发战略规范、立法保障人力资源开发的法制环境、保障公共教育与公益性职业教育资金投入、合理配置开发资源、通过法律与行政手段引导人力资源中介组织与各相关主体积极参与、通过财税与资助等经济手段引导经济理性的企业与个人积极参与各类人力资源开发。此外，政府还主动出面承办公共职业训练工作，为职业教育提供诸如减免场地与设备费用、减免税收等具体行政行为的实施。

（2）中间组织的人力资源开发职责。牟增芬、孙正林（2011）认为，在市场失灵与政府失灵同时出现的状况下，中间组织能够有效弥补市场与政府缺位所造成的不足。[1] 中间组织因其专业性，使其在承接国家人力资源开发战略、通过政府的行政授权制订行业运作规范、构建行业职业资格准入标准与规范、引导与监督行业进行人才培养、承担行业公共基础性人力资源开发的任务等方面更具备针对性与科学性。国外的中间组织非常发达，运行规范，成为联接政府与企业、政府与个人、政府与市场的桥梁。

---

[1] 牟增芬、孙正林：《基于人力资本理论的新生代农民工培训问题研究》，《中国林业经济》2011年第1期。

（3）企业与用人单位的人力资源开发职责。作为理性的经济主体，除了履行法定义务缴纳培训经费外，用人单位还应充分利用国家财税政策来降低人力资源开发的外溢性的风险、履行法定人力资源开发义务、构建法定的人力资源开发环境、搭建人力资源实践平台、保障员工的基本开发权利、实现与员工的双赢。如日本、德国以及美国一些知名企业开办的企业大学、培训学院与内部培训中心等，都是履行人力资源开发职责的表现。

（4）员工个人的人力资源开发职责。员工本人作为直接受益的主体，要求在失业状态下履行参加技能培训的义务、强制参加职业资格准入或行业资格准入培训并获得通过、利用政府及中间组织与雇主资源提升自身职业技能并降低人力资源开发成本等。

在以上主体中，政府作为协调各主体之间的经济与法律关系的主体，对各主体人力资源开发行为强制、引导与推动作用是其他主体难以替代的。在弱势群体的人力资源开发行为强制与引导、开发资源分配与倾斜方面，政府的作用更为突出。

7. 职业教育的课程设计科学务实，授课形式灵活多样

（1）师资配置科学。德国政府的行为理论认为，培养技术工人是造就社会有用人才、拓展个人活动范围与实现个人收益的有机结合，这种培养应用型技术工人的职业教育是德国工业经济发展的基石。德国所有的教授均来自工业企业，基本都具有博士学位，同时要具有工业界担任5年以上中层领导职务经验；专业课程设计在遵循教学规律方面也努力适应工业发展需要，随时根据社会需求与工业发展要求进行调整；学生在企业完成毕业设计；教授的科研直接融入工业企业之中。

（2）培训对象宽泛。如澳大利亚的职业培训就包括初次就业的高中毕业生、在职职员、退休老人，还有针对个人需求的培训，也有针对企业职工的整体培训；加拿大的成人教育的目标是为超过接受公共教育年龄的人提供学习机会。成人职业教育通过训练个人的职业技能，以帮助在职人员应对个人现在或未来的岗位需要。此外，加拿大的成人教育不仅包括普通教学，也与研究领域有所交叉，可为成人教育提供硕士甚至博士学位。继续教育已经成为很多加拿大人生活的一

种方式。

（3）培训内容科学全面且形式灵活。国外的职业培训包括上岗、转岗、知识更新、个人兴趣等方面的内容，培训时间灵活，可在白天或晚上参加培训。

（4）培训地点与形式。授课地点可以是学校、企业、教堂、家庭等；在授课形式方面，包括面授、网络教学等；加拿大利用现代通信技术，整合教学资源，通过邮递资料、电视广播、联网计算机及其他教育附加设备，为不同地点的个别或小规模学校提供各种级别、各种内容的教育课程，每年至少有50万人通过远程教育实现学习目的。[1]

（5）培训全程注重实效。国外政府在培训中重点关注的是提高综合素质、培养解决问题的能力、培养创新能力和应变能力、掌握计算机操作技能、通过网络获取信息的能力；关注行业特点与经济发展需求，为特定的行业提供针对性培训；此外，政府还非常关注中小企业的发展，各级政府专门开办了小企业开创与就业培训服务项目，为希望开办企业的人员提供咨询、培训与服务。这种就业培训，增加了就业岗位。

8. 政府对弱势群体的救助方式从"输血"转为"造血"

美国制订的国家职业培训基本法案，要求失业人群强制参加技能培训，将失业人群的社会救济从无限救济变成有限救济，帮助失业人群获取长期就业的职业技能，以减少其对社会救济的依赖；澳大利亚政府要求每次换工作或失业都要参加技能培训，以促进失业人群的就业与谋生技能。对弱势群体的经济救济与权利救济已经不再是帮助弱势群体的主要手段，从"输血"式的经济救济与权利救济方式转化为"造血"式人力资源开发与人力资源提升方面，通过开发资源的倾斜与强制要求提升技能，帮助其脱贫致富，进而改变其弱势社会地位，是当前发达国家政府对弱势群体的主要帮扶方式。

---

[1] 王通讯、李维平：《人才战略论》，党建读物出版社2004年第1版，第386—387页。

第五章　深圳市新生代进城农民工人力资源开发的政府行为分析

史成虎（2012）认为，由于中国促进社会公平的制度，特别是户籍制度及依附于户籍制度的一系列劳动就业与公共服务等制度的缺位和滞后，使追求中国传统的社会公平与公正的新生代进城农民工的各项权益难以得到保障，这也使得他们经常对自我价值进行否定，从而成为道德信仰上迷失的一类群体；[①] 在城乡分割的二元体制下，他们游离于城乡的边缘，其政治参与权利、享受务工所在地政府的教育与医疗等公共服务的基本权利受到漠视，其工作环境安全与享受社会基本保障的权利被无视，甚至有些人基本的劳动报酬权都难以得到保障，这些基本权益保障的缺失，使得他们时刻面临着生理与心理威胁，他们这种低的安全感使得他们更关注眼前的利益，这种现状削弱了对自己进行长期人力资本投资的愿望。

深圳市是中国国家区域中心城市，国务院定位的国家创新型城市和国际化城市，国际花园城市，全国四大一线城市之一。深圳市也是中国第一个经济特区，已发展为有一定影响力的国际化城市，创造了举世瞩目的"深圳速度"。

深圳是个美丽的滨海城市，毗邻香港地区，是广东省高新技术研发和制造基地。因为毗邻香港地区，深圳市域边界设有全国最多的出入境口岸。深圳是中国经济最发达的地区之一，经济总量连续19年居中国大陆第四位。深圳市是中国户籍人口与非户籍人口倒挂最严重

---

① 史成虎：《新生代农民工道德信仰的现状及现实对策》，《南方论刊》2012年第4期。

的城市，外来非户籍人口占 3/4 以上，有大量的农民工样本。其政府对外来人口的治理理念具有一定的代表性。故本书选取深圳市作为实证案例。

第一节　新生代进城农民工人力资源开发的政府政治行为分析

古代汉语中，"政治"一词源于"政以治民，刑以正邪"[①]，即通过政府的政策、政令来治理民众的。戴维·伊斯顿认为，政治学应该以政策为基本的研究方向，其政策过程是政治系统的输入与输出的过程。美国早期的行政学理论学者古德诺将政府的行为分为政治行为与行政行为，认为政府的行为过程实际是制定政策与实施政策的过程，政治行为则是制定政策的过程，行政行为则是实施政策的过程；孟德斯鸠著名的分权理论正是建立在这种对政府功能的基本区分上的。在《论法的精神》中，他对政府的三种权力进行了划分，把它们分别叫作立法、行政和司法。《世纪辞典》中对"政治"所下的定义为："从狭义和较常用的意义上说，政治是通过公民中的政党组织指导或影响政府政策的行为或职业。因此，它不仅包括政府的伦理道德方面的内容，只要公职的占有可能取决于个人的政治态度或政治贡献，它就经常不顾伦理道德的原则而特别包括那些左右公共舆论，吸引和引导选民，以及获取和分配公职任职权的艺术。"其关于"行政"的说法是："行政人员的责任或职责，特别是政府的执行功能，包括政府总体或局部的所有权力或职责的行使，它既不是立法的，也不是司法的。"布劳克在其《法国行政辞典》中将"行政"定义为："公共服务的总体，从事于政府意志的执行和普遍利益规则的实施。"因此，政治的功能首先与国家意志的表达有关，其次与国家意志的执行有

---

① 摘自《古代汉语词典》第 2016 页，原文出自《左传·隐公十一年》。

关。而政治是表达国家意志的功能，行政是执行国家意志的功能。[①]政策科学学派的创始人哈罗德·拉斯韦尔把政治描述为由情报、建议、规定、行使、运用、评价、终止七种行为功能构成的过程，这包括了政策制定与执行的基本行为[②]。政治行为的基本功能是调控社会利益关系。本书基于研究的需要，将政府的政治行为定义为一种调控社会利益分配的政策制订过程。

一 政府政治行为

在法治政府基本理念指导下，政府的政策行为是政府行为的基本体现，政府的政策行为目的可以抽象理解为政府行为目的。此外，以政策的形式来规范政府的行为，也是政府行为法制化的具体表现。个人的行为离不开个人的价值取向、价值理念与价值准则作指导，这些准则决定了人的行为目的的正当性。判断个人行为正当与否，也是根据个人价值准则进行的，而政府行为的正当性也是由价值准则来判断。一般情况下，政治行为的价值导向有公共利益导向、团队利益导向与个人利益导向三种。

（1）公共利益导向。美国公共行政学家 E. 彭德尔顿·赫林在《公共行政与公共利益》一书中明确指出，政府机构应该视为一个整体，其职能应该是执行公共利益政策和促进总的社会福利事业发展。美国政策科学学者詹姆斯·E. 安德森认为，政府的任务是服务和增进公共利益。古希腊的亚里士多德等学者认为其政府行为的价值取向应该是公共利益，只有变态的政府行为价值取向才是统治者个人或部分人的利益。

（2）团队利益导向。团队主义认为公共政策是各个利益团体相互冲突和相互斗争后达到平衡的产物，因此，公共政策表面上由政府制定，实际上是由相关利益团体操纵的结果。操纵公共政策制定的利益团体，将其团体的利益融入政策中，从而取得团队利益优势。所以，

---

① ［美］F. J. 古德诺：《政治与行政》，华夏出版社1987年第1版，第6—11页。
② 胡象明：《政策与行政——过程及其理论》，北京大学出版社2008年第1版，第14—15页。

从最终结果与价值取向角度表明,作为团队之间利益斗争结果的公共政策,代表的不是公共利益,而是团体利益。在民主议会制式下的社会政策是团体利益导向的。

(3) 个人利益导向。根据公共选择理论,政府政策行为的价值取向不是公共利益也不是团队利益,而是由政治家的个人行为决定的,政治家的个人利益具体表现为获取最多的选票。

英国的大卫·休谟认为,自由政府的目的就是为公众谋取利益。现代公共行政理论将政府视为管理公共事务的组织,并且突出政府的公共属性,认为政府应该是社会公共利益的代表,其价值取向理应是公共利益。

二 政府政治行为与新生代进城农民工人力资源开发之间的关系

政府的政治行为与弱势群体的人力资源开发的关系主要表现在以下几个方面:

(1) 造成弱势群体贫困的根本原因是发展权力的漠视与缺失。贫困的核心要素是缺乏性,从表面看,贫困者缺乏物料资源;从本质上看,是贫困者缺乏资源获取的机会、能力,缺乏生存与发展的能力。消除贫困的根本途径在于赋予贫困者利益表达权利、实现自身利益诉求的行动权利。[1]

(2) 人力资本投资行为影响社会收入差距。1990 年,拉姆(Ram)对 94 个国家的截面数据进行回归分析,指出人力资本水平和收入分配不平等之间存在倒"U"形关系,即随着人力资本水平的提高,收入分配不平等先上升,达到峰值后才开始逐步下降。这一结论解释了发展中国家人力资本和收入分配不平等正相关,即收入不平等分配经过一段时期的恶化后才开始逐渐好转。格利高里奥和李(Gregorio & Lee)通过对 100 多个国家面板数据进行分析发现,在库兹涅茨倒"U"形曲线关系下,较高的人力资本和相对平等的人力资

---

[1] 靳继东、潘洪阳:《贫困与赋权:基于公民身份的贫困治理制度机理探析》,《吉林大学社会科学学报》2012 年第 2 期。

本分配以及更多的政府教育支出，有助于改善收入不平等。①众多的研究表明，人力资本投资是改善收入不平等的有效手段。

（3）人力资源开发有利于增进社会垂直流动，促进社会稳定。萨缪尔·亨廷顿在《变革社会中的政治秩序》一书中提出，社会动员与经济发展都是现代化过程所造成的必然结果，但是两者具有不同的社会功能；社会动员往往比经济发展的速度更快，这样，需求的形成与需求满足之间就会形成一个差距，这种差距便会使人们产生"社会挫折感"。如果社会存在着纵向和横向流动的机会和可能，这种"社会挫折感"也许会得到缓解。否则，它就会促使人们通过政治体系施加压力。如果在这种政治参与迅速扩大的同时，该社会的政治制度化水平仍未相应地提高，就会造成政治动乱。社会成员的利益受损而产生的挫折感是反叛社会行为产生进而导致社会风险的根源；人力资本的积累有利于增进弱势群体向上流动，从而降低社会治理风险。

（4）政治行为影响人力资源配置的空间分布。深圳能够从广东省一个偏远的小渔村发展成一个国际化的大都市，其核心是其当时拥有独立的立法权，他们利用独特的政策优势，解决了一系列阻碍人才流动的养老、医疗、粮油分配、档案管理等后顾之忧，促进全国优秀的人才迅速涌入，从而促进了深圳的快速发展。在自由流动的前提下，人口对政府的政治行为"用脚投票"，开明的政府政治行为将会吸引人才流入，不开明的政府政治行为将会对人口产生"挤出效应"。在当前高度发达的信息社会中，政治行为能够迅速影响人力资源的空间配置。此外，政府的政治稳定性也会影响人力资源的空间分布。

（5）政治行为影响人力资本投资回报率。农民工人力资本的提升有助改变其弱势社会地位，但其农民工的人力资本作用发挥受制度与政治环境因素制约。曾旭辉对成都市进城农民工的教育回报研究发现，在被假定的市场化很高的正式劳动力就业市场中，进城农民工的教育回报率相对于城市居民明显偏低；造成这种现象的主因是劳动力

---

① 娄峰、潘晨光：《人力资本理论及其实证方法的系统梳理及评述》，载潘晨光主编《中国人才前沿（NO.5）》，社会科学文献出版社2010年第1版，第222—274页。

市场分割造成的。① 在户籍制度分割下，享受同等教育、不同户籍的人口，因为就业机会的不均等，其人力资本投资回报率存在显著差异，这说明了政府的政治行为足以影响人力资本投资回报率。

三 深圳的新生代进城农民工的人力资源开发的政府政治行为现状

（一）新生代进城农民工被排斥在政治活动之外

根据深圳市统计局发布的《2012年国民经济和社会发展统计公报》与新华网2010年4月2日发布深圳市人大代表的数据进行对比分析，如表5-1所示。

表5-1　　　　　　　　人大代表数量比较分析

类别	总量（万人）	人大代表（人）	人大代表数（每10万人）	代表标准倍数②
总人口	1138.74	407	3.574	56.730
户籍人口	287.62	387	13.455	213.571
非户籍人口	851.12	21	0.247	3.921
异地务工人员	479.60	3	0.063	1

据表5-1推断，深圳的农民工人大代表的产生，并不是自然选举的结果，而是基于某种政治需要而进行制度安排的结果。以上数据显示，非户籍人口占人口总量达到74.74%，而户籍人口的人大代表数量标准是非户籍人口的18.43倍，是劳务工人口的129倍。劳务工人口的人大代表数量仅有3名，他们难以代表近500万农民工完整与真实表达这一群体的意见与想法。此外，即便他们的意见与提案代表了这一庞大的群体呼声，但也可能被户籍人大代表的声音所淹没。人大代表作为参政议政的特定群体，农民工群体在这人大代表的群体中失语，在政策与法规的制订过程中缺位，农民工的权益主张的声音与力

---

① 曾旭辉：《非正式劳动市场人力资本研究：以成都市进城农民工为个案》，《中国农村经济》2004年第3期。

② 以异地务工人口中的人大代表比例为基数1，则其他各类人口中代表数量比例除以异地务工人口中人大代表的比例，计算出该列数值。

量自然难以得到体现,这使得新生代农民工被排斥在政治活动之外。

深圳市总工会的调查数据显示,新生代的政治权力意识已经觉醒,他们已经开始意识到要提高农民工群体社会地位的重要性,有46%的人希望能够选出更多的农民工人大代表,从而能够获得更多的话语权。有28.6%的人希望在工作地有参选资格。新生代进城农民工要求参政、议政的意识显著高于老一代。

任娟娟（2012）通过对西安市新生代进城农民工的经济生活、政治参与、社会交往与文化心理四个维度测量也显示,新生代进城农民工文化心理方面的市民化水平最高,其次是经济,再次是社会交往,而政治参与维度最低。

图5-1显示,进城农民工的社会交往有待丰富。在城市生活中,除家人外,进城农民工业余时间人际交往时,老乡占35.2%,比上年提高1.6个百分点;当地朋友占24.3%,比上年提高0.8个百分点;同事占22.2%,比上年提高0.7个百分点;其他外来务工人员占3.1%,比上年下降1.1个百分点;基本不和他人来往占12.7%,比上年下降1.6个百分点。

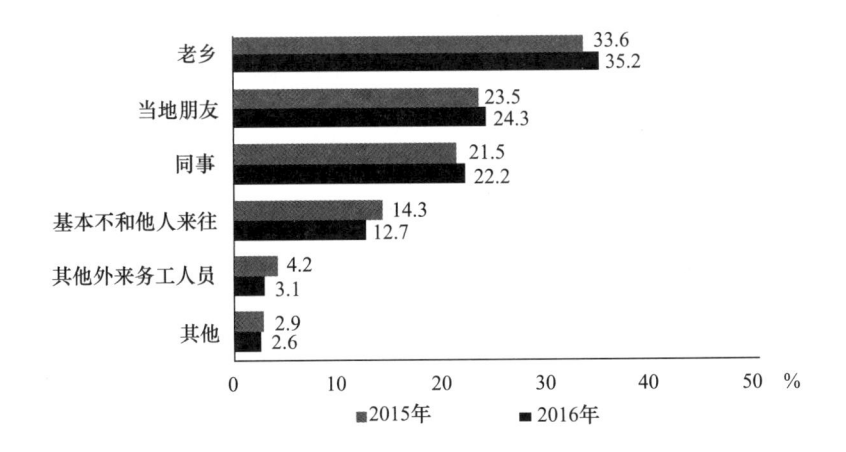

图5-1 进城农民工业余时间交友选择的情况①

---

① 资料来源：国家统计局发布的《2016年农民工监测调查报告》。

进城农民工业余时间主要是看电视、上网和休息,分别占45.8%、33.7%和29.1%。其中,选择上网和休息的比重分别比上年提高了2.7个和0.9个百分点。选择参加文娱体育活动、读书看报的比重分别为6.3%和3.7%,分别比上年下降0.8个和0.9个百分点;选择参加学习培训的比重仅为1.3%,与上年持平。

造成他们政治参与度低的原因主要有以下几种:(1)社会物质基础缺乏,对政治漠不关心;(2)户籍等社会政治条件限制将其过滤在政治活动之外;(3)政策制定者基于既得利益的考虑而故意将他们排除在政策制定与意见征集群体之外,深圳市的选举规定非户籍人口有选举权却没有被选举权;(4)社会文化条件的限制使他们难以适应;(5)社会弱势心理地位让其在表述自己的权利与诉求时缺乏自信;(6)个人的基本素质限制了他们的政治权力表达。[①]

(二)基本权益难以保障

2010年深圳市总工会发布的关于深圳市新生代进城农民工的生存状况调查显示,有76.9%的新生代进城农民工希望政府能够给予城市户籍居民同等的公共福利与服务,有33.9%的受访者期望取消户籍制度。虽然国家在2010年颁布了《社会保险法》,深圳市也出台了相配套的法律法规来保障员工的基本权益,但实际状况并不理想。深圳市统计局发布的数据显示,2012年异地务工人员没有纳入失业保险,在医疗保险方面只是参加了劳务工医疗保险,其保障水平远低于户籍人口;2014年1月1日起施行的最新《深圳市社会医疗保险办法》中对基本医疗保险种类进行了三档划分,虽然规定中"第二章第七条……用人单位应该为其本市户籍职工参加基本医疗保险一档,为其非本市户籍职工在基本医疗保险一档、二档、三档中选择一种形式参加"已然明确了农民工基本医疗保险由用人单位和个人共同缴纳,但实际实行中很多用人单位不但没有为农民工缴纳最低档的医疗保险,甚至根本不缴纳,置政府相关法律规定和农

---

① 蔡新燕:《我国社会资本现状及其公民政策参与的阻滞》,《北京青年政治学院学报》2012年第21卷第2期。

民工基本权益于不顾。此外，根据2012年10月笔者对深圳市南山区的一份调查数据显示，仅有23.41%的农民工在自己权益受损时有向政府相关部门主张自己权益的想法，仅有3.77%的农民工在自己权益受损时向政府部门求援伸张。而这只是针对企业剥夺他们的基本权利时才采取的行动，而事实上新生代进城农民工的政治权利往往决定于政府而非企业。

（三）发展权益受漠视

深圳市为响应国务院颁发的《国务院关于解决农民工问题的若干意见》与广东省颁布的《广东省人民政府关于进一步加强农民工工作的意见》两项政策，于2006年颁布了《深圳市人民政府关于进一步加强农民工工作的意见》，提出促进农民工融入并加强农民工培训工作，促使其转化为技术工人队伍。但是，从深圳市总工会2010年发布的《新生代农民工生存状况调查报告》的数据显示，有56%的受访者每周加班时间超过法定时间，长时间的加班挤压了他们自主学习与提升的时间与空间。此外，深圳市总工会于2010年开设了农民工学校，而历时一年时间总培训人数为23000人左右，仅占农民工总数的0.48%，而深圳市推行的具有特色的农民工圆梦计划中每年为农民工提供职业技能培训学位仅为1000个，对农民工提供的学历教育资助的学位仅为800个，分别占农民工总数的0.021%与0.0167%，这些资助显然难以匹配这一庞大群体的需求，这种开发行为只是一种政治姿态。深圳市的农民工发展权益的保障现状并不乐观。

政府部门与各界学者对新生代进城农民工的弱势地位都非常关注，关于该类的研究大多从权利救济的视角出发，强调政府应该对他们享受基本公共服务的权利进行救济式保障，配置给他们与市民同等公共服务以促进他们融入城市。同时，政府也出台《社会保险法》《农民工欠薪保障条例》《和谐劳动关系促进条例》、农民工子女义务教育等相关政策条件，这些政策均在一定程度上体现了救济式的政治思维。政府与学者均期待新生代进城农民工的社会弱势地位有所改善，众多研究表明，新生代进城农民工的人力资本的提升是改善其社会弱势地位的有效途径，而人力资本投资的核心问题是政府如何构筑这类群体的发展权问题。在当前社会中，因为政府政治行为的偏差、企业逐利行为的影响及个人的弱势社会地位等多重原因，这类群体的发展权受到严重漠视。

（四）中间组织的缺乏使其权益主张难以集中表达

根据深圳市总工会的调查数据显示，新生代进城农民工比较认可工会的积极作用，但深圳工会的组建情况并不理想（见表5-2），新生代进城农民工占比最大的私有企业，其工会组建率最低，仅为31%，这意味着在私有企业就职的200万左右的新生代进城农民工没有参加工会。在这种情况下，除了能代表农民工主张合法权益的工会之外，实在很少有其他公益组织能够代他们表达自身权益，他们也没有能力依靠自身力量找到能为他们维护合法权益的代言机构。由此，某种程度上也意味着他们丧失了维护自身合法权益的机会和能力。

表5-2　新生代进城农民工就业单位工会组建状况分布

单位类型	国有企业	港资企业	台资企业	私有企业	其他单位
就业比例（%）	11.4	13.7	10.2	48.1	16.6
工会组建率（%）	67	69	44.5	31	—

资料来源：根据深圳总工会2010年发布的《深圳市新生代农民工生存状况调查报告》第58页数据改编而成。

表5-3的数据分析表明，深圳市新生代进城农民工对工会的了解程度与期待还要低于老一代。

表5-3　新生代进城农民工对工会的看法统计

对工会的看法	30岁以下		30岁以上	
	频率	百分比（%）	频率	百分比（%）
工会能代表工人的利益	871	29.9	371	34.9

续表

对工会的看法	30岁以下		30岁以上	
	频率	百分比（%）	频率	百分比（%）
工会可以帮助解决问题	822	28.0	338	31.8
工会对维护职工权益根本没用	201	6.8	91	8.6
对工会不了解	1046	35.6	264	24.8

表5-3的数据显示，30岁以下农民工对于工会的能力和作用认识度明显要低于30岁以上的农民工，前者对于工会的能力和作用明显存在怀疑态度，由不了解引发的不信任无疑会降低工会应有的功能和作用，使年青一代农民工逐渐脱离对工会的信任和依赖，最终也会丧失对自身合法权益的一道"保护墙"。这也说明了深圳市工会对新生代进城农民工的影响与宣传尚有待提高，要通过宣传加深农民工的认识，获取他们的信任，为农民工合法权益的保障构筑出一道防线。

调查显示，在工作和生活中遇到困难时，62.4%的进城农民工想到的是找家人、亲戚帮忙，找老乡的占28.9%，找本地朋友的占24.7%，找单位领导或同事的占11.7%，找工会、妇联和政府部门的占6.8%，找社区的占2.3%。找家人、亲戚帮忙，找老乡和找本地朋友帮忙的农民工比重分别比上年提高0.7个、1.1个和1.4个百分点。当权益受损时，进城农民工选择解决途径依次是：36.8%与对方协商解决，比上年提高0.9个百分点；30.1%向政府相关部门反映，比上年下降4.5个百分点；27.2%通过法律途径解决，比上年提高5.1个百分点（见图5-2）。

已就业进城农民工加入工会组织的占比提高。从对工会组织的知晓情况看，已就业进城农民工中20.8%知道所在企业或单位有工会组织，比上年提高1.3个百分点；59.6%知道所在单位和企业没有工会组织，19.6%不知道自己所在企业或单位是否有工会组织。在知道自己所在企业或单位有工会组织的农民工中，

53.8%的农民工加入了工会,比上年提高2.9个百分点;加入工会的进城农民工占已就业的进城农民工的比重为11.2%,比上年提高1.3个百分点。在加入工会的农民工中,经常参加工会活动的占21.3%,比上年下降1个百分点;偶尔参加的占62.1%,比上年提高0.4个百分点;没参加过的占16.6%,比上年提高0.6个百分点。

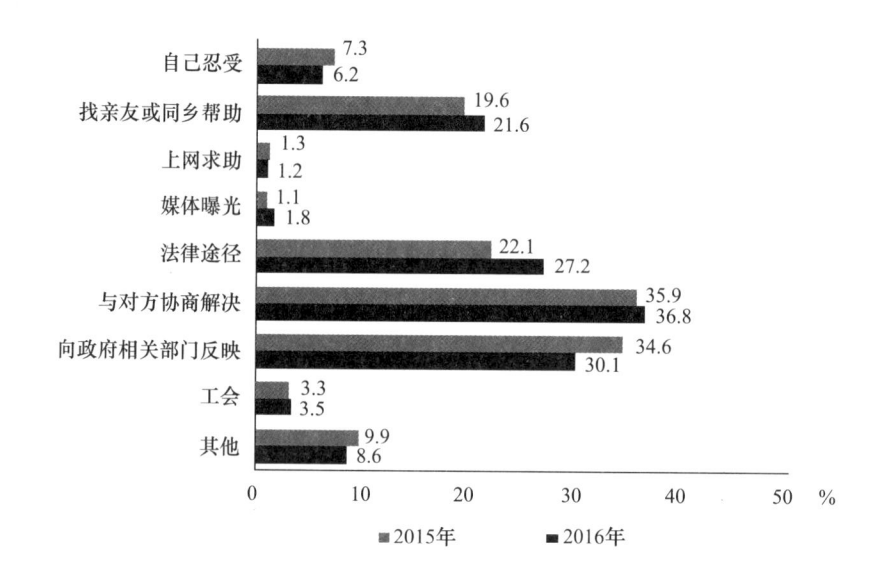

途径	2015年	2016年
自己忍受	7.3	6.2
找亲友或同乡帮助	19.6	21.6
上网求助	1.3	1.2
媒体曝光	1.1	1.8
法律途径	22.1	27.2
与对方协商解决	35.9	36.8
向政府相关部门反映	34.6	30.1
工会	3.3	3.5
其他	9.9	8.6

图5-2 进城农民工权益受损时的解决途径①

四 新生代进城农民工人力资源开发的政府政治行为改善构想

宋艳(2010)认为,政府制度设计的缺陷与制度安排的不到位导致了农民工的弱势地位。这一观点得到了国内学者的广泛认可。转变政治行为理念,引导社会各界共同参与,构筑新生代进城农民工的发展权利保障体系,是新生代进城农民工人力资源开发的政府的政治行为改善重点。

表5-4显示,超时劳动情况有所改善。

---

① 资料来源:国家统计局发布的《2016年农民工监测调查报告》。

第五章 深圳市新生代进城农民工人力资源开发的政府行为分析

表 5-4 外出农民工从业时间和强度①

	2015 年	2016 年
全年外出从业时间（月）	10.1	10.0
平均每月工作时间（天）	25.2	24.9
平均每天工作时间（小时）	8.7	8.5
日工作超过 8 小时的比重（%）	39.1	37.3
周工作超过 44 小时的比重（%）	85.0	84.4

农民工年从业时间平均为 10 个月，月从业时间平均为 24.9 天，日从业时间平均为 8.5 个小时，均与上年持平。日从业时间超过 8 小时的农民工占 37.3%，周从业时间超过 44 小时的农民工占 84.4%，外出农民工日工作超过 8 小时和周工作超过 44 小时的比重比上年分别下降 1.8 个和 0.6 个百分点，超时劳动情况改善比较明显。

表 5-5 显示，签订劳动合同的农民工比重下降。

表 5-5 农民工签订劳动合同情况② 单位：%

	无固定期限劳动合同	一年以下劳动合同	一年及以上劳动合同	没有劳动合同
2015 年农民工合计	12.9	3.4	19.9	63.8
其中：外出农民工	13.6	4.0	22.1	60.3
本地农民工	12.0	2.5	17.1	68.3
2016 年农民工合计	12.0	3.3	19.8	64.9
其中：外出农民工	12.4	4.2	21.6	61.8
本地农民工	11.5	2.2	17.7	68.6

2016 年与雇主或单位签订了劳动合同的农民工比重为 35.1%，比上年下降 1.1 个百分点。其中，外出农民工与雇主或单位签订劳动合同的比重为 38.2%，比上年下降 1.5 个百分点；本地农民工与雇主

---

① 资料来源：国家统计局发布的《2016 年农民工监测调查报告》。
② 同上。

或单位签订劳动合同的比重为31.4%,比上年下降0.3个百分点。

表5-6显示,被拖欠工资的农民工比重下降。

表5-6　　　　　分行业农民工被拖欠工资的比重①　　单位:%、百分点

	2015年	2016年	增减
合计	0.99	0.84	-0.15
制造业	0.8	0.6	-0.2
建筑业	2.0	1.8	-0.2
批发和零售业	0.3	0.2	-0.1
交通运输、仓储和邮政业	0.7	0.4	-0.3
住宿和餐饮业	0.3	0.3	0.0
居民服务、修理和其他服务业	0.3	0.6	0.3

2016年被拖欠工资的农民工人数为236.9万人,比上年减少38.9万人,下降14.1%。被拖欠工资的农民工比重为0.84%,比上年下降0.15个百分点。2013年以来,被拖欠工资的农民工比重均在1%以下,但是年度之间有波动。2013—2015年被拖欠工资的农民工比重分别为1%、0.76%和0.99%。其中,2015年农民工工资拖欠的情况反弹,被拖欠工资的农民工比重比2014年提高0.23个百分点。

2016年,被拖欠工资的农民工人均拖欠11433元,比上年增加1645元,增长16.8%。其中,被拖欠工资的外出农民工人均拖欠11941元,比上年增加1249元,增长11.7%;被拖欠工资的本地农民工人均拖欠10518元,比上年增加1851元,增长21.4%。2016年被拖欠的工资总额为270.9亿元,比上年增加0.9亿元,增长0.3%;与2015年被拖欠的工资总额增长35.8%相比,拖欠情况出现好转。

从农民工比较集中的几个行业看,2016年制造业、建筑业、

---

① 资料来源:国家统计局发布的《2016年农民工监测调查报告》。

批发和零售业、交通运输仓储和邮政业被拖欠工资的农民工比重分别为 0.6%、1.8%、0.2% 和 0.4%，分别比上年下降 0.2 个、0.2 个、0.1 个和 0.3 个百分点。居民服务、修理和其他服务业被拖欠工资的农民工比重有所上升，2016 年为 0.6%，较上年上升 0.3 个百分点。

（一）转变权利救济式思维，关注发展权利的构建

谢桂华（2012）的研究表明，人口学特征（特别是人力资本特征）是解释进城农民工与城市劳动力群体之间的收入差异的主要因素，而非户籍或移民因素。[①] 在改变新生代进城农民工的弱势地位的政策方面，政府应该摒弃当前权利救济式政治思维，而应全面构筑发展权，甚至是优先发展的权利。

（二）提升政治参与度

林顺利等（2010）认为，政治应坚持公共参与取向。他认为无论是"社会福利取向"还是"积极的空间介入取向"，首先是一个民主的过程。他认为社会政策制定和执行必须是由政府、市场和社会三大主体全面参与和互动的过程，弱势群体自身的参与不仅表达了自身利益，同时也实现自我"赋权"，这种社会政策的公共参与取向是确保各方利益均衡的必要手段之一，也促进了社会空间正义。[②] 公民身份往往界定了自我与外来者，其成员资格将外来者排除在共同体的安全与福利之外。户籍制度界定了新生代进城农民工的身份与地位，他们难以享受务工所在地公共福利，没有渠道与机会表达自身的利益诉求，没有权利参与工地与自身相关的政策制定，也更不可能对他们优先发展的权利进行政策保障。解决的出路就是提升他们的政治参与度，保障他们参加与他们相关的政策制度的制定权、享受与市民均等的公共服务权，同时优先构筑他们的发展权利，促进其快速改变其社会弱势地位。

---

① 谢桂华：《中国流动人口的人力资本回报与社会融合》，《中国社会科学》2012 年第 4 期。

② 林顺利、张岭泉：《社会政策的空间之维——以城市贫困的空间剥夺为例》，《河北大学学报》（哲学社会科学版）2010 年第 4 期。

（三）引导社会群体尤其是用人单位共同参与，充分保障他们的各项权利

（1）引导他们参加工会。工会是劳动者为维护与改善他们的工作与生活条件而联合在一起，形成一个集体来表达自身权利与诉求的组织。引导他们参加工会，有利于维护他们的基本劳动报酬权与意见表达权。

（2）赋予罢工权。罢工是西方工人阶级反抗资本剥削的最基本、最经常的斗争形式，也是维护劳工利益的基本方式。在中国，基于和谐社会构建的需求，罢工行为一直不被提倡与鼓励，但合理的罢工权是制约资方滥用权利或侵蚀劳方利益的最好抗争方式。

（3）签订集体合同权。在漫长的资本主义发展进程中，工人阶级不仅获得了组建工会和罢工的"刚性"权利，同时也获得了"讨价还价"、平等对话、进行集体谈判和签订集体合同的"柔性"权利。这种权利的获得，实际是对劳资双方的共同约束，有利于和谐劳动关系的构建。

（4）享受社会保障权。在当代资本主义各国中，社会保障和社会福利已不是什么人的"施舍"和"恩赐"，它已经成为具有法律保障的劳工权利，成了一种以国家强制为特征的社会制度。中国已于2010年出台了《社会保障法》，但执行与落实的情况需要检讨。

（5）参与企业管理权。这项权利由战后德国的工人阶级首先获得；新生代进城农民工相对于上一代农民具备较强的自我意识与较强的个性表达欲望。参与企业管理有利于他们从资方出发，转变以自我为中心的思维方式，加强主人翁意识，加强自我约束与管理，从而提升其工作的自信、满足与幸福感。

（6）保障发展权。新生代进城农民工的发展欲望非常强烈，而用人单位的逐利行为侵蚀了新生代农民工的成长机会与发展权利，构建优先发展的政治权利与优先配置开发各类资源，促进其优先发展是使其转化为新市民的重要政治保障。

第二节　新生代进城农民工人力资源开发的政府经济行为分析

市场经济条件下的政府职能应定位为规划、服务与诱导功能。规划职能主要表现在制定经济发展战略以及与战略相关的产业政策与经济计划；服务职能则表现在理顺价格结构、建设公共基础设施、鼓励技术创新、保障经济稳定四个方面；诱导职能则通过经济鼓励与行政指导等多种方式影响微观经济单位的决策，以达到实现社会福利的目的。[1]

政府的经济行为应着眼于宏观经济总量与结构、干预"市场失灵"、着眼于第二次调节以避免低效率与不公平、着力于公共物品的提供、构建市场信息收集与获取以及平等使用的权利以降低信息不对称带来的社会损失。[2]

一　政府的经济行为

政府的经济行为是通过政府自身行为结果与社会成员的经济利益联系起来以调节其成员行为的一种管理手段。与普通的市场经济主体的单纯的逐利目的不同的是，当前流行的政府理论认为，政府作为一个特殊的经济主体，其经济行为的目的是为了强化市场规律、充分发挥市场作用、维护市场秩序、促进社会公平、改善国民福利、干预"市场失灵"、降低"政府失灵"。其主要职能如下：

（1）优化资源配置。①通过提供公共物品的方式引导资源配置；②通过产业政策的调整鼓励对基础产业及支柱产业、高新技术产业进行资源倾斜；③通过立法或行政干预等方式对资源配置与利用施加影响，控制环境污染，避免对自然环境的掠夺性开发。

（2）克服负外部性的经济行为。①通过政府强制介入管制的方式

---

[1]　郭润生、宋功德：《论行政指导》，中国政法大学出版社1999年版，第10页。
[2]　丰海英：《政府经济行为研究》，中国经济出版社2008年第1版，第88—89页。

避免市场经济行为产生外部性；②通过庇古税和补贴的方式补偿负的外部性经济行为；③通过发放可交易的污染许可证的方式控制负的外部性规模。

（3）促进正的外部性内部化。①通过补贴的方式补偿正的外部性经济行为的损失；②通过提供专利保护的方式保证其经济行为的正外部性向内部转化。

（4）提供公共物品。通过提供增进国民幸福的公共物品，降低市场投入的社会成本，提升国民的幸福感。

（5）促进社会公平。①通过强制权力纠正生产要素市场不完善导致的收入分配不公问题；②通过累进制税收、现金补贴、补助、公共产品和服务等形式进行收入再分配；③保护机会公平，避免剥夺社会成员享受成果的权利。

（6）加强市场管制。明确产权关系、经营关系与交换关系，维护市场经济的正常秩序，克服信息不对称引发的诚信风险，避免市场逆向选择和道德风险。

（7）限制垄断势力。防止因垄断对市场产生的破坏性，防止产生市场不经济行为。

（8）稳定宏观经济。促进宏观经济的稳定运行，为各类经济主体提供稳定的经济环境，让他们充分享受稳定市场环境下的经济利益，也是政府经济行为的一部分。[①]

二 政府经济行为与新生代进城农民工的人力资源开发之间的关系

（1）政府促进经济增长行为与新生代进城农民工的人力资源开发行为呈正相关。新经济增长或内生增长模型说明了人力资本是解释经济增长的重要因素。[②] 舒尔茨在对美国 1929—1957 年期间美国经济增长进行了实证分析，结果表明人力资本对经济增长的贡献是 33%；教育回报率与经济增长呈正相关性，合理的教育回报率对培养高技术素

[①] 丰海英：《政府经济行为研究》，中国经济出版社 2008 年第 1 版，第 83—88 页。
[②] 毛新雅、彭希哲：《城市化、对外开人与人口红利》，《南京社会科学》2012 年第 4 期。

质工人具有显著导向作用。

（2）对新生代进城农民工进行人力资源开发是促进经济发展方式转变的动力与源泉。人力资源管理领域的学者都认为，人力资源开发行为具有正的外部性。积极学习文化与科学技术，促进提升人的知识、技能，调动其积极性与主动性，促进人的潜能发挥，从而增进个人的人力资本积累，也促进了资源利用效率提升与个人劳动生产率的提高，进而促进社会经济效益的提升。所以，人力资源开发是促进经济发展方式转变的动力与源泉，政府需要通过对新生代进城农民工人力资源开发的方式来促进经济发展方式的转变。

（3）提升新生代进城农民工的人力资本是推动产业结构调整的基本路径。通过对日本、韩国、新加坡、美国等发达国家的产业结构调整与演变过程的分析表明，产业结构的调整虽然受自然资源、物质资本、制度建设等因素的影响，但起决定性作用的影响因素还是科学技术的进步与人力资本的提升。而科学技术的进步归根结底还是人力资本的提升。[1] 新生代进城农民工人力资本的提升，有利于为产业升级转型提供合格的产业技术工人，这是对产业结构调整的最有力的保障；此外，新生代进城农民工的人力资本的提升，有利于提升个人收入，促进这类群体的消费能力提升，有利于中国经济向服务型经济转型。

（4）政府的经济行为引导着新生代进城农民工人力资源开发的社会资源投入。政府作为规章制度的制定者，是唯一可以通过税收、补贴、融资等方式引导社会资本参与新生代进城农民工的人力资源开发的主体。政府可以通过公共定价和财务补贴的方式、从公平收入分配的角度、制定有利于价格机制在不同消费者间的公共物品分配的政策，对新生代进城农民工上岗前的城市文明与个人素质培训资源供给实行免费，对基本知识与基础技能积累的资源供给实行低价或免费，

---

[1] 何菊莲、罗能生：《人力资本价值提升与加快经济发展方式转变》，《财经理论与实践》（双月刊）2012年第175期。

对促进产业转型的专业技能培训与开发的资源供给实行低价政策，对高级专业技能提升实施高价政策来缩小贫富差距。政府可以引导对新生代进城农民工进行人力资源开发的资源有效供给并预防过度消费。

（5）新生代进城农民工的人力资源开发动力离不开政府经济行为的刺激。从理性经济人的角度，其人力资源开发行为的实施、开发成效的获取都离不开新生代进城农民工主体的主动参与。虽然政府、行业协会等第三方机构与企业都可能成为引导他们主动参与的主体，但政府可以通过税收、补贴等方式引导第三方机构与企业来推动新生代进城农民工的主动参与。此外，其他主体难以具备政府的经济行为的刺激幅度、强度与权威性，因此，政府的经济行为不能在新生代进城农民工的人力资源开发中缺位。

（6）新生代进城农民工的人力资本收益需要政府行为保障。因为处于人口红利期的国家并不能自动获取人口红利带来的经济增长成果，而是需要良好的制度环境、有效的措施保障，包括较高的政府机构管理水平、稳定的社会环境、公允的市场化推进机制、公平的劳动立法环境、均等的受教育机会、公平与充分的就业机会、坚定的改革开放政策等，这些均依赖于政府行为的保障。

（7）对新生代进城农民工进行投资是理性的经济行为。从经济学的角度，当政府预算紧张时，出台针对所有人的积极的投资方案是不太现实的；切实的问题是如何有效利用现有资源。根据既有的证据，经济理性的最优政策是投资于青年人群，改善他们基本的学习技能和社会技能，向老年人和极端弱势人群提供救助，避免他们被社会抛弃。

人力资源开发的目的是综合运用各种措施，使人力资源的知识、技能、素质达到期望的目标，以使其适应与匹配组织未来战略发展需要。人力资本价值积累的社会意义在于通过人力资源开发并形成人力资本增长，从而在促进人全面发展的基础上实现经济社会的可持续发展。人力资本提升的实质是从过往"以物为本"向"以人为本"的经济发展方式转变。

三 深圳新生代进城农民工的人力资源开发的政府经济行为现状分析

（一）深圳市政府针对新生代进城农民工培训开发的现状

深圳作为改革开放的前沿，在 GDP 增长导向考核模式下，深圳市政府关注的是能为 GDP 增长即刻做出贡献的成熟人才与高端人才的引进，而较少关注能够为未来经济发展做出长期贡献的基层人才的培养。

1. 深圳市政府在职业教育方面的政府行为

深圳市政府在职业教育与其他教育方面的投入数据比较如表 5-7 所示。

表 5-7　深圳市各级各类学校与专任教师数量统计（2001—2010 年）

年份	普通高等学校数	普通高等学校专任教师数	中等职业教育学校数	中等职业教育专任教师数	普通中学	普通中学专任教师数
2001	3	1295	—	—	107	7224
2002	9	2080	—	—	134	8643
2003	9	2341	25	1392	179	9989
2004	9	2572	16	1215	216	11625
2005	9	2796	16	1216	245	14196
2006	9	2905	13	1234	260	15678
2007	8	3139	13	1251	273	17846
2008	8	3293	13	1282	277	20091
2009	8	3592	13	1330	285	21335
2010	8	3550	13	1534	295	22417

注：(1) 数据来源于《深圳市统计年鉴（2011）》；(2) 根据教育部的统一要求及深圳的实际，将普通中专、成人中专和职业高中合并统称为中等职业教育。该指标由于深圳市布局调整的原因产生了波动。

表 5-7 的数据说明，虽然深圳市在 2003 年组建了中等职业教育学校，但自 2000 年以来，深圳市常住人口由 700 万增加到 1035 万，增长比例为 47.79%，而新生代进城农民工最需要的中等职业

教育学校数量自2003年以缩减了约一半，专任教师仅增加了10%；而对应普通中学与普通高等教育的专任教师都增加了3倍左右。由于2003年之前无中等职业教育学校，可比较2003年到2010年，各类教育的学校与专任教师增长情况与常住人口的对比情况见表5-8。

表5-8　深圳市各类学校及专任教师与常住人口增长对比

类别		2003年	2010年	增长率
常住人口数（万人）		557	1035	85.82%
高等教育	学校数（所）	9	8	-11.11%
	专任教师数（人）	2341	3550	51.64%
中等职业教育	学校数（所）	25	13	-48.00%
	专任教师数（人）	1392	1534	10.20%
普通中学教育	学校数（所）	179	295	64.80%
	专任教师数（人）	9989	22417	124.42%

表5-8数据说明，深圳市政府对普通中学的教育投入最大，其次是高等教育，而在中等职业教育方面，常住人口增长了85.82%，其学校数量减少了48%，专任教师仅增加了约10%，针对逐年增加的异地务工人员，特别是新生代进城农民工对于职业技术教育的需求，职业技术教育学校的大幅负增长和专任教师的微量增长，使得这一现实需求长期得不到满足，新生代进城农民工人力资源开发工作呈现迟滞状态。同时，这也与倡导推动深圳市企业升级转型与推进职工终身教育的政府理念明显相违背。

2. 户籍人口技能培训的政府行为

深圳市发布的《深圳市失业人员创业培训和创业服务实施办法》与龙岗、宝安等区出台的培训政策中规定，只有持有深圳市失业证的人员才能享受失业培训补贴资格，培训补贴费用的补贴标准如表5-9所示。

表 5 - 9　　　　　　　深圳市户籍人员培训补贴

培训类别	补贴类别	培训费补贴	备注
技能培训补贴	取得证书	70%	取得证书的报考与鉴定的费用100%进行补贴
	实现就业	30%	
	困难人员交通生活费	200—800元	
随岗补贴	对个人补贴	600元/月	补贴最长不超过6个月
	对企业补贴	300元/月	
定向培训补贴	对培训机构补贴	100%	可高于市场同类技能培训费的30%
实习培训补贴	向见习基地补贴	3000—5000元/次	见习期一般为3至6个月
	向企业或机构支付见习补贴	200元/月	
	向学员支付生活费	650元/月	
创业培训补贴	对就业机构补贴培训费总额	70%	创业人员创业成功方可领取
	对个人补贴培训费总额	30%	

表 5 - 9 说明,深圳市对户籍人员的技能培训补贴接近完全免费。

3. 来深异地务工人员的技能培训补贴的政府行为

而针对广东省的农村来深的农民工与广东其他失地农民工的技能补贴标准,广东省的补贴标准为1400元;而对来自其他省份的外来务工的人员技能培训补贴政策则差异显著。深圳市政府虽然自2008年即下发了针对劳务工技能培训的补贴政策,并经过3年试运行后在2012年8月正式下发了《深圳市异地务工人员职业培训和职业技能鉴定补贴办法》,但由表 5 - 10 可知,补贴标准过低导致对这些务工人员产生激励与牵引作用有限。

表 5 - 10　　　　　技能培训费用与政府补贴对比

技能等级	培训费（元）	报考费中位数（元）	考试费（元）	考试费中位数（元）	政府补贴（元）	费用补贴率
初级	1100—2100	1600	170—240	205	500	27.03%
中级	1600—2900	2250	240—300	270	650	25.79%
高级	2000—3500	2750	310—380	345	800	25.85%

续表

技能等级	培训费（元）	报考费中位数（元）	考试费（元）	考试费中位数（元）	政府补贴（元）	费用补贴率
技师	2900—3600	3250	600—700	650	1300	33.33%

注：（1）培训费数据来源于深圳市第二高级技工学校、广东深圳职业训练学院、深圳市电焊技术培训学校、深圳奔程通职业技能培训学校、深圳市森鑫源职业培训学校2013年4月发布的招生简章；（2）考试费数据来源于广东生省职业技能鉴定指导中心网站数据；政府补贴数据来源于2012年深圳市政府颁布的深财社〔2012〕60号文《深圳市异地务工人员职业培训和职业技能鉴定补贴办法》。

表5-10数据说明，深圳市政府运用补贴政策将常住人口分为户籍人口、广东省籍农民工、其他省籍农民三类，补贴的费用也依次降低。针对异省务工的个人申请技能培训补贴的费用比例只能覆盖其技能学习总费用的1/3—1/4左右，且企业对技能证书的认可度不高，该政策对新生代进城农民工的技能激励与引导作用有限。此外，根据《深圳市异地务工人员职业培训和职业技能鉴定补贴办法》，企业自行组织的劳务工技能培训，经申请可获得100元/人的培训补贴，但同时又设定资助总限额，并向纳税大户、人员规模超过1000人以上企业、高新技术企业等单位进行倾斜，这使新生代进城农民工大量服务的中小民营企业能够申请成功的机会非常有限。这种地域偏袒性的政策非但不能将新生代农民工置于和户籍劳动者同等地位对待，不能保证合法前提下的公正平等，还会进一步削弱中小企业对新生代进城农民工培训的意愿与动力，长远来看，对于新生代进城农民工人力资源开发工作也是一种阻碍。

（二）现状分析

造成这种现状的主要原因如下：

1. 深圳市政府关注精英教育，而在推动新生代进城农民工技能提升的中等职业教育方面投入重视程度不足

深圳市针对海外高层次人才、杰出人才、国家级领军人才、地方领军级人才、地方后备级人才给予了不低于80万元的住房补贴，这使得

腾讯总裁马化腾可以享受高达100多万元的住房补贴，这种被喻为"劫贫济富"的人才补贴模式颇受诟病。但这也说明了在政府这种精英导向的人才开发模式下，新生代进城农民工能够获取的资源有限。

2. 人力资源开发投资的正外部性未能得到政府经济行为的补偿，削弱了企业与新生代进城农民工主体的人力资源开发投资的积极性

在中国高等教育选拔机制的约束与职业教育市场化浪潮下，高昂的人力资源投资成本让很多农村家庭望而却步，而未来的收益却难以预测；在这种投资巨大而收益未知的理性权衡下，新生代农民将外出打工作为理性选择。而中国现有人力资源开发政策中较少有涉及对人力资源开发投资的私人行为进行资助或补贴的刺激政策，这种高昂的私人投资的收益的正外部性成本没有得到政府的有效补偿，严重削弱了当前的企业与新生代进城农民工主体进行人力资本投资的积极性。

3. 在政府短期GDP增长考核模式下，政府有限的人力资源开发的经济行为对新生代进城农民工的作用被户籍制度几乎完全屏蔽

短期GDP增长导向下政府绩效考核模式下的经济行为对新生代农民工人力资源开发产生"歧视"。从深圳市失业补贴的数据可以看出，失业人员参加技能培训基本不需支付费用，而深圳市失业证只针对深圳市户籍人口办理。在城乡二元户籍制度的屏蔽下，地方政府有限的人力资源开发的经济资源除投向了高端人才后，剩余的资源则投向了拥有当地户籍群体，尤其是户籍失业人群。政府在本地户籍居民的社会舆论压力下，为了应对上级政府对降低户籍人口的失业率的考核与维护当地社会稳定，只能将原本有限的开发资源投向拥有城市户籍的底层群体，新生代进城农民工很少有机会享受政府的人力资源开发政策的资助。

在当前中央与地方共治的政府治理模式下，中央政府对地方政府的考核如果以GDP的增长速度为主要的考核方向，则必然导致对政府官员的绩效考核主要与任期内地方经济增长速度挂钩，这一行为必然导致政府官员把有限的资源投向有利于短期提升经济效率的工业与商业领域，而不会将其投入到周期长且见效慢的人力资源开发领域。偏向效率的经济增长模式必然会漠视社会公平。在政府持续多年以经济增长为中心的政府治理模式下，社会公平长期得不到关注，新生代

进城农民工的弱势地位是制度安排的牺牲品,其歧视具有理念与制度的必然性;此外,人力资本对人的依附性与人口迁移的自主性、新生代进城农民工的弱稳定性使得地方政府难以保障人力资源投资能在当地获得相应的回报,这使得当地政府宁愿花高价引进而不愿自主培养基础人才。在当前政府治理模式下,政府的经济行为对新生代进城农民工人力资源开发产生了天然的"歧视"。

4. 政府对弱势群体的"救济"式经济行为偏好弱化了人力资源开发式的经济行为

深圳市最早发起了农民工"关爱行动"并在全国引起了广泛反响,同时还开展了针对农民工技能提升与学历提升的"圆梦行动"等,但行为覆盖面小、资金投入不足、对新生代进城农民工的帮扶有限,其行为具备一定的政治性而非经济性。此外,深圳市农民工的弱势社会地位受到了社会的普遍关注,政府与各界学者把视角投向关于享受公共服务的基本权利救助方面,认为这是由于享受基础公共服务的权利不均等而引发社会不公现象,应该对农民工进行社会法律与经济救助。在当前政府治理模式下,无数的事实证明,即使让农民工享有与市民同等的权利与义务,他们的弱势地位即使得到了经济救助,他们长期的社会地位也不会因此而得以改善,而帮助其进行人力资本提升才是改善社会地位的有效手段。

5. 现有财税模式下"顶层设计"的缺失使得在新生代进城农民工的人力资源开发中存在政府经济体制性行为的缺位

政府的经济行为总体可以分为经济规制性行为、经济收入行为与经济支出行为。在现有"分税制"的中央与地方经济收支行为模式下,地方政府将有限的财政收入投入到户籍人口的公共服务上,极少惠及非户籍人口;此外,现实社会中尚存在着新生代进城农民工的人力资源开发的责任主体究竟是迁出地还是迁入地的地方政府的争论,从而导致两地政府都不愿对新生代进城农民工进行投入。由于中央缺乏从顶层进行制度设计,使得通过财政转移支付与政府绩效考核等手段来引导与约束各级地方政府对新生代进城农民工的人力资源开发的经济行为缺失,同时,中央政府没有理顺地方政府经济行为的规制,使得协调地方政府之间的新生代进城农民工的人力资源开发的经济行为变得困难。

6. 新生代进城农民工的自身禀赋特征影响了地方政府进行人力资本投资的意愿

（1）政府投入意愿低。户籍制度屏蔽下，因为群体数量大、投资规模大、投资回报期长、主体稳定性弱等一系列因素影响，新生代进城农民工的人力资源开发行为很少受到政府经济行为的资助与关注。

（2）企业投入意愿低。在当前信息畅通、流动频繁、迁移自由的务工环境下，新生代进城农民工的强烈融入城市的愿望遭遇了城市排斥，没有务农的经历与不愿务农的愿望使得他们难以回到农村，低的抗压能力、弱的吃苦耐劳本性与迷茫的人生追求使得他们变得现实，他们为了追求短期经济收入而频繁跳槽。这种弱稳定性也影响了务工企业对其进行人力资源开发的积极性。

（3）个人投资回报率低影响个体的投入意愿。李培林、田丰（2008）、王德文（2010）、谢桂华（2012）等的调查数据显示，初进城的农民工在各教育阶段的教育回报率均显著低于本地工人，且教育程度越高，教育回报率的差异越大。

（4）二元劳动力市场的制度性分割也降低了新生代进城农民工的人力资源投资回报率。在城乡二元分割的劳动力市场条件下，新生代进城农民工只能进入二级劳动力市场，在这种市场中，他们遭受了就业机会不均等、劳动权益遭剥削、劳动报酬低、社会保障权益受到剥夺等不公正的因素。在这种简单劳动过程中，他们积累的人力资本难以得到有效利用，这也导致了他们的人力资本投资回报率低下。

四 新生代进城农民工的人力资源开发的政府经济行为改善构想

2004年4月，英国《经济学人》杂志发表的关于第三次工业革命的文章指出，第三次工业革命的核心是数字化革命，关注的是数字化制造与新能源、新材料的应用。而随着第三次工业革命的展开，制造业开始向数字化发展。随着直接从事制造业人数的减少，劳动力成本在整个生产成本中比重将逐步减低，这将使得部分高端制造回迁至发达国家。政府应该做好公共产品的提供，特别是提高学校教学质量，培养高素质劳动者等。①

（1）新生代进城农民工的人力资源开发的政府经济行为改善需要从顶层进行规制设计。中央政府从顶层进行制度设计，通过财政转移支付与政府绩效考核等手段来引导与约束各级地方政府对新生代进城农民工的人力资源开发的经济行为；同时，中央政府理顺政府经济行为的规制，协调地方政府之间的经济行为，对新生代进城农民工进行人力资源开发、加速农民工市民化的行为对于加快转变经济发展方式意义特别重大，其所带来的人力资本投资增加进而促进人力资本存量的扩张效应也是难以估量的。在兼顾社会经济发展的全局立场上考虑农民工人力资源开发制度层面的"顶层设计"，这其中还涉及作为母体性制度和载体性制度的户籍制度全面改革的问题；只有在统筹中央与地方发展的最高层次上考虑农民工人力资源开发的制度方面的"顶层设计"，通过衍生性的政策体制对农民工人力资源开发的成本负担进行重新调整，使得政府、第三方组织、企业与个人形成人力资源开发的体制性合力，才能取得人力资源开发的最佳效果。②

（2）促进政府绩效考核模式由"经济效率"向"社会公平"导向转变，均衡物质资本与人力资本投资行为。在社会公平导向考核模式下，GDP的增长将不再作为地方政府的主要关注重点，弱势群体的社会地位改变则是政府当前的主要任务。弱势群体的成长与发展则会成为政府长期关注的课题，这将促使政府的经济行为转向为未来经济发展做出长期贡献的基层人才培养方面。研究表明，在20世纪90年代，人力资本的社会回报率大于人力资本的个人回报率，工资是教育投资的直接回报，并非全部回报；"公平"导向的人力资源开发理念使得处于弱势地位的新生代进城农民工从政府的经济行为中受益。

（3）通过恰当的财税转移支付鼓励中间组织、企业与新生代农民工主体参与人力资本投资。可以通过以下措施来促进社会资源参与：

---

① 刘建彬、崔源：《人才服务业：与人才共舞共赢》，《中国人才》2008年第8期。
② 郭庆松：《农民工市民化：破局体制的"顶层设计"》，《学术月刊》2011年第7期。

①通过税收手段减免企业与个人的人力资源开发投入成本：如果企业或新生代进城农民工对参与人力资源开发的费用支出不能免税，则这种高税率行为将会削弱这些主体参与投资的热情；②通过教育援助项目支持企业参与投资：政府部门可以通过减免企业组织的教育项目费用，或资助与补贴部分费用鼓励企业对新生代进城农民工进行人力资源开发；③各级政府都应该为在职教育提供津贴，为全社会的熟练与非熟练工人提供教育机会。①

（4）扩大受教育的预算，特别是在职教育投资方面的预算。左健民以哈罗德—多马的经济增长模型分析中国1991—1997年的相关数据得出以下结论：①经济的教育投资贡献增长率方面，中国仅为美国1/3左右，有待进一步提升；②教育投资与增长存在显著正相关关系，而且教育投资的边际收益远大于物质投资的边际收益，应进一步加大教育投资在GDP中的比重，优化投资结构，以实现产出效率最大化。在正规教育中，中国政府将匮乏的资源投向了那些最有可能由教育中受益的人，而在职教育的投资预算有限。政府应当增加在职教育预算，允许民办学校参与在职教育的竞争，改善教育结构，提升教育效率，鼓励新生代进城农民工通过参与在职教育而进行人力资本的积累。

第三节　新生代进城农民工人力资源开发的政府法律行为分析

政府作为立法主体，其法律行为的基本职责是在私人利益与社会利益之间取得协调，个人在这种协调中规划自己的幸福，社会则在这种协调过程中利用政府与法律来保证这种幸福；立法的目的是为社会增进幸福并能形成良好的社会秩序，法律的任务就是增加社会幸福总和，这是评价立法成效的唯一标准。罗尔斯认为，体现社会正义、恰

---

① 詹姆士·J. 海克曼：《提升人力资本投资的政策》，曾湘泉译，复旦大学出版社2003年第1版，第44—97页。

当分配权利义务、指导人们进行利益选择的制度安排是社会合作保持稳定、提高效率和健康发展的基本保证。[①] 这说明，实施法律行为的目的是体现社会正义、分配权利、指导社会民众进行利益选择、保持社会稳定的合作、提高社会生产效率与促进社会健康发展。

一 政府的法律行为

政府作为立法的主体，其法律行为可以分为立法行为、法律实施与法律维护。政府的法律或行政行为要求是"有法可依"，立法则是政府调整、实施与维护自己的法律行为的基础；本书研究的中国政府法律行为主要是政府的立法行为部分。

（一）中国的立法主体与法规的层次构成

第一层次：宪法，由全国人大制定，是最高层的法规；第二层次：法律，由全国人大或人大常委会制定颁布的法律；第三次层：法规，由最高行政机关（国务院）制定的行政法规；第四层次：规章，由国务院所属部委制定与发布的各部门规章；第五层次：规范性文件，由部委所属部门下达或制定的各种规范性政策文件，具体详见表5-11。

表5-11　　　　　　　　中国法律体系分类

立法层次	法规类别	立法主体	法律效应
第一层次	宪法	全国人大	最高
第二层次	一般性法律	全国人大或人大常委会	仅次于宪法
第三层次	一般法规	国务院	次于一般性法律
第四层次	行政规章	国务院所属各部委	次于一般性法规
第五层次	规范性条例或文件	国家部委与地方政府	次于行政规章

（二）中国政府人力资源开发的立法主体与权力

全国人民代表大会有权制定与修改宪法中规定的人力资源开发条款，制定、认可和变动基本人力资源开发的法律；全国人大常委会有权制定和修改基本人力资源开发法律以外的一般性人力资源法律；国

[①] 李仁武：《制度伦理研究——探寻公共道德理性的生成路径》，人民出版社2009年2月，第71—81页。

务院有权制定、修改人力资源开发的行政法规,有权提出人力资源开发立法议案;地方行政机构有权制定地方性人力资源开发的法规与行政规章,但需报上级单位备案;县级以上地方政府有权发布决定和命令,制定地方人力资源开发的行政规章。[1]

深圳市作为经济特区,其法规是根据授权对法律、行政法规、地方性法规作变通规定的,在经济特区内适用经济特区法规的规定。部门规章之间、部门规章与深圳市政府规章之间具有同等效力,在各自的权限范围内施行。

二 政府的法律行为与新生代进城农民工人力资源开发之间的关系

政府的法律行为的目的是体现社会正义、分配权利、指导社会民众进行利益选择、维护社会秩序、提高社会生产效率与促进社会健康发展。而对新生代进城农民工进行人力资源开发与政府的法律行为的目的之间具有一致性,对新生代进城农民工进行人力资源开发也是体现法律精神的具体表现。

(1) 新生代进城农民工的弱势地位是政府法律行为的结果。曾旭辉(2004)对成都市进城农民工的教育回报研究发现,在被假定的市场化很高的正式劳动力就业市场中,进城农民工的教育回报率相对于城市居民明显偏低;造成这种现状的主因是劳动力市场分割。农民工人力资本的提升有助于改变其弱势社会地位,但其农民工的人力资本作用发挥受制度因素制约。[2]

(2) 对新生代进城农民工人力资源开发进行立法体现社会正义性。因为新生代进城农民工的弱势社会地位正是中国政府的法律行为安排的结果,而这种制度安排具有非正义性。对他们进行人力资源开发并促进其社会地位的改变,是促进社会公平的具体体现,具有社会正义性,这也是政府调整自身非正义行为的补救措施。

(3) 新生代进城农民工弱势地位体现了权利分配与利益调整的法

---

[1] 沈荣华:《人才立法与规范管理》,党建读物出版社 2008 年第 1 版,第 24 页。
[2] 曾旭辉:《非正式劳动力市场人力资本研究:以成都市进城农民工为个案》,《中国农村经济》2004 年第 3 期。

律行为缺失。在城乡二元户籍制度分割下,其利益分配长期向城市户籍人口进行倾斜,从而造成了长达三十多年的弱势社会地位,进城农民工的弱势地位是上一代农民工弱势社会地位的延续与发展。在这种社会制度的安排下,农民工由于其长期处于社会底层,同时其权力表达与主张的法律渠道长期关闭,这使得其弱势的社会行为在代际之间得到延续,这种延续体现了政府在针对农民工的权利分配与利益调整方面的法律行为缺失。

(4) 对新生代进城农民工进行人力资源开发有助于社会生产效率提升。对新生代进城农民工进行人力资源开发是这类群体的劳动技能提升与人力资本积累的过程,其开发行为带来的最直接的效果就是社会生产效率的提升。

(5) 对新生代进城农民工进行人力资源开发的法律行为有助于维持社会秩序与维护社会稳定。法律行为有利于固化人力资源开发的责任与义务,维护社会公平,促进其人力资本的提升。这种提升带来新生代进城农民工收入的提升与社会价值的认可,有利于构建社会自尊与社会自信,从而减少其逆反与对抗社会的行为,有利于亲社会行为的产生,进而促进其顺利融入城市社会,这是促进他们弱势社会地位改变的现实手段。

三 深圳市新生代进城农民工人力资源开发的政府法律行为现状分析

深圳市作为经济特区,是中国改革开放的实验田。与其他城市不同的是,深圳市在政府的法律行为方面拥有独立的立法权。在过去的三十年时间内,深圳市政府运用立法权力,率先破除了户籍、档案、粮油关系等制约人才流动的制度性障碍,同时还率先制定了养老保障、医疗保障、工伤保险等法律保障体系,免除了人才发展的后顾之忧,同时还通过对人口管理、税收优惠政策、财税转移等政策进行立法,推动了产业升级换代,促进人口素质提升。作为全国最大的移民城市,深圳市政府早在2006年就意识到推进农民工技能提升与稳定发展,是深圳市和谐发展的基础。因为拥有独立的立法权,深圳市政府制定了许多优秀的法规来推动深圳市的快速发展,但这种促进发展的法律行为是以牺牲弱势群体利益为代价的。此外,受制于上位法的影响，其人力资源开发法律也存在一些问题。

（一）国家上位法体系现状

1. 法律修订没有与时俱进

我国《宪法》规定，公民有教育的权利和义务，这是关于人力资源开发法律的最高层次的规定，而与新生代进城农民工人力资源开发相关的法律有《劳动法》《劳动合同法》《工会法》《职业教育法》《劳动争议调解仲裁法》《就业促进法》《劳动保障监察条例》《劳动合同法实施条例》《工伤保险条例》《企业职工培训规定》《职业培训实体管理规定》《职业技能鉴定规定》《职业资格证书规定》十三部法律法规，但除了部分国有企业在执行这八部法律法规外，在新生代进城农民工就职的主体企业——民营企业中，除《劳动法》与《劳动合同法》能够部分得到遵守外，其他包括《职业教育法》在内的多部法规较少引起民营企业的关注。此外，除《劳动合同法》《劳动争议调解仲裁法》《就业促进法》《劳动合同法实施条例》之外，其他多部法律法规颁布实施超过了12年。

表5-12　　　　　　　中国人力资源开发主要法规

法律名称	法律层次	立法主体	生效时间
《劳动法》	一般性法律	全国人大常委会	1995年1月1日
《职业教育法》	一般性法律	全国人大常委会	1996年9月1日
《劳动争议调解仲裁法》	一般性法律	全国人大常委会	2008年5月1日
《劳动合同法》	一般性法律	全国人大常委会	2008年1月1日
《工会法（修正）》	一般性法律	全国人大常委会	2001年10月27日
《就业促进法》	一般性法律	全国人大常委会	2008年1月1日
《劳动保障监察条例》	行政规章	国务院	2004年12月1日
《劳动合同法实施条例》	行政规章	国务院	2008年9月3日
《工伤保险条例》	行政规章	劳动和社会保障部	2004年1月1日
《企业职工培训规定》	行政规章	原劳动部	1996年10月30日
《职业培训实体管理规定》	行政规章	原劳动部	1995年1月1日
《职业技能鉴定规定》	行政规章	原劳动部	1993年7月9日
《职业资格证书规定》	行政规章	原劳动部与原人事部	1994年2月22日

表 5-12 说明，部分法律规定的权利与义务主体都发生了较大变化，很多行政主管单位的名称、职能已经发生了变化，同时企业与人力资源现状也发生了巨大变化，但这些法律却几乎没有进行修订过，这使得法律知识有限的新生代进城农民工去解读与运用这些法律时变得无所适从，这无疑降低了这些法律的适用性。

2. 法律条文制定过程缺乏相关主体的有效参与

以4年前出台的《劳动合同法》为例，虽然该法规带来了劳动合同签约率显著提高、促进工资水平提高、促进企业长期稳定用工、提升行政干预及执法力度等显著的法律效应，但是该法存在立法宗旨偏向单向保护并造成显失公平的现象，同时对中小企业缺少保护，关系调整没有体现差别原则，存在对劳动力市场干预过度、不利于鼓励企业培养人才等问题。如《劳动合同法》第二十二条规定"用人单位为劳动者提供专项培训费用，对其进行专业技术培训的，可以与该劳动者订立协议，约定服务期"，并在《实施细则》第十六条中规定"培训费用仅包括用人单位为了对劳动者进行专业技术培训而支付的有凭证的培训费用"。现有的培训协议条款规定，企业内部自行举办的在岗培训是很难认定为企业为员工支付的有凭证的培训成本，这使企业不愿招聘新大学毕业生或经验不足的新人，进而抹杀企业举办内部培训、系统培养新人的愿望。因为在立法过程中缺乏相关主体的有效参与，部分意见难以得到有效表达，这使得现行的劳动法规主要着力于劳动权的保护方面，更多地强调了用人单位的责任与义务，而对人力资源开发投入与成果保护机制方面的引导与激励不足。

3. 人力资源开发法律法规缺乏系统规划、没有形成合力

虽然我国已制定和颁布了《企业法》《工会法》《劳动法》《劳动合同法》《高等教育法》《职业教育法》以及有关劳动力流动、劳动关系调整、社会保险、劳动保护、劳动争议、劳动监察等方面的法律法规，主要为了调整人力资源开发主体和劳动者之间的权利义务关系、规范人力资源市场行为等目的。但这些法律制定过程缺少相关主体的参与，很多条款难以执行，部分条款之间存在冲突。总体而言，在新生代进城农民工的人力资源开发方面没有形成体系与合力。例

如,《企业法》自颁布后虽经修订,但该法规却没有对其应承担的职工培训义务做出规定。《工会法》虽然约定工会有帮助职工维护权益与提升专业技术的义务,但其主要职责是维护基本劳动权益方面,没有对专业技术提升做出具体要求。不难看出,这些法规由于在制定过程中存在主体参与性不足、没有形成体系、条款难执行、条款冲突以及实施后长期不修订使得适用性变差等问题。同时,缺少相应的法规来约束公共职业训练和企业内职业岗位培训的标准,其技术鉴定制度还是沿用了中国工业化初期的制度标准;此外,在法团主义制式下的中国,人力资源开发的政府部门职能界定不够清晰、关于职业培训的法律法规令出多门,出具的证书权威性弱且市场认可度低,工会与行业协会的角色缺失,政府部门在人力资源开发方面的法律行为各自为政,人力资源开发法律法规没有形成合力,这也对深圳市人力资源开发的相关法规体系的适用性与完整性产生了重大影响。

4. 偏重于基本权益救济,缺乏发展权利保障

现有的人力资源开发政策关注追求公平教育机会、追求教育资源分配公平。这种"权益救济"式的立法思维在现有法规中得到了具体体现,但他们对新生代进城农民工的发展权益甚至是优先发展权益的保障方面给予的关注极少。现有与人力资源开发相关的法律体系中,虽然《职业教育法》中界定了行业组织和企业应当履行职业教育的义务,也约定了劳动者有依法接受职业教育的权利,但该法以及其他相关法律都没有强制性规定不履行义务的违法成本。事实上,即使享受了与务工所在地的市民平等发展权利后,受限于信息渠道、自身素质与经济弱势等原因,新生代进城农民工与城市市民争夺有限的人力资源开发资源时也不可能处在同一水平线上,只有在相关资源倾斜的条件下他们才有可能取得相应的发展资源。此外,扶贫最好的方式不是救济而是帮助其获得发展的技能。救济式的权益保护并不能根本性改变新生代进城农民工的弱势地位,只有构建优先发展权才可能使他们摆脱现状。社会进步、民主的期望、信息开放与公开,都使得民众对政府的期望值随之提高,政府的立法从起草到实施始终关注人力资源开发的公平性,其开发资源配置应当通过立法途径向弱势群体倾斜。

5. 人力资源开发法规立法的前瞻性缺失使得大量的法律条款失效

中国存在大量改革开放前或新中国成立初期制定的人力资源法律，如《工人考核规定》等法规已经不能适应环境的变化，但却没有废止或出现新的替代法规。此外，新出台的法律因为制定前调研不够充分或其他原因，导致执行了十多年的人力资源法律法规还是处于试行阶段，这些法律的权威性受到了挑战。如《劳动合同法》中关于人力资源培训与开发的条款看似是保护劳动者，但是实际上是阻止了企业对新生代进城农民工进行人力资源开发投入。最后，这些法律法规在制定时受制于部门利益等原因，使得这些法律加固了人力资源开发过程中利益分配的现有格局，没有起到向弱势群体调整或倾斜资源的目的，使其在制定时就已经偏离了现状与初衷，其前瞻性严重缺失。

（二）深圳市政府法律行为现状

2006年深圳市根据《国务院关于解决农民工问题的若干意见》和广东省出台的《广东省政府关于进一步加强农民工工作的意见》，出台了《深圳市人民政府关于进一步加强农民工作的意见》，并随后出台了多份与农民工人力资源开发相关的法律文件，很多法律具有开创性与先进性，但受制于上位法体系的不完善与政府执法不力等状况，尚有很多不足之处。

1. 深圳市关于人力资源开发方面的立法现状

深圳市在2003年以前受惠于地理优势与改革开放所释放的先发优势，对全国人才产生了较强的吸引作用，故在此之前的人力资源政策均以人才引进与人口置换等掠夺性人力资源战略为主，较少关注现有人力资源的能力提升与效率提高。自深圳市政府奉行的行政理念由"深圳速度"向"深圳质量"转变后，在国家相关法规条例的导引下，出台了《深圳市职业技能鉴定条例》《深圳市职业训练条例》《深圳经济特区成人教育条例》《深圳经济特区和谐劳动关系促进条例》《深圳市员工工资支付条例》五部与人力资源开发相关的法规，这些法规在实施后起到了一定的效果。

2. 深圳市人力资源开发法律体系特点：具备一定的先进性与可执行性

深圳市因为拥有独立的立法权，可以不受部门规章的约束。如深圳市在国家《职业技能鉴定规定》《企业职工培训规定》等国家部委的相关法律体系下，制定了《深圳市职业技能鉴定条例》《深圳市职业训练条例》等法规，对深圳市的人力资源开发的政府主管单位、中介机构、企业与劳动者个人的权利与义务作出了明确界定，同时还明确了职业培训与技能鉴定的流程，这使得深圳市政府的人力资源开发行为具备了可执行性，同时为人力资源开发行为的各个主体提供了相应的法律依据。此外，深圳市政府还率先制定了中国地方政府的《深圳经济特区成人教育条例》，倡导终身教育，明确成人教育的方向、责任主体与实施义务等，为新生代进城农民工的人力资源开发奠定了系统的法律基础。

3. 深圳市人力资源开发法律体系现状：不配套或不完善影响了法律效应

如2008年11月1日实施的《深圳经济特区和谐劳动关系促进条例》中规定，企业职工有"接受职业技能培训的权利"，而不是义务，同时在企业的义务中却没有明确界定提供给职工培训的义务，也就没有不履行培训义务的违法成本界定；此外，在《工资支付条例》中，没有明确界定员工参加职业训练时企业是否有义务支付薪酬，也没有约定员工参加何种职业培训是带薪的。这一约定的缺乏使得员工在参加职业培训的成本方面具备不确定性，企业基于短期利益的考量也不会主动给稳定性较弱的新生代进城农民工支付脱产培训期间的薪酬。

4. 深圳市人力资源开发法律的执行现状："重制定而轻落实"的立法意识使很多法律未能起实际的作用

深圳市政府的"本位主义"的执法思想使得深圳市新生代进城农民工这一弱势群体难以公平获得培训资源。法律条文貌似公平公正面向深圳市所有常住人口，但事实上在执行过程中却是户籍居民的行政服务导向，面临着培训信息渠道不畅、培训资源分配不公等一系列问题，这使得人力资源开发的法律效率与效果受到负面影响。在深圳，新生代进城农民工普遍存在的超时加班、无医疗保障、劳动环境恶劣等状况严重影响了人力资源开发环境。此外，存在不签劳动合同、同工不同酬、拖欠或克扣工资、加班无加班费等经济权益方面的损害，存在因户籍问题带来的教育、医疗、卫生、社会保障等社会福利受损等状况。根据 2010 年深圳市总工会的调查数据显示，超过 1/5 的新生代进城农民工没有签订劳动合同，且已经签订合同的期限也主要是以 3 年以下的固定期限，具体情况如表 5 – 13 所示。

表 5 – 13　深圳市新生代进城农民工劳动合同签订状况分布

类别	调查结果	比例
是否签订劳动合同	已签订	78.8%
	未签订	21.2%
已签订劳动合同类别	固定期限	93.2%
	无固定期限	6.8%
已签订劳动合同的期限	3 年以下（不含）	54.9%
	3 年期限	42.7%
	3 年以上（不含）	2.4%

资料来源：深圳市总工会于 2010 年发布的《深圳新生代进城农民工生存状况调查》第 3 页。

造成一状况的原因如图 5 – 3 所示。

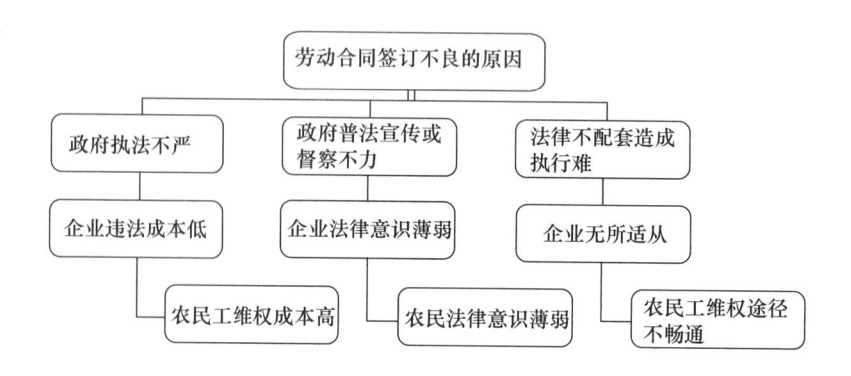

图 5 – 3　农民工劳动合同签订不良原因

这一方面说明了深圳市的劳动监察部门执法监察的措施与力度不

够，另一方面说明用人单位的违法成本过低或是配套的法律约束体系执行不力造成了"执法不严"的状况产生。也说明在政府执法不严、普法宣传不力或法律体系配套出问题的现实环境下，存在企业违法成本低、法律意识弱等问题，也存在新生代进城农民工法律权益保护意识弱、维权成本过高、维权途径不畅等原因。这是因为对新生代农民工劳动权益的法制保护机制不够健全、部分法律没有得到有效落实、对新生代农民工普法形式单一且工作不力、对新生代农民工法律援助的资源不足与经费缺乏、企业逐利行为与员工自身等多因素共同造成的。

5. 深圳市人力资源开发的法律主体：对企业的开发义务规定的强制性约束缺乏

2003年7月1日实施的《深圳市职业训练条例》偏重于对职业训练机构的约束与监管，而缺乏对企业职业训练义务的强制性界定。例如，虽然该条例规定"企业应当按照员工工资总额的百分之一点五提取员工训练经费并专款专用且不得挪用"，也约定了"用人单位应当根据法律、法规和本单位实际，对新录用员工进行上岗前职业训练，并有计划地开展员工的在岗、转岗等职业训练"等条例，但却没有对违反这一规定的法律成本进行界定，这使得这一法律条文成了空文；此外，2010年1月1日起实施《深圳市职业技能鉴定条例》对职业技能鉴定实施的权责主体界定、职业技能鉴定的流程方面做出了相应的规定，除部分基于职业安全需要而对从业人员有强制性要求外，对其他非职业安全需要的人员缺乏强制性义务约束，也对负有培训投入主体义务的企业缺少职业鉴定规定的强制性约束，这使得企业给新生代进城农民工提供职业技能鉴定的平台与动力不足，这也直接影响新生代进城农民工自主提升职业技能与参加职业鉴定的动力。

（三）深圳市人力资源开发的法律行为总体评价

人力资源开发规范和制度的不健全限制了新生代进城农民工的政策参与，这是因为：（1）当他们的公共政策参与权不明确或受到侵犯时，缺乏相应的法制保障。（2）当大量的信息资源由政府掌握时，处于社会底层的新生代进城农民工缺乏可靠的信息资源保障。(3) 即使某些法律规定了新生代进城农民工的参与权,但由于缺乏惩治侵害参与权利的法律规定使得该项权利难以落实。

深圳市在进城农民工的人力资源开发法规方面主要存在以下问题:(1) 层次性不高。基于现实原因没有上升到立法高度,多为指导性文件,上升为部门规章的不多,更谈不上上升为法律。(2) 系统性不够。现在通过的教育法、劳动法、知识产权法、企业法中有涉及人才培养、使用、知识产权保护等方面的内容,而综合性人才法律目前空白。(3) 时效性不高。很多政策法规已经十多年没有修订,还有些试行办法、暂行规定与临时解释长期试行,难以适应现在国际化人力资源开发与竞争的需要。(4) 可操作性不强。存在重行政轻市场、重实体轻程序、重制定轻落实。(5) 重救济而轻发展。深圳市政府法律关注弱势群体权益救济而较少关注发展权利的构建。

四 新生代进城农民工人力资源开发的政府法律行为改善建议

当代国际化竞争空前激烈,资源的优势已经由自然资源扩大到对知识资源、人才资源的争夺。这种国际竞争新秩序的构建对广大发展中国家提出了更为严峻的挑战。世界贸易组织与相关的知识产权协定(TRIPs)使得发达国家和跨国组织将技术标准、知识产权作为保持其技术垄断利益和竞争优势的重要手段,这最终演变成一场高层次的人力资源战争。中国作为社会主义市场经济国家,正处于经济转型与社会转型的双重转型关键时期,人力资源开发的效果还制约这种转型的成功,这就要求我国政府建立人力资源开发的相关制度与法规,构建适合中国国情的人力资源开发的政策法规体系。

(一) 分阶段完善新生代进城农民工的人力资源开发方面的法律体系

这些政策法规体系包括针对培养、评价、流动、使用、激励与保障等人力资源开发方面的,还应包括多层次、宽范围与重效力的人力资源开发方面的法律、人力资源开发的单项法律、人力资源开发的行政法规与部门规章、人力资源开发方面的相关执行政策等法律,促进新生代进城农民工人力资源开发的政府法律行为的完善。

（二）逐步推动行业组织等中间机构的建立，建立健全人力资源开发的政府法律行为实施的中间组织

政府依据国民经济管理的需要，将每一个行业看作一个整体，从外部对行业进行宏观调控与间接管理，如确定行业目标、制定行业政策并实施、颁布与执行行业法规等；行业组织主要从落实国家政策、法规的角度，通过制定与执行行业标准、制定技术标准、制定职业道德规范、制定行业自律规范、监督与协调市场价格等行为，对行业内部进行中观或微观的管理。在当代社会中，越来越多的行业公共事务管理开始由行业组织来承担，政府逐渐从原有领域中退出，其角色是逐步引导建立政府、行业协会与企业三位一体的管理模式。行业组织的权力既有通过国家法律授予的，也有内部成员一致同意而形成的。我国的行业组织的权力来源于以下几个方面：（1）法律授权：意义在于行业组织依法享有法律确认与法律保障的权力而不受其他机关、单位或个人的非法干预，也在于强制规范行业合法用权以防止对社会成员造成不法伤害，也为其社会成员寻求救济与保护提供法律依据。（2）政府委托授权：为了让行业组织顺利履行责任与义务必须让其拥有相应权力。通过行政授权，中间组织方可协助政府行政行为的实施或代政府履行相关的行政行为。（3）通过契约形成的权力：内部民主机制产生的；行业组织与其成员之间的契约就是该组织的章程；在发达国家，各种行业组织行使行业管理职能，有权审批或撤销该行业从业人员资格，享有对其行业从业人员的奖惩权。法国的同业公会具有制订规章、审查成员资格和实施纪律制裁三种权力；但制裁行为只能针对职业过错行为，制裁手段也只能剥夺职业利益。[①]

（三）制定继续教育法，确立继续教育法律地位

依据《人才工作决定》中关于"加强各类人才的培训和继续教育工作的要求"，在《全国专业技术人员继续教育暂行规定》的基础上，出台《继续教育法》取代《职业教育法》。确立继续教育的法律

---

① 邓剑光、黎军：《法治政府视野下的行政行为研究》，中国社会科学出版社 2007 年第 1 版，第 57—101 页。

地位，明确国家、政府、第三方组织、企业与个人在继续教育方面的责任与义务；将受教育的范围从专业技术人员扩大到各类人才，维护各类人才接受继续教育的权利；鼓励在职自学，完善带薪教育休假制度；从法律角度保障继续教育事业的经费来源，探索国家、单位、个人三位一体的继续教育投入机制，引导个人成为人力资本投资主体，鼓励用人单位在承担法定义务基础上不断加大人才培养的投入，支持社会各界以捐赠、基金等多种形式投资继续教育事业；支持法务类培训和继续教育机构发展，制定科学规范的质量评估和监督办法，强化继续教育或培训机构认证管理制度，提高教育培训成效；规定拒不履行继续教育法定义务的处罚细则；这些法律有利于保障新生代进城农民工进行终身学习，促进其快速积累人力资源并快速融入城市。

（四）构建在职人员培养立法

（1）统筹专业技术人才和应用型人才的在职培训：在职培训工作管理分散是当前在职人才培养的最大障碍。应整合教育、人事、劳动和社会保障部门力量，建议设立全国性人才培养机构。（2）统筹专业技术人才和应用人才的在职培养：构建持续的人才职前和在职培养体系；加强人力资源开发规划，为人才培养政策法规提供参考；制定保障人才合法权益、制定人才开发的法规，加强监督并保障人才开发政策落实；培育、引导和规范在职培养市场，加强对在职培训市场的监管，促进各类人才发展。（3）充分发挥专业协会培养人才的作用：借鉴发达国家的经验，充分发挥专业协会对人才培养的职能，构建产学研一体的培养机制，使相对高素质的新生代进城农民工群体追踪技术前沿、学到技术、学以致用，从而成为真正有用的技术人才。（4）制定职业培训法，实施高技能人才振兴工程：依据《人才工作决定》关于"着眼于培养造就大批适应改革开放和社会主义现代建设的高层次和高技能人才"的要求，依据《中华人民共和国劳动法》《中华人民共和国职业教育法》，在原劳动部《职业技能鉴定规定》及地方制定的职业技术教育条例的基础上，出台职业培训法，完善职业技能培训制度，加强对职业技能培训、鉴定机构和培训人员的规范管理工作。（5）制定终身教育法，积极构建终身教育体系，促进学习型社会的形成。借鉴国际经验，树立终身学习的理念、增进构建学习型社会必要性的共识，加强终身教育的规划和协调，优化整合各种教育培训资源，综合运用社会的学习资源、文化资源和教育资源，全方位完善、多层次覆盖的教育培训网络，构建普通教育、职业教育和成人教育相互融合，职前教育、在职培训和职后教育相互贯通；学校教育、家庭教育、社会教育和自我教育相互配合的终身教育体系，不断扩大人才培养规模，优化人才培养结构，提高人才综合素质和专业素养，同时，还要整合各方资源，设立专门机构统筹规划和管理，发挥终身教育体系技能人才培养的作用。

（五）健全国内人力资源流动的政策法规

（1）赋予迁徙自由的法律地位，改革户籍和档案管理制度。修宪以确认公民迁徙自由权，构建档案与信用管理体系，将个人信息档案与个人社会保障卡合二为一，有效解决人才流动的信用危机；（2）构建人才合理流动的调控机制：梳理《中华人民共和国劳动法》《中华人民共和国反不正当竞争法》《关于加强科技人员流动中技术秘密管理的若干规定》中关于商业机密、技术秘密保护的规定，尽快出台有关竞业禁止的条例或办法，适当设立竞业禁止条款；制定人才信息管理条例，完善人才信息网和数据库；（3）构建人才有序流动的市场环境：构建统一、开放、竞争、有序的人才市场，出台人才市场管理条例，确立人才市场管理机构和权限，明确人才的择业权利、方式与诚信原则，明确用人单位的权利和义务，规范人才中介机构服务规范。

（六）构建社会和业界认同的专业技术人才评价法规

完善职称管理，打破论资排辈旧习；深化职称改革，打破专业技术职称终身制；加快职业资格和执业资格制度建设；创新技术人才评价方法，让新生代进城农民工拥有职业成长与发展的正式通道。

（七）改革阻碍人力资源开发、要素分析与自由流动的各类法规制度

首先，完善岗位工资制度、探索与责任风险及经营业绩挂钩的经营管理者薪酬制度，积极探索各种生产要素按贡献参与分配的形式和方法，让进城农民工分享企业成长的果实；其次，现阶段还应推动修

宪以保障人口自由迁徙，制定户籍管理法，制定继续教育法和终身教育法，制定工资法，人力资源市场管理法等国家法律；再次，还应推动制订国家奖励条例、专业技术人员管理条例、人才市场管理条例、国家重要人才安全保障条例等行政法规来健全与完善中国的人力资源开发法律法规；最后，建议制定人才评价管理办法，人才信息管理办法，专业技术人才流动管理办法等部门规章。有了这些层次的法律保障，新生代进城农民工的人力资源开发的政府法律行为就做到了有法可依，行之有效。

第四节 新生代进城农民工人力资源开发的政府行政行为分析

为了区分政府的法律行为与行政行为，本书将政府制定的条例性文件的制定与执行过程视为法律行为，将政府制定、命名为《关于×××的办法》《关于×××的通知》《关于×××的意见》均视为行政行为。此外，法律行为具有很强的刚性与强制性；而行政行为则体现了政府部门在法律框架下某种程度的自主性。

行政行为是政府依据相关法律规定，依靠组织权威，运用强制性的命令和措施，通过组织自上而下的行政层次的贯彻执行，对社会团体或社会成员施加管理的手段与行为。政府是行政行为的主要实施主体。行政行为具有正式性、直接性、规范性与一定程度的强制性。

一 政府的行政行为

相对于法律行为，政府行政行为以其对象是否特定为标准，分为抽象行政行为和具体行政行为。

（一）抽象行政行为

抽象行政行为是指国家行政机关针对不特定管理对象实施的制定法规、规章和有普遍约束力的决定、命令等行政规则的行为，其行为形式体现为行政法律文件，其中包括规范文件和非规范文件，抽象行政行为可以分为执行性、补充性、自主性三种。

(1) 执行性的抽象行政行为，是指为执行法律或者上位规则制定具体实施细则的行政行为，其特征是不创新既定的权利义务。

(2) 补充性的抽象行政行为，是指根据法律或者上位规则规定的基本原则和基本制度，对其需要补充完善的事项做出规定的行政行为，其特征是在既定基本原则和基本制度约束下创设一部分新的、补充性权利义务。

(3) 自主性的抽象行政行为，是指行政机关直接对法律或者上位规则尚未规定的事项，在宪法和组织法规定的管理权限内，根据行政管理的实际需要自主创设权利义务的抽象行政行为。[①]

(二) 具体行政行为

具体行政行为是国家政府机关与行政机关工作人员、法律法规授权的组织、行政机关委托的组织或个人在行政管理活动中行使行政职权，针对特定的组织、法人或公民，就特定事项，做出的有关该公民、法人或者其他组织权利义务的单方行为。

具体的行政行为包括行政命令、行政征收、行政许可、行政确认、行政监督检查、行政处罚、行政合同、行政指导、行政强制、行政给付、行政奖励、行政裁决、行政赔偿等。具体行政行为具有正式性、强制性、单方性与外部性等特点。以上分类表明，对新生代进城农民工人力资源开发不仅需要中央政府从顶层设计各类抽象行政行为，也需要各级政府参与的补充性与自主性的抽象行政行为；同时还需要各级政府机关或法律法规授权的组织的具体行政行为的参与。

二 政府行政行为与新生代进城农民工人力资源开发之间的关系

在中国，法治政府的基础是正视行政权从属于法律，要求政府权力在法律范围内运行并保障不被滥用。对公民行为而言，法学理论认为"法不禁止即自由"，即只要法律没有明文禁止，公民就可自由地开展任何行为；而对政府行为而言，依法行政的理论是"法未允许即禁止"，即行政权的行使必然要有法律依据。在争取社会公共利益最

---

① 华律网：《抽象行政行为的主要特点》，http://www.66law.cn/，2012年5月24日。

大化的行政价值背景下，其行政行为不仅在履行维护秩序职责，还兼顾公共服务给付的职能。

（一）政府引导新生代进城农民工进城就业的行政行为改革的迫切性

（1）随着国际环境下的人口红利优势的消失，使得出口导向型国家经济增长战略实施遭遇到的障碍与壁垒与日俱增。（2）刘易斯拐点的临近使得廉价劳动力的比较优势难以持续，新生代进城农民工这一廉价劳动力的何去何从关系到国家战略与社会治理。（3）国际经验证明依靠廉价劳动力比较优势不能持续。劳动密集型时代已经消逝，政府应引导企业向资本密集型与技术密集型及信息密集型过渡，这给新生代进城农民工的未来发展指明方向。（4）当前政府强调由经济发展速度向经济发展质量的转变，实行以人为本、为民众谋福利，缩小城乡差距，从而实现和谐社会的构建，这要求的内涵也包括了对新生代进城农民工进行人力资源开发的行政行为导向。[①]

（二）行政权力的属性决定了其服务于新生代进城农民工人力资源开发的本质

对于行政权力而言，首先，应当正视人民权力的终极性，意识到自身的权力来源于人民的授予，权利行使的目的是增进人民的福利而不是谋求自身的利益；其次，承认法律面前人人平等；最后，承认利益的多元化，行政权需要平衡公共利益与个体利益，确保一切正当利益得到非歧视与无差别的保护。新生代进城农民工的人力资源开发权益受到漠视，是国家行政行为缺位的体现。

（三）新生代进城农民工的人力资源开发行为需拥有行政授权的非政府组织参与

中国经济发展的非均衡性与产业结构的多样性决定了新生代进城农民工就业途径的多样性，因此政府部门只能利用抽象行政行为来强制引导社会资源参与新生代进城农民工的人力资源开发，其开发效果取决于

[①] 田青松：《农民进城就业政策变迁——兼论农民工劳动力市场地位》，首都经济贸易大学出版社 2010 年第 1 版，第 3 页。

第五章 深圳市新生代进城农民工人力资源开发的政府行为分析 211

差异化的实施;而差异化的实施有赖于政府委托授权的行业组织参与。

(四) 新生代进城农民工人力资源开发的政府行政行为符合政府行为偏好

任宇、谢杰 (2012) 通过对中国非上市企业层面的 33 万多家企业的截面数据分析指出,人力资本高低与企业的绩效正相关。国家应构建稳定的人力资本投资制度,建立科学有效的人力资本投资体系,积极引导企业加大人力资本投资,从而配合产业结构的升级转型,利用人力资本的调整与提升来促进中国经济持续发展。企业人力资本的内容不仅包括教育经费的投入情况,还应包括企业职工的知识、技术、信息、健康、道德、信誉与社会关系的总和,企业职工当然包括了新生代进城农民工。[①] 经济持续、稳定的增长发展符合政府行为目标与偏好。

三 深圳市新生代进城农民工人力资源开发的政府行政行为现状分析

中国自进入 20 世纪 90 年代中期以来,农民工问题就受到政府与学者的关注,近 20 年来政府部门也出台了一些政府政策与文件,主要聚焦于子女教育、医疗工伤保险等权利救济方面,直到近十年才有了关于农民工人力资源开发的行政行为,并且取得一些成效。但是,农民工整体开发进程缓慢,尚存在诸多需要改进的地方。

(一) 国家在农民工人力资源开发方面的抽象行政行为

1. 新生代进城农民工的教育素质状况

表 5-14 显示,农民工受教育水平不断提高。

表 5-14　　　　　　农民工文化程度构成[②]　　　　　单位:%

	农民工合计		外出农民工		本地农民工	
	2015 年	2016 年	2015 年	2016 年	2015 年	2016 年
未上过学	1.1	1.0	0.8	0.7	1.4	1.3

---

① 任宇、谢杰:《基于培训视角的人力资本投资与企业绩效》,《经济经纬》2012 年第 2 期。
② 资料来源:国家统计局发布的《2016 年农民工监测调查报告》。

续表

	农民工合计		外出农民工		本地农民工	
	2015 年	2016 年	2015 年	2016 年	2015 年	2016 年
小学	14.0	13.2	10.9	10.0	17.1	16.2
初中	59.7	59.4	60.5	60.2	58.9	58.6
高中	16.9	17.0	17.2	17.2	16.6	16.8
大专及以上	8.3	9.4	10.7	11.9	6.0	7.1

农民工中，未上过学的占 1%，小学文化程度占 13.2%，初中文化程度占 59.4%，高中文化程度占 17.0%，大专及以上文化程度占 9.4%。高中及以上文化程度农民工所占比重比上年提高 1.2 个百分点。其中，外出农民工中高中及以上文化程度的占 29.1%，比上年提高 1.2 个百分点；本地农民工中高中及以上文化程度的占 23.9%，比上年提高 1.3 个百分点。

根据全国总工会 2010 年的调查显示，新生代进城农民工的受教育状况虽然比传统农民工有所提升，但总体依然偏低，具体比较见表 5 - 15。

表 5 - 15　　　　深圳市农民工教育素质状况

受教育程度	农民工总体比例	新生代农民工比例	传统农民工比例
大学本科及以上	2.8%	5.6%	2.4%
大专（或高职）	37.1%	19.7%	10.1%
中专	24.5%	17.8%	11.2%
高中	15.2%	24.0%	25.4%
初中	16.0%	32.4%	44.4%
小学及以及未上过学	4.4%	0.4%	6.6%

资料来源：全国总工会新生代农民工问题课题组：《2010 年企业新生代农民工状况调查及对策建议》，转引自《新生代农民工：问题、研判与对策建议》，中国工人出版社 2011 年版，第 36 页。

表 5 - 15 显示，总体而言，新生代农民工的受教育程度相比传统农民工确实有所提高，但接受过中专、大专（或高职）等职业教育的

第五章　深圳市新生代进城农民工人力资源开发的政府行为分析 | 213

新生代进城农民工的比重仅为37.5%，他们的教育水平尚且停留在义务教育和高中教育阶段，整体受教育程度仍然偏低，劳动者整体素质不高。这种整体性的低素质现状不仅阻碍了对新生代进城农民工人力资源的开发和利用，还制约了中国产业的长远有效发展。

2. 政府的人力资源开发的抽象行政行为现状

农民工人力资源开发的抽象行政行为分为执行性、补充性与自主性的规范性与非规范性文件。

表5-16显示，接受过技能培训的农民工比重小幅下降。

表5-16　　　　接受过技能培训的农民工比重[①]　　　　单位:%

	接受农业技能培训		接受非农职业技能培训		接受技能培训	
	2015年	2016年	2015年	2016年	2015年	2016年
合计	8.7	8.7	30.7	30.7	33.1	32.9
本地农民工	10.2	10.0	27.7	27.8	30.8	30.4
外出农民工	7.2	7.4	33.8	33.8	35.4	35.6

其中，接受过农业和非农职业技能培训的农民工占32.9%，比上年下降0.2个百分点。其中，接受非农职业技能培训的占30.7%，接受过农业技能培训的占8.7%，均与上年持平；农业和非农职业技能培训都参加过的占6.5%，比上年提高0.2个百分点。其中，本地农民工接受过农业和非农职业技能培训的占30.4%，比上年下降0.4个百分点；外出农民工接受过农业和非农职业技能培训的占35.6%，比上年提高0.2个百分点。

（1）执行性抽象行政行为。2003年9月19日农业部、劳动和社会保障部、教育部、科技部、建设部和财政部等六部委联合制定了《2003—2010年全国农民工培训规划》，明确以转移前的引导性培训和职业技能培训为重点，综合运用多种手段，调动农民工个人、用人

[①] 资料来源：国家统计局发布的《2016年农民工监测调查报告》。

单位、教育培训机构、行业组织，重点依托各类教育培训机构和用人单位开展培训的工作格局。

（2）补充性抽象行政行为。2006年下发的《做好2006年农村劳动力转移培训阳光工程实施工作的通知》规定，对农民工培训补贴按东部120—130元、中部160—170元、西部180—200元的标准进行补助。并要求提高培训质量和加强监管。《关于做好2007年度农村劳动力技能就业计划实施工作的通知》规定对培训费用实施差额补贴；《关于印发农村劳动力技能就业计划的通知》对培训任务进行分解，对不同的人和不同的工作类型农村劳动者实施预备制培训，鉴定合格颁发相应的职业资格证书。相关的配套文件还有《关于做好2007年度农村劳动力培训考核鉴定工作的通知》《农村劳动力转移培训阳光工程项目管理办法》《农村劳动力转移培训资金管理办法》《农村劳力力转移培训项目检查验收办法》等。

（3）自主性抽象行政行为。自主性抽象行政行为主要包括《国务院关于大力发展职业教育的决定》《国务院关于解决农民工问题的若干意见》《关于开展单项职业能力考核试点工作的通知》《2008年劳动和社会保障工作要点的通知》以及关于支持回乡创业的相关文件。

3. 人力资源开发的行政行为未能形成合力制约了新生代进城农民工开发的动力与效果

国外政府为适应国家战略与社会未来发展需要，通过行政行为引导第三方组织、企业与新生代进城农民工参与人力资本投资，使新生代进城农民工形成符合国家、行业、企业需要的人力资本。这一过程往往通过职业资格准入等强制性行政行为实现。而职业资格准入往往通过职业资格证书的获取来实现。职业资格证书是指劳动者拥有符合国家相关职业技能标准与任职资格条件的经验、知识与技能，并通过具有公信力或权威性的鉴定机构的相应考核或认定，从而获得的相关证书。职业资格证书是对劳动者拥有相应职业的经验、知识或技能的公正而客观评价，应当成为用人单位在招录时、劳动者在求职与任职时的资格凭证。但中国的职业资格认证存在以下问题：（1）认证标准不统一，证书管理混乱。国家直属部门、行业组织、培训机构、用工企业都在进行职业资格认证，缺少统一的体系。电子商务师由工信部、人社部、国资委、中商联等多个部门进行资格鉴定，这一多方认证的行为势必影响了证书的权威性，也影响了劳动者认证的积极性。(2) 认证形式单一，对职业能力的评价有效性弱。现在职业资格证书基本以书面或机考的专业知识性考试为主，对实际可操作性技能的考核偏弱，造成持证新生代进城农民在市场上不被认可。(3) 认证、教育与就业脱节：证书应该是连接教育与就业的桥梁，但是现行的教育与培训课程重理论而轻实践，造成这些持证的新生代进城农民工出了校门也不能胜任工作，"职业准入"与"就业准入"的职业资格证书也变成了一种"形式准入"。①

(二) 深圳市政府新生代进城农民工人力资源开发的行政行为

1. 深圳市人力资源素质状况

深圳是中国移民最多、流动人口数量最大、人口密度最大、年龄结构最年轻、户籍人口与非户籍人口倒挂最严重的超大型城市，其经济实力在全国城市中名列前茅。由于深圳市的特殊性，其人口管理特别是对外来人口管理问题的复杂性远在国内其他地区之上，深圳人口管理的成功或失败，对中国的户籍制度未来的改革路线或将产生重大影响。

由于深圳经济的先发优势与其他综合吸引力缘故，大批外来人口进入深圳，为深圳发展做出了巨大贡献。深圳大力培育高新技术产业，成效明显，也给深圳市吸引与留住了大量高素质的人才，但劳动密集型的加工贸易业仍然占据了深圳市经济的主导地位，同时也聚集了大量文化程度较低的人口。根据2008年《深圳年鉴》的数据，6岁（含6岁）以上人口人均受教育年限为10.43年，具体情况见表5-17。②

---

① 杜林芝：《我国职业资格认证制度问题与对策》，《合作经济与科技》2012年4月号下（总439期）。

② 以上数据根据2009年《深圳统计年鉴》和2009年《中国统计年鉴》数据计算。

表 5-17　　　　　　　　深圳市与全国人口素质对比

受教育程度	深圳市		全国	
	人口数/10 万人	占例（%）	人口数/10 万人	占例（%）
大专及以上	16293	16.4	6558	6.6
高中	24232	24.4	13408	13.4
初中	46462	46.8	40222	40.2
小学	12307	12.4	31798	31.8

资料来源：2010 年的《第六次全国人口普查公报》（2010）、《深圳市人口普查公报》（2010）。

通过将深圳市人口素质水平与全国对比，可以发现，深圳市各个教育阶段（除小学教育外）的人口占比都要高于全国水平，特别是大专及以上高等教育阶段的人口占比甚至 2 倍多于全国水平。但是，同时也不能忽视深圳市内部义务教育阶段的人口占比极高，这体现出深圳市人口素质总体水平仍然偏低，还是有待提高的。因此，深圳市整体人口受教育分布状态呈现出纺锤形态式（中间大，两头小），这对深圳市今后的人力资源开发工作指明了方向，即应该通过加大对教育投入力度，特别是提高职业技术教育和高等教育阶段的人口比例，以便提升深圳市劳动人口的整体素质水平。

虽然深圳市拥有大量文化素质较高的人口，深圳市每 10 万 6 岁以上人口中拥有大专及以上教育程度人口比例比全国高出近 10 个百分点，而且还拥有近 170 多万技能人才队伍，其中全市高级工以上技能人才发展到了 30 多万人，技师以上技能人才发展到了 1 万多人，还拥有 800 多名国家与地方领军级高层次人才。但是，深圳也拥有大量文化素质较低的人口，深圳市每 10 万 6 岁及以上人口中拥有初中和小学教育程度的人口比例也比较高，达到了 59.2%。人口素质差异过大，是深圳市工业化初级阶段的必然产物，但是在工业高端化升级时，将会成为阻碍产业转型的障碍性因素。因此深圳市政府面临人口素质提升的巨大压力不言而喻。

2. 深圳市对外来人口管控的行政行为沿革

深圳市对外来人口户籍管理，按时间顺序大致可以分为：1979 年

第五章 深圳市新生代进城农民工人力资源开发的政府行为分析

到1985年为人口流动创造条件的户籍制度松绑、1985年至1995年的外来人口规范化管理与户籍人口均衡控制、1995年至2005年的户籍改革尝试、2005年至2010年的常住人口福利与服务均等化、2010年至今的常住人口人力资源开发五个阶段。

第一阶段（1979—1985年）：劳务人口创造人力资源流动条件阶段。深圳率先在中国实行劳动合同制度改革试点，深圳的劳动用工由政府行为转变为企业行为，劳动关系也由政府与工人确立转变为企业与工人确立。企业员工双向选择，在全国率先打破了固定用工的传统体制。后来，又进行了物价体制改革试验与工资试点改革，将市场机制引入了工资分配领域，落实了企业工资分配自主权，极大地调动了员工的生产积极性，提高了企业的生产效率。在1983年，深圳市政府出台了《深圳市实行社会劳动保险暂行规定》与《深圳市实行社会劳动保险暂行规定》，对企业员工全面实行劳动合同制，并对合同制工人的退休费用实行社会统筹。深圳市在此阶段为外来人口出台了一系列旨在解决外来人口后顾之忧的退休养老、劳动权益、生活资料供应等保障措施，并进行工资、保险等制度的改革，为外来人口进入深圳市解决了后顾之忧，同时对附着于户籍制度的生活资料分配制度进行改革，为外来人口流动创造了良好条件，另外还有相对市场化的薪酬所产生的吸引力，促使大量外来人口通过有序组织与无序吸引，大量涌进深圳市。

第二阶段（1985—1995年）：外来人口规范化管理与户籍人口均衡控制阶段。在这个十年期间，深圳市意识到外来流动人口素质参次不齐、结构复杂、流入渠道缺少组织性、计划性和稳定性、迁移量大等一系列问题，不仅给深圳特区带来了住房、就学、医疗、卫生、交通、环保、计划生育、社会治安等一系列问题，对深圳的长期健康、稳定发展产生很大的负面影响，因此提出严控人口的目标。同时，根据对当时进入特区的人口分析发现，总体高层次人才偏少、人口整体素质低下、纯粹的来料加工型的经济增长方式难以为继。所以，深圳市政府开始大力扶持交通、能源及高新技术等产业的发展，同时推进产业结构调整并构建人口置换战略，相继出台了《暂住人员户口管理暂行规定》《深圳经济特区与内地之间的人员往来管理规定》《临时工劳动手册制度》《关于加强招调和聘雇外地人员管理的决定》《深圳经济特区房屋租赁条例》及《关于调整城市基础设施增容费收费标准和收取范围的通知》（深府〔1995〕74号）等对外来人口进行管控文件，开始对外来人口进入特区、户籍迁入、暂住、就业、租用住房等行为进行全方位限制，对外来人口的疏、堵、截以及遣返等行政措施开始显现，深圳市政府对外来人口的管理进入立体管理时代。

第三阶段（1995—2005年）：户籍改革松动与改革尝试阶段。在此十年间，虽然在1997年出台了《深圳市居民按比例就业暂行办法》，且对各工种和行业中本地居民的就业比重[①]作了硬性的规定，随后也在1998年出台的《深圳市促进国有企业下岗员工及失业员工再就业若干规定》要求企业必要时应辞退外来工而让下岗人员就业，并对新办企业招收下岗工人给予减免税收的优惠等一系列旨在保护本地户籍人口就业的政策，同时将外来人口置于不公平的竞争环境中，外来人口获取入户指标的条件依然很高。在这一阶段，总体来说，深圳市对外来人口的管制有所放松，入户途径逐步拓宽，入户资格有所放低，对外来人口医疗、养老、子女教育等方面权益的保障逐步向户籍人口的标准靠拢，户籍与非户籍人口的福利差距有所缩小。

第四阶段（2005—2010年）：淡化户籍、促进常住人口福利均等化改革阶段。非户籍人口的高流动性、增长的无序性等问题威胁到深圳市经济与社会的长期稳定发展，在2005年，深圳市出台了关于加强和完善人口管理工作的若干意见及五个配套文件的通知，从战略的高度系统规划外来人口的调控、管理与服务，明确了管理与服务并存的理念，同时明确了外来人口的相关权益，这是深圳市户籍管理的一个里程碑事件。在《深圳市户籍迁入的若干规定》中明确规定了三类

---

① 《深圳市居民按比例就业暂行办法》规定对文员工种要求本地居民的比例不低于80%，对一般服务业工种不低于60%，对劳动强度大的服务业工种不低于40%。对金融业要求本地居民占职工的比例要达到87%，邮电通讯业要达到80%，批发零售贸易业要达到78%，仓储业要达到76%，物业管理要达到66%，交通运输业要达到60%，旅游宾馆餐具饮业要达到50%。

第五章 深圳市新生代进城农民工人力资源开发的政府行为分析

人可将户籍迁入深圳：技术技能型人才、投资纳税人、符合有关政策的人员可以自行申报入户，打破了以前只由单位进行申报的限制。除进一步拓宽入户途径，在加大外来人口服务力度、推动公共福利均等化方面也出台了很多改革措施。除了在吸引现有高技能人才入户之外，还在2007年出台了关于农民工的职业指导、职业介绍、政策咨询、就业信息服务等政策，初步体现对异地农民工进行人力资源开发的行政理念。

第五阶段（2010年至今）：常住人口人力资源开发阶段。在此阶段，深圳市出台了基于中长期发展的人才发展规划，同时也出台许多针对农民工的人力资源开发政策。主要政策如表5-18所示。

表5-18　　　　　　深圳市主要人力资源开发政策

发文时间	文件名称	发布目的
2011年	《深圳市中长期人才发展规划纲要（2011—2020年）》	总体人才战略规划
2012年	《深圳市人民政府关于加强职业培训促进就业的实施意见》	战略实施规划
2012年	《深圳市高技能人才技能振兴计划重点项目实施方案》	技能培训平台规划
2012年	《深圳市企业员工技能培训考核实施办法》	技能培训、考核与鉴定
2012年	《深圳市非全日制技工教育实施办法》	培训方式规范
2012年	《深圳市非全日制技工教育学分制管理办法》	培训内容规范
2012年	《深圳市外来务工人员积分入户暂行办法》	加强对开发结果的反馈
2012年	《深圳市异地务工人员职业培训和职业技能鉴定补贴办法》	加强对开发过程的诱导
2013年	《深圳市技能人才多元化评价实施办法》	加强对开发结果的评价

表5-18的政策表明，深圳市从为人口流动松绑到限制人口流动，到推动户籍制度改革，到淡化户籍概念并推动常住人口均等化，再到推动常住人口的人力资源开发阶段，其行政意识与政策具有先导性与借鉴意义。

3. 深圳市政府对新生代农民工人力资源开发的行政行为评述

深圳市政府在新生代进城农民工人力资源开发的行政行为主要存

在以下问题：

（1）户籍导向下的新生代进城农民工的人力资源开发战略缺位。深圳市政府在《深圳市中长期人才发展规划纲要（2011—2020年）》中规划了2020年前深圳市在中高端人才方面的建设目标、计划与实施措施。但是，在技能人才方面仅涉及中高端技能人才培养方面，低端人才的培养并没有涉及。该规划指出，截至2010年底，深圳市共有人才资源357万，其中技能型人才222万，计划到2015年建成高技术人才培训基地120家，到2020年建成高技能人才培训基地150家，培养各行业技能精英1000名。而关于基础性技能人才建设规划方面，全文并未提及。深圳市历来注重高端人才的引进与培养，而在涉及新生代进城农民工的中低端技能人才的基础培养方面缺乏关注，在总体规划与专项规划中没有涉及。

（2）传统抽象的人力资源开发的行政行为的路径依赖制约了新生代进城农民工行政参与。深圳市拥有超过该市总人口3/4的非户籍人口，而非户籍人大代表的数量仅为户籍人大代表的1/20。深圳市农民工总数量达到了500多万，农民工代表仅有3人，而超过300万新生代农民工的人大代表数为1名，而且这一名并不是出自代表大多数新生代进城农民工所处的车间基层，而是一名生产管理人员。所以，在政治制度安排下的新生代农民工在表达自身的人力资源开发的权益诉求方面存在制度与行政障碍，这障碍的背后是深圳市人力资源开发的传统抽象性行政行为在制定过程中就蕴含了政府自利性行政行为的扩张；在中国权力导向下的行政行为导致新生代进城农民工的主体参与意识薄弱，深圳市行政行为的参与门槛与成本高昂也使得新生代进城农民工望而却步，当针对农民工的公共政策参与权不明确或受到侵犯时，缺乏相应的法制保障。此外，当大量的信息资源由政府掌握时，一般公民缺乏可靠的信息资源保障，处于社会弱势地位的新生代进城农民工更是如此。

（3）新生代进城农民工成为当前绩效考核模式下的各级政府之间竞争获利的牺牲品。其一，经济增长优先必然导致损害社会公平。深圳市自1986年户籍人口与非户籍人口出现倒挂以来，一直通过每年限量落户的户籍政策的方式限制外来人口落户，而直到 2003 年以前，深圳市更为关注短期的经济增长，而较少关注长期的人力资源投资所带来的长远收益。后来，深圳的发展模式由"深圳速度"转化为"深圳质量"时，人力资源投资的力度才有所加强。即便如此，深圳市政府几乎把所有人力资源开发的物质与财税资源投向户籍人口，深圳市的新生代农民工则很难享受相关的教育与开发资源，这种持续了二十多年的不公平政策严重损害了农民工的发展权益。其二，没有统一的协调机制与机构使得抽象行政行为与具体行政行为偏离。目前，只有中央一级政府部门设立了农民工办公室，而深圳市政府没有设立统一的农民工管理机构，导致中央政府与地方政府之间抽象行政行为与地方的具体行政行为之间存在脱节的现实。其三，由于涉及多个部门参与，深圳市政府各部门基于自身利益考量而难以形成合力。基于以上本位主义现象存在，使得新生代进城农民工成为政府经济增长利益导向的牺牲品。

（4）当地政府的本地居民导向的行政行为降低了新生代进城农民工人力资源开发的效果。在 2003 年以前，深圳市政府对农民工就业实行总量控制、限制其准入的工种与行业、优先保证城市现有居民就业的地方政府行政行为，使得同等条件下用人单位对农民工使用成本被人为拔高，新生代进城农民工即便拥有与城市居民同等的人力资源禀赋也难以获得均等的发挥空间，这一现象制约了深圳的新生代进城农民工人力资源开发的效果。

（5）现有针对新生代进城农民工的政府抽象行政行为系统性不足、缺乏合力、影响有限。基于深圳市的人力资源开发政策视角分析，深圳市的抽象行政行为对于农民工的全面发展影响有限。因为，农民工需要的是经济、政治、文化生活和社会道德多方面的发展，而不是单一技能的低层次的劳务输出。深圳市政府虽然制定了基于职业技能鉴定、职业培训、培训资助的相关政策，但覆盖面非常有限，其形式难以起到实质性的作用，对新生代进城农民工的个人发展影响有限；此外，由于数量庞大的农民工群体需要进行开发，而开发过程又涉及多主体与渠道，深圳市政府在其人力资源开发的监管和评估方面的行政行为缺失，这也严重影响了农民工的个人发展。人力资源开发的行政行为不系统与缺乏合力，影响到农民工稳定发展。

（6）未调整优化的社会治理结构使得新生代进城农民工的人力资源开发的政府行政行为的实施组织基础薄弱。在深圳市，由于非营利性中间组织与社会团体运营机制不明确、政府对这些组织的行政授权不足，行业协会或其他非营利性组织的发展滞后使得新生代进城农民工参与环境缺失；而在法团主义社会治式下，深圳市的民间组织生存空间又受制于政府，民间组织的总体水平与其承担的新生代进城农民工人力资源开发责任之间差距明显，民间组织缺乏规范与导引，也缺乏相应的行政授权，其自身运作存在较大问题，这种未调整优化的社会治理结构使得新生代进城农民工的人力资源开发的政府行政行为的实施组织基础薄弱。

（7）深圳市政府的行政行为还存在中国其他地方政府所共有的更深层次的不足。①"物本行政"。以促进财富增长、忽视社会公平、弱势群体的社会服务和公共管理缺位，使得新生代进城农民工的发展权利被忽视。②"全能行政"。对政府无限管理能力、对人民无限责任、公权力侵犯新生代进城农民工这一群体的私权利成为一种比较普遍的现象。③"经验行政"。行政行为的不科学与不合理，给具体行政行为权力的组织与人员提供了很大的操作空间。他们排斥科学的方式与手段参与行政管理，没能设身处地从社会发展需要、企业实地环境、新生代进城农民工自身需要的视角来实施新生代进城农民工的人力资源开发行政行为。④"低效行政"。低效行政行为是行政系统的运作效率问题。这非增减、变更、修订一项或几项行政法规即可改变的。需要政府从引导新生代进城农民工的行政参与开始，着力于构筑新生代进城农民工的发展权利为主要目标，关注并逐步构筑、修订相应的法律法规，建立健全相关责任与义务主体，完善相应补充性与自主性的抽象行政行为，提升行政行为实施主体的素质与意识，才有可能避免新生代进城农民工人力资源开发的行政行为低效。⑤"管制行政"。在权力意识导向下，行政行为实施主体对新生代进城农民工重管理而轻服务，这种管理与服务的错位制约了新生代进城农民工人力

第五章　深圳市新生代进城农民工人力资源开发的政府行为分析　223

资源开发的行政资源获取。⑥"暗箱行政"。由于政府在人力资源开发方面的财政投入有限，很难匹配社会需求，这是"暗箱操作"的起因，但不是本因。本因是行政行为主体为了降低分配成本、满足主体偏好或谋求私利或其他目的而实施的"暗箱行政"行为。新生代进城农民工群体处于社会弱势地位，信息渠道与资源获取都极为不易，他们很难在这种"暗箱行政"形式下受益。⑦"人治行政"。在中国权力意识下与人情社会中，"权大于法"的现象屡见不鲜。在领导的权威与道德的说教下，关于新生代进城农民工人力资源开发的行政行为实质上变成了领导的个人行为，这种行为的科学性自然应受到质疑。⑧"缺信行政"。政府的诚信是社会诚信的基石。而面对"朝令夕改、有令不遵、令行不止、违令不究"的行政行为，让新生代进城农民工对政府的信赖度大打折扣，这也使得抽象行政行为的信度大打折扣，实施成本大幅提升。⑨"轻责行政"。对超过法律边界的行政行为不追究或轻处罚、对行政行为过失不处理或轻处理的"轻责行政"模式下，新生代进城农民工眼中的政府部门是"官官相卫"的，这使他们的正当权益受到侵犯时选择忍气吞声，当发展权益受到了漠视时则更是如此。⑩"非廉行政"。新生代进城农民工的人力资源开发涉及大量补充性与自主性行政行为实施空间，而这也涉及大量的社会资源配置，这为行政行为的实施主体谋取了权力寻租的空间。"非廉行政"损害了社会公平，从而让处于社会弱势地位的新生代进城农民工的处境雪上加霜。①

4. 政策实施的偏差使得人力资源开发效果大打折扣

在我国，现行的政策法规的执行主要出现了以下四种偏差：(1) 显性偏差：有原则无操作办法，或操作办法无法执行；(2) 隐性偏差：潜规则大于规则；(3) 理解性偏差：对政策中原则上下解释不一致，前后的理解不一样；(4) 超前性偏差：有些文件过于超前，使得配套的难度大，政策难以落实。这些问题使得我国有限的人力资

---

① 胡象明：《政策与行政——过程及其理论》，北京大学出版社 2008 年第 1 版，第 220—235 页。

源开发法律得不到有效落实，其人力资源开发效果大打折扣。

四　新生代进城农民工人力资源开发的政府行政行为改善建议

在政府当前的绩效考核方式下，地方政府之间的人力资源开发责任与义务没有梳理清晰，也欠缺系统的协调机制，导致中央政府对农民工的行政行为难以落实。在地方利益导向下，负有落实责任的地方政府在实施具体行政行为时出现了较大的偏差，从而造成了如拖欠农民工工资问题虽已立法但欠薪事件频发、在取消向农民工收费的行政行为实施时变成了向本市或本省的农民工取消收费、在申请在职培训补贴安排执行时都优先安排城市户籍人口、在执行政府对农民工培训进行补贴的行政行为时却有机构造假领取补贴等一系列问题。

行政行为具有政治性与地域性的特点，因此，要改善新生代进城农民工的人力资源开发的政府行政行为，需从以下几个方面着力：

（1）扭转"物本行政"、"管制行政"的行为理念，树立"执政为民、服务为民"的行政行为理念。在"物本行政"与"管制行政"的行为理念下，政府的绩效导向出现偏差，使得新生代进城农民工的发展权利被忽视，社会公平受到践踏，人力资源开发投入得不到有效保障。只有摒弃这种理念，立足社会服务和公共管理，树立"执政为民"与"服务为民"的行政行为理念，才能使社会公平受到关注，社会弱势群体才能获得发展的资源，贫富差距才会缩小，社会才能够变得更和谐。

（2）梳理各级政府在新生代进城农民工人力资源开发方面的权责关系与协调机制。首先，明确中央与省级政府之间、省级与地县级政府之间、中央各部委之间、省级与省级之间、地县级与地县级之间的新生代进城农民工人力资源开发的权责关系，这一行为只能由中央政府主导来梳理相应职能，界定权责主体，适当授权下级政府以避免职能与机制过于僵化。其次，构建统一的协调机构。中央政府已经成立了农民工办公室，而各级地方政府也应该设立相应的农民工问题办公室，来统一协调现有部门级制下的新生代进城农民工人力资源开发的权责关系。

（3）立足顶层设计，加强行政行为的政治参与。让与新生代进城农民工人力资源开发相关的责任主体参与行政行为立法，尤其是积极引导与鼓励新生代进城农民工群体参与，让行政法规与政策公平公正地表达他们的政治利益，这样的行政法规才有生命力。

（4）梳理技术工人职业通道，规范引导相关主体参与。构建技术工人职业成长通道，规范在职培训与职业资格准入接口，通过行政行为推动各级主体参与新生代进城农民工人力资源开发的主动性、积极性与规范性：第一，统一认证体系与标准，统一的政府机构（建议人力资源与社会保障部）归口，以促进证书的权威性、管理的规范性；第二，促进认证形式多样性，提升对职业能力的评价有效性；改变当前以理论与专业知识性考试为主而实际可操作性技能考核偏弱的模式，提升持证人员上岗技能培训的针对性、规范性，提升市场的接受度与认可度；第三，构建类似于德国工人的培训模式，让认证、开发和就业形成一体，让持证的新生代进城农民工形成实际的"职业准入"与"就业准入"能力。

（5）加强行政规划，让新生代进城农民工人力资源开发的行政行为具备战略性、阶段性、科学性、可执行性、持续性。行政规划指行政主体为了公共利益或实现行政目标而做出的、必须予以执行的、关于某一地区或某一行业的事务部署与安排，一般具有以下要素：①规划的主体必须是行政主体；②规划的内容包括目标、程序、预算、方法、组织以及评价标准等；③行政规划对象具有总体性或相对重要性；④行政规划的效力具有约束力和执行力，不仅行政相对人必须遵守，行政主体也必须执行。[①]

新生代进城农民工的人力资源开发的行政规划方案也应进行可行性评估：①政治可行性，含政治资源、政治制度与利益分配的限制；②经济可行性，含财政资助、企业投资、非营利组织援助、新生代进城农民工自费等一般性资源支持，以及人力、物力、经济环境、信息等特殊资源的支持；③技术上的可行性，含技术上与管理手段上的可

[①] 邓剑光、黎军：《法治政府视野下的行政行为研究》，中国社会科学出版社2007年第1版，第92—111页。

行性,现有技术水平能否满足其开发方案的实施;④行政上的可行性,含行政共识、行政担当组织、行政执行人员、信息通信等;⑤法律上的可行性:规划方案、规划权力的合法性与是否侵害新生代进城农民工利益的审查等。

(6)改变"全能行政"模式,授权中间组织承担部分行政行为,构建企业、农民工与政府之间的人力资源协同开发实施体系。当前的全能行政模式已经遭受到社会各界的异议。中国第十三届人大代表会议就有委员提出"只有政府管得少,政府才能管得好"的论断。改变全能行政模式,授权行业组织来行使部分行政职能是国际社会普遍的经验。而在中国,在法团主义制式下,中间组织大多属于自发性、非正式注册的组织,组织内部结构松散,成员之间交流不足,远未发挥到规范行业运营与推动行业发展的水平,其根本原因是这些组织没有得到政府有效的行政授权,对不履行行业规范、不尽成员义务的行为没有一定限度的惩罚权利,从而使这些组织也就没有相应的权威性,反而成为行业寡头的合谋与联盟机构。建立行业组织运营规范,授权行业组织一定限度(如按照要求起草行业规范、管理行业准入与职业资格准入管理等职能)的行政行为实施权力,促进行业组织规范与落实各企业对新生代进城农民工人力资源开发政策法规的宣传、落实,对相关人力资源开发义务的执行、落实与监督等,以提升新生代进城农民工人力资源开发的行政行为实施的针对性与有效性。

(7)培训与考核行政人员的行政行为实施规范,建议起草《行政行为督导法》来监督各类行政行为实施,以保证行政行为实施主体不偏离现有政策法规立法的目标。虽然现在有《公务员法》等行政监察法案,但还是普遍存在"低效行政""暗箱行政""人治行政""缺信行政""轻责行政""非廉行政"等行为,严重制约了新生代进城农民工人力资源的开发成效。由于各级政府以及部门之间的新生代进城农民工的人力资源开发权责不清晰,加之政府与企业之间的中间组织的行政职能缺失,同时涉及大量补充性与自主性行政行为,使得这些偏离政策法规实施目标的行政行为的存在有一定的必然性。通过培训各行政行为实施主体的专业性与规范性,提升行政行为实施主体的专业素质与意识,有助于行政主体正确理解并制定补充性与自主性的政策法规不偏离上级政策法规的立法目标、提升行政行为实施的规范性与效果。此外,建议修订行政行为督导法案,统一归编为《行政行为督导法》。因为现有行政行为必然将拓展到非行政部门,现有的行政督导法案覆盖面偏低,只是督导行政部门行政行为的规范性。

第五节　新生代进城农民工人力资源开发的政府行为体系与模式构建

移民的自我选择理论(Self-Selection)和人力资本转换理论认为,相对于本地居民,移民在迁入之初在收入上总是处于劣势,但劣势是可逆的;他们只有具备比本地居民更高的人力资本,个人收入才可能在迁入后追赶上本地居民;如果其人力资本较低,则收入的差距可能会被拉大,他们的劣势地位将很难改善。在人力资本的影响下,迁移行为直接影响到自身社会地位的正负向改变,故也被称为正向选择或负向选择;[①] 相较于本地居民,新生代进城农民工已经处于人力资本弱势,对该类人群进行人力资源开发,使其积累更高的人力资本是他们将来融入城市后向上流动的唯一路径。虽然行业组织、企业与新生代进城农民工本人可以进行相应的人力资本投资,但是,在市场竞争环境下,作为弱势群体的新生代进城农民工很难公平获取相应的人力资源开发资源,而政府是唯一可以基于社会公平的名义通过强制性手段将开发资源向新生代进城农民工等弱势群体进行优先配置的开发主体,因此新生代进城农民工人力资源开发的政府行为则显得尤为重要。

一　新生代进城农民工人力资源开发的政府行为制约逻辑

新生代进城农民工的弱势社会地位是政府在过去几十年里制度安

[①] George Borjas, "Self-Selection and the Earnings of Immigrants", *The American Economic Review*, Vol. 77, No. 4 (1987), pp. 531–535.

排的结果。新生代进城农民工的人力资源开发涉及众多制约因素。基于开发主体视角，新生代进城农民工的开发制约因素分解如图5-4所示。

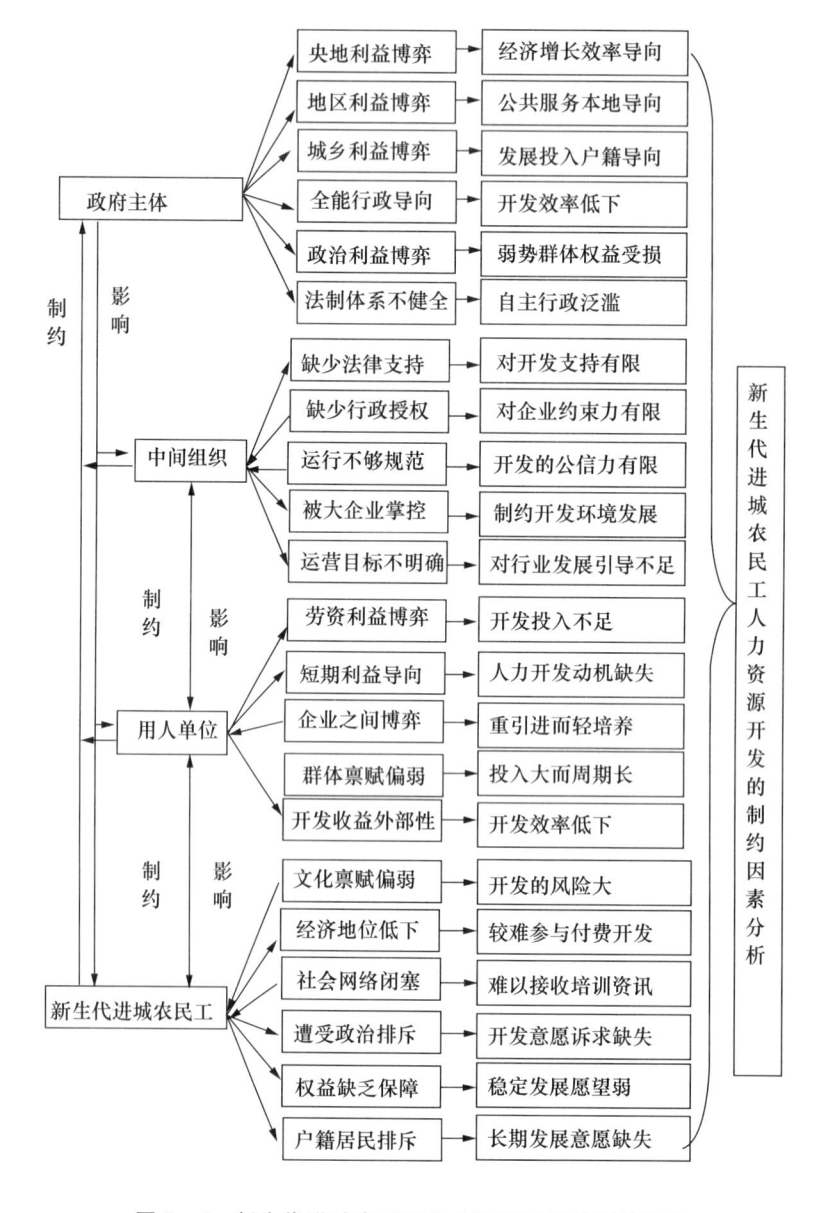

图5-4 新生代进城农民工人力资源开发的制约因素

新生代进城农民工人力资源开发的制约因素主要来源于以政府、中间组织、用人单位和农民工群体四大主体。政府部门内部的相互利益博弈、中间组织运行缺乏保障、用人单位对人力资源开发不足、新生代进城农民工遭遇的种种困境势必会对新生代农民工人力资源开发工作产生重大影响。具体而言，政府部门内部存在不同利益群体间的相互博弈，由此引发的行政效率低下等问题会对中间组织、用人单位和进城农民工的行为产生一定影响；中间组织由于缺乏法律制度和行政授权的保障，规范性有待提高，公信力和支撑力不足等问题会制约用人单位对进城农民工的人力资源开发；用人单位的人才引进培育机制不完善，致使人力资源开发成本高、效率低等问题对于新生代进城农民工自身的发展产生影响，还会阻碍中间组织对新生代进城农民工人力资源开发相关工作的开展；新生代进城农民工由于背井离乡，社会和经济地位低下而引发的城市归属感缺乏等问题也不利于自身的发展，也会对用人单位有效开发农民工人力资源产生阻碍。最终，中间组织、用人单位和新生代进城农民工又会共同制约政府部门推行人力资源开发工作相关的政策措施。

（一）政府主体视角

（1）在经济增长导向与经济利益分配机制制约下，中央政府与地方政府之间由原来的委托关系转变成利益博弈，中央政府与地方政府在新生代进城农民工人力资源开发方面的主体责任不清晰，资源配置责任不明确，从而使得央地各级政府在新生代进城农民工人力资源开发投入方面出现了职能的缺位；（2）在地区之间绩效排名与竞争中，公共服务本地户籍居民导向化显著，这使得新生代进城农民工难以享受到开发资源的扶持；（3）在户籍制度的安排下，政府在城乡之间的利益分配向城市倾斜，新生代进城农民工处于城乡两端的边缘，难以获取相应的人力资源开发的机会；（4）在"全能行政"模式下，因为社会人群的多样性，人力资源开发如不能进行差异化投入，则其针对性与开发效率必将受损；（5）在政治利益诉求机制与渠道缺失的状况下，弱势群体在利益分配的机制制定参与机会欠缺是弱势群体难以获取优先发展资源的主要原因；（6）在法律体系不健全的社会条件下，自主行政的泛滥使得开发的系统性、科学性与规范性受损。

（二）中间组织视角

在中国法团主义制式下，中间组织的行为缺少人力资源开发的法律空间。此外，因为运营目标不明确、相关行为得不到相应的法律授权、自身运营不规范或被行业内部分大企业把控，使得中间组织对行业的引导、规范与制约不足，自身公信力低下，对开发环境的支持与开发资源的调配能力有限。

（三）企业与用人单位视角

在短期利益导向下，新生代进城农民工自身稳定性弱、禀赋较差，再加上人力资源开发投入的周期长且风险较大，其收益具备正的外部性且无相应的政府补偿机制，这使得企业在用人方面更关注短期利益，重引进而轻培养，人力资源开发动力不足。

（四）新生代进城农民工主体视角

（1）自身经济地位低下使得需要自费的人力资源开发项目对其产生了巨大的排斥作用；（2）在各类政治排斥下，他们期待留在城市长期发展的愿望受到了打击，这也打击了他们投入人力资源开发的积极性与主动性；（3）因为他们的权益保护机制的缺失，使得他们经常面临各类不公平，这种不公平影响了他们心态的稳定，而不愿主动投入周期长与见效慢的人力资源开发行为中；（4）因为本地居民的社会排斥使得他们对其务工的城市产生了不良印象，这影响了他们在城市长期发展的愿意；（5）处于次级社会网络中，他们的资讯渠道相对较窄，这阻碍了他们获取人力资源开发资源的机会；（6）因为他们自身禀赋相对较弱，对开发资源的吸收与消化能力偏弱，这使得开发的效率降低，也影响了新生代进城农民工进行人力资源开发的信心与意愿。

此外，政府、中间组织、用人单位与新生代进城农民工四大主体之间也是相互制约与相互影响的，这也使得新生代进城农民工面临着多重因素、多层次、多角度的制约因素相互交织、叠加、各类主体复杂掣肘的人力资源开发环境，要改善这一状况，还需要从政府这一源头开始着力。

二 新生代进城农民工人力资源开发的政府行为模式构建

新生代进城农民工的人力资源开发虽然涉及多个主体，但政府行为的作用难以替代，因为政府行为直接可以影响其他三个主体的参与，而其他主体虽可影响，但影响的层次难以与政府行为相比拟。根据制约因素分析，新生代进城农民工的人力资源开发的政府行为模式如图5-5所示。

新生代进城农民工人力资源开发的政府行为遵循了一定的演进模式，即以政府和新生代进城农民工为两个主要的行为主体，通过中间组织和用人单位作为桥梁和纽带进行全程参与，用人单位和中间组织之间相互影响和制约，用人单位与农民工之间也相互影响和制约，政府对中间组织、用人单位和农民工的行为具有影响作用，而中间组织、用人单位和农民工一道共同对政府行为的开展也具有制约作用。具体而言，政府部门通过适时转变行为模式，统一思想，加强协调，以期对中间组织、用人单位和农民工的行为进行规制和引导；中间组织通过明确行业规范，强化监督，统筹规划，对用人单位和农民工群体的行为产生了影响；用人单位通过优化人才环境，转变用人思路和加强规划对农民工产生了很大的影响；而农民工群体在社会实践中也会不断完善自己，能力提升的同时也会有更多的需求和期望，这对用人单位来讲无疑是新的挑战；最终，中间组织、用人单位和农民工三类不同群体一道也会通过自身行为方式的转变来对政府行为模式提出自己的期望和诉求，反过来迫使政府部门及时转变行为模式，更好地为农民工群体的长远良好发展服务。

在效率优先的政府绩效考核模式下，新生代进城农民工的人力资源开发的政府行为受制于社会利益分配的政治制度、官员个人绩效导向、经济增长与投资模式、法制保障体系与管制式行政思维等因素的影响，其人力资源开发模式需要来自顶层的国家治理思维转变、政府之间的协调机制构建、司法制度的完善与落实、行政行为理念的转变与行政制度设计和落实等多重因素的影响。

232 | 新生代进城农民工人力资源开发的政府行为研究

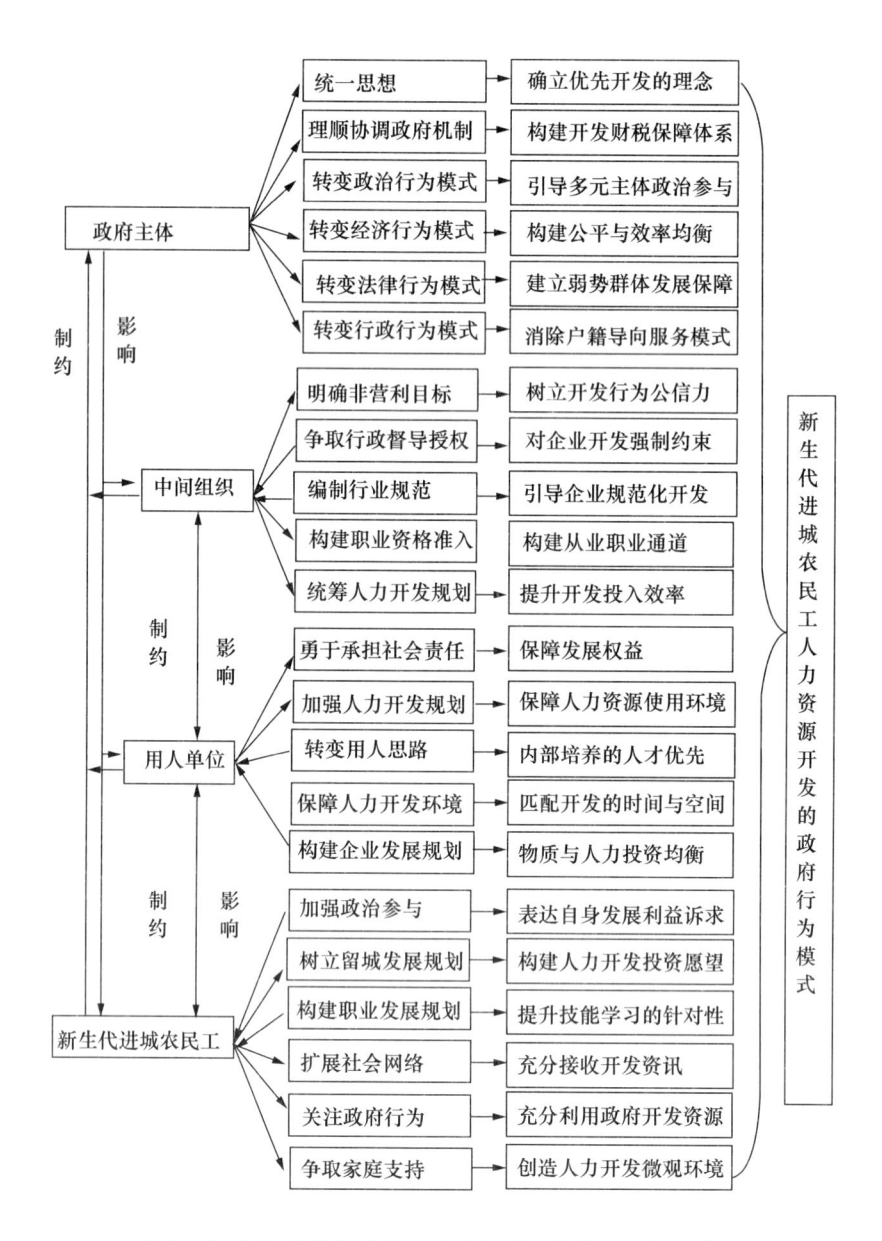

```
                        ┌─ 统一思想 ────────→ 确立优先开发的理念 ─┐
                        ├─ 理顺协调政府机制 ──→ 构建开发财税保障体系 ┤
         ┌─ 政府主体 ───┼─ 转变政治行为模式 ──→ 引导多元主体政治参与 ┤
         │              ├─ 转变经济行为模式 ──→ 构建公平与效率均衡 ─┤
   制 影 │              ├─ 转变法律行为模式 ──→ 建立弱势群体发展保障 ┤
   约 响 │              └─ 转变行政行为模式 ──→ 消除户籍导向服务模式 ┤
         │                                                          │
         │              ┌─ 明确非营利目标 ───→ 树立开发行为公信力 ──┤
         │              ├─ 争取行政督导授权 ──→ 对企业开发强制约束 ─┤  新
         ├─ 中间组织 ───┼─ 编制行业规范 ─────→ 引导企业规范化开发 ─┤  生
         │              ├─ 构建职业资格准入 ──→ 构建从业职业通道 ──┤  代
   制 影 │              └─ 统筹人力开发规划 ──→ 提升开发投入效率 ──┤  进
   约 响 │                                                          │  城
         │              ┌─ 勇于承担社会责任 ──→ 保障发展权益 ──────┤  农
         │              ├─ 加强人力开发规划 ──→ 保障人力资源使用环境┤  民
         ├─ 用人单位 ───┼─ 转变用人思路 ─────→ 内部培养的人才优先 ─┤  工
         │              ├─ 保障人力开发环境 ──→ 匹配开发的时间与空间┤  人
   制 影 │              └─ 构建企业发展规划 ──→ 物质与人力投资均衡 ┤  力
   约 响 │                                                          │  资
         │              ┌─ 加强政治参与 ─────→ 表达自身发展利益诉求┤  源
         │              ├─ 树立留城发展规划 ──→ 构建人力开发投资愿望┤  开
         └─ 新生代 ─────┼─ 构建职业发展规划 ──→ 提升技能学习的针对性┤  发
            进城农民工  ├─ 扩展社会网络 ─────→ 充分接收开发资讯 ──┤  的
                        ├─ 关注政府行为 ─────→ 充分利用政府开发资源┤  政
                        └─ 争取家庭支持 ─────→ 创造人力开发微观环境┘  府
                                                                       行
                                                                       为
                                                                       模
                                                                       式
```

图 5-5 新生代进城农民工人力资源开发的政府行为模式

第六章 深圳市新生代进城农民工人力资源开发的政府行为效用研究

"效用"(Utility)是经济学中最常用的概念,一般是指对于消费者通过消费或者享受闲暇等使自己的需求、欲望等得到满足的度量,用于解释理性经济人如何将有限的资源分配在能带来最大行为目标满足的商品上。这同样适用于政府的人力资源开发行为,人力资源开发行为的效用即是如何将有效的人力资源开发资源分配到新生代进城农民工的人力资源开发这一行为目标实现带来的最大满足。

虽然农民工问题引起政府与学界关注度越来越高,但较多的研究视角是定性分析农民工面临困境与应对策略,关于农民工的量化评价研究较少。以国家统计局2006年研究出版的《中国农民工生活质量研究》为例,这报告从主客观两方面量化评价了农民工本人的收入、消费、住房、劳动时间、社会保障等方面现状,并据此数据与城市居民之间的参照对比构建了评价指标。这些量化评价在一定程度反映了农民工面临的不公平现状,但对产生这种现状的原因,对政府在农民工政策行为效用评价方面没有涉及。此外,关于效用的研究中,当前的文献中大多涉及个体行为效用的评价,仅少量涉及关于政府政策的实施效应评估等方面的研究,关于政府特定行为类别的效用评价方面则较少有学者涉及,在人力资源开发的政府行为效用研究方面,暂时还没有相关的研究。

联合国开发计划署(UNDP)于1990年在《人类发展报告》中明确提出了人类发展指数评价的概念,通过人均预期寿命、成人识字率、各级正规教育机构或学校的综合入学率三个指标来测度与评价一个国家在其社会成员发展方面所取得的进展与成就。与人均GDP、社会福利或幸福指数等评价方法不同，该指标首次将国家为其社会成员的人身发展方面所做的贡献作为评价维度，具有开创性意义，是用于评价一个国家的人力资源开发效用的有效指标。这对于国家对特定社会群体的人力资源开发行为与效用的评价有一定的借鉴意义。

本章将根据新生代进城农民工面临的现状分析、农民工的人力资源开发的政府行为分析的结果，构建出新生代进城农民工人力资源开发的政府行为效用评价指标，并以深圳市为例计算出深圳市新生代进城农民工人力资源开发的政府行为效用评价指数，以期以此测度新生代进城农民工人力资源开发的政府行为效用。

第一节 人力资源开发的政府行为效用指数体系的构建

当前关于农民工的政府行为偏重于权利救济与权益保障，而在人力资源开发的政府行为效用评价体系的构建方面关注度偏弱。"授人以鱼，不如授人以渔"，政府在新生代进城农民工人力资源开发行为效用决定了农民工发展水平。在城乡统筹的社会背景条件下，从政府在农民工方面的政治、经济、法律与行政行为作用机制方面，以及农民工的受教育程度、经济收入、社会保障、劳动技能、福利状况以及其他社会公平等关键因素出发，以城市居民的相关状况为参照，构建人力资源开发的政府行为效用评价体系。

一 构建原则

新生代进城农民工的政府开发行为，最终是以适应社会未来需要、缩小与城市居民差距、融入城乡统筹发展的社会体系为基本目标的。因此，政府在新生代进城农民工的人力资源开发行为效用则以社会公平发展环境构建、人力资源开发的经济投入、人力资源开发的效用产出等与城市居民之间的对比差异为基本维度，构建相关考量指标的。在构建过程中，主要涉及两大方面：指标的合理选取与权重的合理分配，这是综合效用指数评价模型是否有效的关键性因素。效用评价涉及基本原则有以下五个方面：

（一）以人为本

依据"马克思主义人"的理论，人力资源开发目的是为了解放人与发展人。这说明人的发展不是以 GDP 为基本导向的物质财富最大化，而是以人自身发展的最大化为基本方向。新生代进城农民工人力资源开发的政府行为效用指标体系，应当围绕政府在构建新生代进城农民工可持续发展的公平环境创造、开发资源投入与效果、农民工基本素质与技能提升、开发意愿改善等方面的行为结果进行评价的指标体系，以反映在人力资源开发的政府行为下，农民工素质得到提升、技能得到提高、其整体发展水平得到全面提升等现实状况。

（二）发展优先

现有新生代进城农民工评价涉及生活质量、幸福满意度、城市融入度等方面的主客观评价视角。但新生代进城农民工处于城市社会底层，游离于城乡社会的边缘，他们较低的经济收入不足以支撑自主开发的经济投入，其政治与法律社会地位也不足以支撑其政府均等化配置的开发资源，其低素质的自然禀赋使其难以获得市场化开发社会资源主动投入。如果不以优先发展的理念替代权益救济与机会公平的政府行为理念，他们处于弱势的社会地位难以得到改观。因此，本书将以发展优先为原则，从农民工优先发展的技能培训机会获取、开发资源配置等角度评价人力资源开发的政府行为效用。

（三）科学评价

科学评价原则要求构建的指标与模型要全面、客观、准确地反映新生代进城农民工人力资源开发的政府行为结果。即要求能够客观反映新生代进城农民工人力资源开发的政府行为真实状况、准确体现人力资源开发的政府行为作用下的新生代进城农民工实际发展水平，全面构建新生代进城农民工人力资源开发的政府行为效用综合评价因素。

（四）简明可行

在该原则指导下，要求指标的选择能够容易获取，能够从公开的统计数据及简单转化中获得评价需要的基本数据与结果。此外，为了使指标能够全面反映新生代进城农民工人力资源开发的政府行为状况，又要防止过于烦琐而不便于统计数据获取和实时状况跟踪，还需要避免许多相关性指标的独立性弱而造成的评价指标重叠等问题，则需要在设计指标时遵循简明可行原则。

（五）结果导向

因为政府的行为是一套复杂的行为体系，其法律行为需要行政行为来实施，而法律行为可能是基于政治行为的结果，其经济行为也需要有相应的法律行为作支撑，其行政行为虽然有一定的独立性与自主性，但往往是政府政治、经济、法律行为的有效补充。政府的单一、独立的行为往往并不存在，其行为相互重叠与交叉，其作用机制也相互重叠与交叉，较难进行分离与具体评价某单一行为的作用机制与效用状况。此外，新生代进城农民工人力资源开发的政府行为，是一系列针对全体社会成员与针对农民工群体、针对人力资源开发与针对社会贫困治理等单一目的与多重目的、单一主体与多重主体、单一过程与多重过程、单一效用与多重效用叠加的人力资源开发的政府行为组合。因此，较难以评价单一行为的效用，也难以分析单一效用对应的政府行为。因此，在行为效用机制与效用叠加的影响下，对新生代进城农民工这一特定群体人力资源的政府行为进行评价，其理性的选择就是结果导向。在结果导向下，忽略过程机制分析，有利于其效用评价指数的清晰构建。

二 评价指标选取

参照HDI的设计模型，本书将政府的人力资源开发行为效用评价指标分为人力资源开发的公平环境构建、人力资源开发投入、引导其他主体参与人力资源开发投入、人力资源开发产业评价四大方面。

（一）人力资源开发的公平环境构建

人力资源开发的公平环境是社会成员公平享受发展权利的保障。公平的人力资源开发环境涉及开发权益的公平表达、开发资源的公平分配、开发资源的公平获取、开发权益的平等保障等方面。一般表现为参政议政权、平等参加职业培训权利与机会等。本书基于研究需要，将新生代进城农民工人力资源开发的政府行为对人力资源开发环境公平的贡献与效用，界定为新生代进城农民工的人大代表数量、参加本地选举状况、参加工会状况、劳动合同签订率、社保参加率等方面。

（二）人力资源开发投入

人力资源开发投入是人力资源开发的基本保障，也是人力资源开发的物质资源筹集与分配过程。人力资源开发投入涉及对未来产生基础性影响的正规教育投入和对未来产生即期影响的在职教育投入两部分。

1. 正规教育投入

按 HDI 的指标，潜在人力资源开发主要是指为未来人力资源成才做准备的投入，其核算指标主要是义务教育入学率、职业教育入学率与高等教育入学率的综合指标。来源于全国总工会新生代农民工问题课题组 2010 年的调查数据显示，受教育程度在初中及初中以下学历新生代农民工群体的比例为 32.8%；这说明新生代进城农民工存在参加义务教育、职业教育与高等教育的人力资源开发需求。本书为了简化分类统计与实际调查带来的差异，将其定位为人均受教育年限提升到与城市居民同等高度的需求，即是潜在人力资源开发的效用目标。

2. 在职教育投入

在职教育的人力资源投入涉及政府、企业与个人三大人力资源开发主体的投入，中间组织作为非营利性的公益组织，自身并没有人力资源开发投入的资源，但其承接政府资源投入与企业资源投入，故不作为单独的投入主体说明。本书基于研究的需要，将新生代进城农民工人力资源开发的政府投入行为效用分解为人均培训资金投入、人均获得的培训资助与补贴等方面。

（三）引导其他主体参与人力资源开发投入

政府不是新生代进城农民工人力资源开发的唯一投入主体，仅依靠政府投入来支撑新生代进城工人力资源开发的资源供给，难以保证其资源配给的针对性与有效性。引导企业投入与新生代进城农民工自主投入是政府的责任与义务，也是促进新生代进城农民工人力资源开发效用提升的有效手段。本书将政府引导其他主体参与新生代进城农民工的人力资源开发行为的效用分解为企业职工教育经费投入比、新生代进城农民工人均受训时数、自主投入培训费用三个评价指标。

(四)人力资源开发产出评价

李培林、田丰(2008)、王德文(2010)、谢桂华(2012)等的调查数据显示,初进城的农民工在各教育阶段的教育回报率均显著低于本地工人,且教育程度越高,教育回报率的差异越大。此外,人均收入差异也直接说明了两类人群的人力资源禀赋差异及政府在不同人群的人力资源开发行为效用的差异。因此,除教育投资回报率差异外,本书还选取了农民工与城市居民之间的人均收入差异、列入人才范畴的人员比例等来分析人力资源开发产出的评价效果。此外,教育投资回报虽然涉及公平问题,但更体现了产出效应,故列入产出类指标。其指标的构建如图6-1所示。

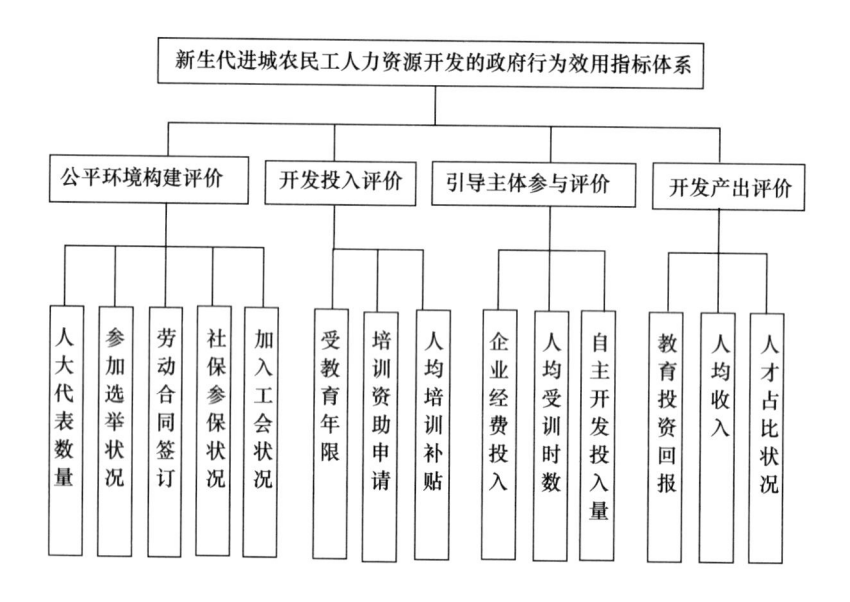

图6-1 新生代进城农民工人力资源开发的政府行为效用指标体系

对于新生代农民工人力资源开发的政府行为效用指标体系,主要分为三大主要层次,具体包含公平环境构建评价、开发投入评价、引导主体参与评价、开发产出评价四大方面,而这四大方面又分别包含以下具体指标内容：公平环境构建评价通过人大代表数量、参加选举状况、劳动合同签订、社保参保状况和加入工会状况五个指标进行考察；开发投入评价通过受教育年限、培训资助申请、人均培训补贴三方面考察；引导主体参与评价通过企业经费投入、人均受训时数、自主开发投入量三方面考察；开发产出评价通过教育投资回报、人均收入、人才占比状况三方面考察。

三 新生代进城农民工人力资源开发的政府行为效用指数构建方法

基于社会心理学与组织行为学的相关理论，参照城市居民的相关状况，在各项指数明确的情况下，需要构建相关权重来说明各类效用的影响因素。具体构建方法见表6-1。

表6-1 新生代进城农民工人力资源开发的政府行为效用指数构建

序号	分类指标	权重	分项指数	分项指数计算参数
1	公平开发环境构建指数	W_1	参与选举指数	参与选举指数 = $\dfrac{\dfrac{农民工参与选举数量}{农民工总人口数量}}{\dfrac{户籍人口参与选举数量}{总户籍拥有选举权人口数}}$
2		W_2	人大代表指数	人大代表指数 = $\dfrac{\dfrac{农民工人大代表数量}{农民工总人口数量}}{\dfrac{户籍人大代表数量}{户籍总人口}}$
3		W_3	参加工会指数	参加工会指数 = $\dfrac{\dfrac{农民工参加工会的数量}{农民工总人口数量}}{\dfrac{户籍劳动者参加工会数量}{户籍劳动者总数}}$
4		W_4	社保参保指数	社会参保指数 = $\dfrac{\dfrac{农民工实际参加各类保险的总量}{农民工应参加各类保险的总量}}{\dfrac{户籍劳动者实际参加各类保险的总量}{户籍劳动者应参加各类保险的总量}}$
5		W_5	劳动合同签订指数	劳动合同签订指数 = $\dfrac{\dfrac{农民工签订劳动合同的总量}{农民工总量}}{\dfrac{户籍劳动者签订劳动合同的总量}{户籍劳动者总量}}$
6	政府开发投入指数	W_6	教育年限指数	教育年限指数 = $\dfrac{农民工平均受教育年限}{户籍劳动者平均受教育年限}$
7		W_7	培训资助申请指数	培训资助申请指数 = $\dfrac{\dfrac{农民工申请政府培训资助的总量}{农民工总量}}{\dfrac{户籍劳动者申请培训资助的总量}{户籍劳动者总量}}$
8		W_8	培训补贴指数	培训补贴指数 = $\dfrac{\dfrac{农民工申请政府培训资助总金额}{农民工申请数}}{\dfrac{户籍劳动者申请政府培训资助总金额}{户籍劳动者申请数}}$

续表

序号	分类指标	权重	分项指数	分项指数计算参数
9	引导其他主体投入指数	W_9	企业培训资助指数	企业培训资助指数 = $\dfrac{\text{农民工获取企业培训资助的人数比例}}{\text{户籍劳动者获取企业培训资助的人数比例}}$
10		W_{10}	自主开发投入指数	自主开发投入指数 = $\dfrac{\text{农民工年人均支付培训费用}}{\text{户籍劳动者人均支付培训费用}}$
11		W_{11}	人均受训时数指数	人均受训时数指数 = $\dfrac{\text{农民工年人均培训时数}}{\text{户籍劳动者年人均培训时数}}$
12	开发产出指数	W_{12}	人才指数	人才指数 = $\dfrac{\text{农民工人均收入}}{\text{户籍劳动者人才比率}}$
13		W_{13}	人均收入指数	人均收入指数 = $\dfrac{\text{农民工人均收入}}{\text{户籍劳动者人均收入}}$
14		W_{14}	教育投资回报指数	教育投资回报指数 = $\dfrac{\text{农民工人均教育回报率}}{\text{户籍劳动者人均教育回报率}}$

政府行为作为外源性刺激因素，这种外源性刺激因素最终表现出来的反应就是政府刺激行为的效用。以下是对选定上述指标作为效用评价指数的意义说明：

（1）选举参与指数。该指数的意义在于解释农民工的政治参与权，这种政治参与权决定了是否可以真实代表农民工表达发展愿望并把愿望形成政策的权力。它表示的是农民工参与选举人数在总体农民工数中占比和户籍人口参选人数在户籍人口总体参选人数中占比的比值。

（2）人大代表指数。人大代表的多寡，是政府在农民工的人力资源开发行为的政治参与、意志表达、政策制定与行政监督方面的行为结果的部分体现。它表示的是农民工人大代表在总体农民工人数中占比和户籍人口人大代表数量在总户籍人口中占比的比值。

（3）工会参加指数。是否参加工会，意味着农民工是否借助工会的力量传递自身发展权益的呼声或利用工会维护个人基本劳动权益，这是人力资源开发保障权利的检验指标。它表示的是农民工参加工会人数在总体民工数的占比和户籍人口参加工会人数在总户籍人口数中占比的比值。

(4) 社保参保指数。是否缴纳社保，是对新生代进城农民工的基本劳动权益保障与身体健康保障的检验，这是人力资源开发保障的检验指标。它表示的是农民工实际参加社会保险人数在应该参加社会保险人数中占比和户籍劳动者实际参加社会保险人数在应该参加社会保险人数中占比的比值。

(5) 劳动合同指数。劳动合同的签订与否影响到新生代进城农民工的心理安全，而心理安全又影响到人力资源主动开发意愿；此外，劳动合同的签订与否，也体现了企业对其开发的责任意愿。它表示的是农民工签订劳动合同人数在总体民工数中占比和户籍劳动力签订劳动合同人数在总体户籍劳动人数中占比的比值。

(6) 教育年限指数。人均受教育年限的对比，体现了政府在对其人力资源开发的基础投入的差异，这是检验政府的人力资源开发的历史行为指标。它表示的是农民工平均受教育年限和户籍劳动者平均受教育年限的比值。

(7) 培训资助申请指数。通过对比申请参加政府培训津贴的人数比例，检验政府在人力资源开发的经济行为与行政行为倾向差异。它表示的是农民工申请政府培训资助人数在总体民工数量中占比和户籍劳动者申请资助人数在总体户籍人口中占比的比值。

(8) 培训补贴指数。通过对比人均在职培训费用补贴覆盖整体费用的比例的差异，可以检验人力资源开发的政府经济行为差异。它表示的是农民工申请资助总金额在总体民工申请数中占比和户籍劳动者申请额在总体户籍劳动者申请数中占比的比值。

(9) 企业培训资助指数。通过对比企业在户籍职工与非户籍职工的培训资助比例的数据，有利于检验企业在培训费用资助时是否存在不公平的行为倾向，以及农民工在企业这一市场主体下是否获得公平发展的权利。它表示的是农民工获取企业资助的数量和户籍劳动者获取企业资助人数的比值。

(10) 自主开发投入指数。新生代进城农民工在自主开发投入方面的费用是其自主开发意愿与经济支付能力的共同体现，也是对未来发展拥有信心的体现，这从侧面体现了对政府在人力资源开发环境构建方面的信心。它表示的是农民工人均支付培训费用和户籍劳动者人均支付培训费用的比值。

（11）人均受训时数指数。新生代进城农民工年人均接受培训的时数高低，体现人力资源开发的资源配置状况，也体现了政府、企业与自身对其发展的关注程度，与户籍人口的对比则体现了这种关注差异。它表示的是农民工人均培训时数和户籍劳动者人均培训时数的比值。

（12）人才指数。该指标是对新生代进城农民工的技术培训成效的检验指标，这是人力资源开发结果差异的检验指标。它表示的是农民工人才比率和户籍劳动者人才比率的比值。

（13）人均收入指数。农民工的人均收入能够综合体现其人力资源禀赋的差异，即各类主体对其进行人力资源开发的成效差异。该指标是人力资源开发的综合结果体现。它表示的是农民工人均收入和户籍劳动者人均收入的比值。

（14）教育投资回报指数。教育回报率的高低直接影响投资主体的投资意愿，同时也体现了人力资源开发结果的利用环境的公平与否。它表示的是农民工人均教育回报率和户籍劳动人口人均教育回报率的比值。

第二节　深圳市新生代进城农民工人力资源开发的政府行为效用评价

深圳市作为一个移民城市，拥有庞大的新生代进城农民工，其发展问题已经引起了深圳市政府的广泛关注。深圳市政府在新生代进城农民工的人力资源开发方面做出了诸多努力，也取得了一系列显著成绩，但仍存在一些不足。本节将根据深圳市总工会发布的《深圳市新生代农民工生存状况调查报告》的相关数据、深圳市统计局网站公布的相关数据，政府公报数据、深圳市统计年鉴数据，对深圳市新生代进城农民工人力资源开发的政府行为效用进行测算。

一 分项指数的计算

$$\text{参与选举指数} = \frac{\dfrac{\text{农民工参与选举数量}}{\text{农民工总人口数量}}}{\dfrac{\text{户籍人口参与选举数量}}{\text{总户籍拥有选举权人口数}}} = \frac{0.063}{13.445} = 0.005$$

(6-1)

$$\text{人大代表指数} = \frac{\dfrac{\text{农民工人大代表数量}}{\text{农民工总人口数量}}}{\dfrac{\text{户籍人大代表数量}}{\text{户籍总人口数}}} = \frac{0}{X} = 0 \quad (6-2)$$

$$\text{参加工会指数} = \frac{\dfrac{\text{农民工参加工会的数量}}{\text{农民工总人口数量}}}{\dfrac{\text{户籍劳动者参加工会数量}}{\text{户籍劳动者总量}}} = \frac{20.1\%}{91\%} = 0.221$$

(6-3)

$$\text{社保参保指数} = \frac{\dfrac{\text{农民工实际参加各类保险的总量}}{\text{农民工应参加各类保险的总量}}}{\dfrac{\text{户籍劳动者实际参加各类保险的总量}}{\text{户籍劳动者应参加各类保险的总量}}} = \frac{0.374}{0.913} =$$

0.407 (6-4)

$$\text{劳动合同签订指数} = \frac{\dfrac{\text{农民工签订劳动合同的总量}}{\text{农民工总量}}}{\dfrac{\text{户籍劳动者签订劳动合同的总量}}{\text{户籍劳动者总量}}} = \frac{0.788}{0.98} =$$

0.804 (6-5)

$$\text{教育年限指数} = \frac{\text{农民工平均受教育年限}}{\text{户籍劳动者平均受教育年限}} = \frac{10.98}{14.47} = 0.759$$

(6-6)

$$\text{培训资助申请指数} = \frac{\dfrac{\text{农民工申请政府培训资助的总量}}{\text{农民工总量}}}{\dfrac{\text{户籍劳动者申请培训资助的总量}}{\text{户籍劳动者总量}}} = \frac{0.0201}{0.0245} =$$

0.822 (6-7)

$$\text{培训补贴指数} = \frac{\dfrac{\text{农民工申请政府培训资助总金额}}{\text{农民工申请数}}}{\dfrac{\text{户籍劳动者申请政府培训资助总金额}}{\text{户籍劳动者申请数}}} = \frac{0.28}{1} =$$

0.28 (6-8)

$$企业培训资助指数 = \frac{农民工获取企业培训资助的比率}{户籍劳动者获取企业培训资助的比率} = \frac{0.076}{0.252} = 0.302 \quad (6-9)$$

$$自主开发投入指数 = \frac{农民工年人均支付开发费用}{户籍劳动者人均支付开发费用} = \frac{44.6 元/月}{112.79/月} = 0.395 \quad (6-10)$$

$$人均受训时数指数 = \frac{农民工年人均培训时数}{户籍劳动者年人均培训时数} = \frac{2.42 小时/年}{7.96 小时/年} = 0.304 \quad (6-11)$$

$$人才指数 = \frac{农民工人才比率}{户籍人才比率} = \frac{0.092}{0.711} = 0.129 \quad (6-12)$$

$$人均收入指数 = \frac{农民工人均收入}{户籍劳动者人均收入} = \frac{1838.6}{4204.66} = 0.437 \quad (6-13)$$

$$教育投资回报指数 = \frac{农民工人均教育回报率}{户籍劳动者人均教育回报率} = \frac{167.45}{290.58} = 0.577 \quad (6-14)$$

备注：

（1）指数计算式（6-1）的数据来源于本书表5-1。

（2）指数计算式（6-2）的数据计算方式：深圳市户籍人大代表的比例可以确定是大于零的，但由于因为全国规定非户籍人口只有选举权没有被选举权，农民工人大代表的数量接近于零。

（3）指数计算式（6-3）的数据来源于深圳市总工会的调查报告与《深圳特区报》2012年4月1日关于《工会会员人数创新高》的报道数据推断而来。

（4）指数计算式（6-4）的数据根据深圳市社会基金管理局网站2011年1月7日公布的《深圳市2010年社会保险状况概要》的相关数据推算得出。

（5）指数计算式（6-5）的数据来源于深圳市总工会的调查报告与通讯员冯力于2010年1月28日发布的《深圳市劳动合同签订率达98%》的报道的数据推算得出。

（6）指数计算式（6-6）的数据来源于本书表3-2及深圳市第六次人口普查数据。

（7）指数计算式（6-7）的数据是根据深圳市人力资源和社会保障局发布的2010年深圳市人力资源和社会保障统计公告的数据推算得出。

（8）指数计算式（6-8）的数据根据《深圳市异地务工人员职业培训和职业技能鉴定补贴办法》《深圳市失业人员创业培训和创业服务实施办法》及本书第五章第二节的技能培训费用与政府补贴对比表数据推算得出。

（9）指数计算式（6-9）的数据是根据2012年11月笔者对深圳市南山区人力发展环境的数据推算得出。

（10）指数计算式（6-10）的数据根据深圳市总工会2010年度的调查报告与深圳市统计年鉴的数据推算得出。

（11）指数计算式（6-11）的数据来源于笔者2012年度南山区人才开发环境的调查数据。

（12）指数计算式（6-12）的数据根据《深圳市中长期人才发展规划纲要》与《2010深圳市人力资源和社会保障统计公报》的相关数据推算得出。

（13）指数计算式（6-13）的数据来源于深圳市总工会2010年度关于《深圳市新生代农民工生存状况调查报告》及《深圳市统计年鉴（2011）》核算出的月均收入。

（14）指数计算式（6-14）的数据是根据人均收入指数与人均受教育年限指数核算得出。

二 分项权重确定

以上14个分项指数中，采用社会调查的方法确定，通过向新生代进城农民工、人力资源管理专家、政府人力资源管理专家、学者进行调查。考虑到新生代进城农民工的理解难度问题，调查问卷采用赋权打分的方式进行，即请所有参与调查的人员，以代表政府对新生代进城农民工的人力资源开发行为效果的重要度为原则，运用1—9标度法对以上14项指数进行赋权打分。

(一) 组织权重排序调查

本书借助深圳市人力资源开发研究会的平台及相关渠道组织了调查,请所有的参与人员对各指数进行打分,最后调查问卷收集到有效问卷23份,分别来源于新生代进城农民工、从事企业人才管理与服务政府职员、企业人力资源从业人员、从事"三农"问题研究的学者,问卷的统计来源如表6-2所示。

表6-2　　　　　权重问卷调查对象构成统计

农民工	政府职员	企业人力资源管理者	研究学者	合计
5份	3份	10份	5份	23份

(二) 权重核算

借助于YAAHP10.0层次分析软件,并结合问卷中对各指标的赋权打分结果,构造出判断矩阵汇总后见表6-3。

表6-3　新生代进城农民工人力资源开发的政府行为效用判断矩阵

政府行为效用	公平环境评价	开发投入评价	主体参与评价	开发产出评价	权重(W)
公平环境评价	1.0000	0.3333	4.0000	3.0000	0.2752
开发投入评价	3.0000	1.0000	4.0000	4.0000	0.5203
主体参与评价	0.2500	0.2500	1.0000	0.5000	0.0823
开发产出评价	0.3333	0.2500	2.0000	1.0000	0.1223
公平环境构建评价判断矩阵					
公平环境评价	人大代表数量	参加选举状况	劳动合同签订	社保参保状况	加入工会状况	权重(W)
人大代表数量	1.0000	2.0000	0.2000	0.2500	0.3333	0.0770
参加选举状况	0.5000	1.0000	0.2000	0.2500	0.3333	0.0584
劳动合同签订	5.0000	5.0000	1.0000	2.0000	4.0000	0.4350
社保参保状况	4.0000	4.0000	0.5000	1.0000	3.0000	0.2845
加入工会状况	3.0000	3.0000	0.2500	0.3333	1.0000	0.1452

续表

开发投入评价判断矩阵			
开发投入评价	受教育年限	培训资助申请	人均培训补贴	权重（W）
受教育年限	1.0000	4.0000	3.0000	0.6250
培训资助申请	0.2500	1.0000	0.5000	0.1365
人均培训补贴	0.3333	2.0000	1.0000	0.2385
引导主体参与评价判断矩阵				
主体参与评价	企业经费投入	人均受训时数	自主开发投入量	权重（W）
企业经费投入	1.0000	2.0000	3.0000	0.5396
人均受训时数	0.5000	1.0000	2.0000	0.2970
自主开发投入量	0.3333	0.5000	1.0000	0.1634
开发产出评价判断矩阵				
开发产出评价	教育投资回报	人均收入	人才占比状况	权重（W）
教育投资回报	1.0000	0.5000	0.5000	0.1958
人均收入	2.0000	1.0000	2.0000	0.4934
人才占比状况	2.0000	0.5000	1.0000	0.3108

（1）以新生代进城农民工人力资源开发的政府行为效用为目标层，以公平开发环境构建指数、政府开发投入指数、引导其他主体投入指数、开发产出指数为准则层，按1—9标度法构造出判断矩阵，其（C.R.=0.0598<0.1；对总目标的权重：1.0000）通过了一致性检验。依照权重值大小对准则层各指数排序为：政府开发投入指数＞公平开发环境构建指数＞开发产出指数＞引导其他主体投入指数。

（2）以公平开发环境构建指数为准则层，以参与选举指数、人大代表指数、参加工会指数、社保参保指数、劳动合同签订指数为指标层，按照1—9标度法构造判断矩阵，其（C.R.=0.0443<0.1；对总目标的权重：0.2752）通过了一致性检验。按照权重值大小对各指标排序为：劳动合同签订指数＞社保参保指数＞参加工会指数＞人大代表指数＞参与选举指数。

（3）以政府开发投入指数为准则层，以教育年限指数、培训资助申请指数、培训补贴指数为指标层，按1—9标度法构造出判断矩阵，其（C.R.=0.0176<0.1；对总目标的权重：0.5203）通过了一致性

检验。按照权重大小对各指标排序为：教育年限指数＞人均培训补贴指数＞培训资助申请指数。

（4）以引导其他主体投入指数为准则层，以企业培训资助指数、自主开发投入指数、人均受训时数指数为指标层，按1—9标度法构造出判断矩阵，其（C.R. = 0.0088 < 0.1；对总目标的权重：0.0823）通过了一致性检验。按照权重值大小对各指标进行排序为：企业培训资助指数＞人均受训时数指数＞自主开发指数。

（5）以开发产出指数为准则层，以人才指数、人均收入指数、教育投资回报指数为指标层，按1—9标度法构造出判断矩阵，其（C.R. =0.0516<0.1；对总目标的权重：0.1223）通过了一致性检验。按照权重值大小对各指标进行排序为：人均收入指数＞人才指数＞教育投资回报指数。

各项指标对总目标的最后权重结果汇总见表6-4。

表6-4　　　　　　　　分项指数权重汇总

分项指标类别	分项指数编号	权重编号	实际权重
公平开发环境构建指数（0.2752）	参与选举指数	W_1	0.0161
	人大代表指数	W_2	0.0212
	参加工会指数	W_3	0.04
	社保参保指数	W_4	0.0783
	劳动合同签订指数	W_5	0.1197
政府开发投入指数（0.5203）	教育年限指数	W_6	0.3252
	培训资助申请指数	W_7	0.0710
	培训补贴指数	W_8	0.1241
引导其他主体投入指数（0.0823）	企业培训资助指数	W_9	0.0444
	自主开发投入指数	W_{10}	0.0134
	人均受训时数指数	W_{11}	0.0244
开发产出指数（0.1223）	人才指数	W_{12}	0.0380
	人均收入指数	W_{13}	0.0603
	教育投资回报指数	W_{14}	0.0239
合计			1

三 深圳市新生代进城农民工人力资源开发的政府行为效用指数计算

依据上述各项指数状况，特设定各分项指数分别为 X_n（$n=1$，2，3，…，13，14），对应的权重为分别 W_n（$n=1$，2，3，…，13，14），设定综合指数为 y，则 y 值计算公式如下：

$$y = f(W_n, X_n) \sum_{n=1}^{n} W_n X_n \qquad (n=1,2,3,\cdots,13,14)$$

(6-15)

将各分项指数与权重值代入公式核算结果汇总见表6-5。

表6-5 新生代进城农民工人力资源开发行为的政府行为效用指数

分项指数编号	权重	分项指数值	综合影响指数（y）[①]
参与选举指数	0.0161	0.005	0.0000805
人大代表指数	0.0212	0	0
参加工会指数	0.04	0.221	0.0088
社保参保指数	0.0783	0.407	0.0319
劳动合同签订指数	0.1197	0.804	0.0962
教育年限指数	0.3252	0.759	0.2468
培训资助申请指数	0.0710	0.822	0.0584
培训补贴指数	0.1241	0.280	0.0347
企业培训资助指数	0.0444	0.302	0.0134
自主开发投入指数	0.0134	0.395	0.0053
人均受训时数指数	0.0244	0.304	0.0074
人才指数	0.0380	0.129	0.0049
人均收入指数	0.0603	0.437	0.0264
教育投资回报指数	0.0239	0.577	0.0138
合计	1	—	0.5481

上述计算表明，深圳市新生代进城农民工的人力资源开发效用行为仅为深圳市户籍居民的0.55（四舍五入，取两位小数得出）。

[①] 该列值由分项指数的权重乘以对应的指数值得出。

四 深圳市新生代进城农民工人力资源开发的政府行为效用指数评价

表 6-5 的数据说明，深圳市进城农民工的人力资源开发政府行为效用急需大幅提升。从各分项指数的数值，可以看出深圳市的人力资源开发的政府行为效用主要存在以下不足：

(1) 人力资源开发的政府行为效用整体偏低。虽然劳动合同签订指数、教育年限指数相对较高，但劳动合同签订在国家《劳动合同法》保障下，新生代进城农民工的劳动合同整体签订率均比较高且与户籍人口较为接近，非深圳市政府的特殊贡献；而教育年限指数值指的是正规教育方面，深圳市政府每年实施的"圆梦计划"也为不到 2% 的新生代进城农民工提供学历提升资助，新生代进城农民工的正规教育年限的高低与深圳市政府当前的行为效用关联度有限；另外，农民工培训补贴申请指数虽然较高，但总体补贴水平偏低，对新生代进城农民工的诱导力总体偏弱。总体看来，政府的人力资源开发行为效用分项与汇总指数整体偏低。

(2) 环境公平对新生代进城农民工的人力资源开发行为效用显著。剔除新生代进城农民工自身的禀赋、主观因素等非环境公平性影响因素，计算环境公平性对其人力资源开发的行为效用的权重影响超过了 0.48，促进权益与福利均等化对新生代进城农民工的人力资源开发行为意义显著，政府在新生代进城农民工的人力资源开发行为方面尚有巨大的提升空间。

(3) 政府的政治行为对人力资源开发的意义并没有得到社会认可。受制于对政府行为机制的了解程度，政府的政治行为的作用并没有被大众所接受，故政府的政治行为对新生代进城农民工的人力资源影响作用并未得到广泛认可，拓展新生代进城农民工人力资源开发的政治行为还需要一段较长的过程，还可能面临着较大阻力。

(4) 政府对引导其他主体参与开发的拉动行为偏弱影响了政府的人力资源开发行为效用。表 6-5 数据显示，新生代进城农民工的自主开发投入指数、企业培训资助指数、培训补贴指数、人均受训指数等值均没有超过 0.4，低于综合指数的平均水平，这说明政府对企业培训投入与新生代进城农民工自主投入的拉动效用较弱，原因可能是作用机制不强、投入不足或立法规范。

（5）新生代进城农民工的人力资源开发效用指数目标应设定为0.8左右。之前的研究表明，新生代进城农民工的人力资源开发因素，除受人力资源环境公平性影响外，还受移民的社会资本因素与自身人力资源禀赋影响。根据国内外相关学者关于人力资本投资回报率影响研究的数据，本书认为政府的人力资源开发行为效用指数允许有20%左右的偏差，即当新生代进城农民工人力资源开发的政府行为效用指数达到0.8即为较为合理的效用指数目标。

第七章 结论与政策建议

以经济建设为中心的政策理念自1978年树立以来显示了强大的生命力，但随着经济实力的逐渐增强、人民生活水平的日益提高、国民素质日益提升，人民的需求多样化开始显现，以经济建设为中心的政策理念受到了现实的挑战。以经济建设为中心的公共政策导向导致经济发展过程中成本与效益失衡，致使人们实际体会到用于满足人的需求的政策效益低于政策所产生的成就。此外，经济优先发展的战略导致了经济与社会发展失衡，使得人的全面需求得不到相应满足；非均衡发展战略导致中国中西部地区与东部沿海地区、城市与农村的地域发展失衡，以及精英政策导向下强势群体与弱势群体的利益失衡。因此，中国共产党在第十六届三中全会明确提出科学发展观，并将科学发展观的内容概括为以人为本，全面、协调与可持续发展，这表明政府政策由以经济建设为中心的基本理念开始向以人为本的政策价值理念转变。以人为本的政策理念体现了以"惠及全体人民、满足人民群众的全面需求、实现人的全面发展"为终极目的。

第一节 基本观点

本书通过对新生代进城农民工的弱势地位形成原因、禀赋特征、未来发展等方面进行了系统分析，同时对政府的行为目标、政府的行为类别与作用、政府的人力资源开发行为、政府对新生代进城农民工的人力资源开发行为进行了内在逻辑的分析，主要得出了如下观点。

1. 新生代进城农民工的弱势地位是政府行为安排的结果

农民工市民化是随着农村剩余劳动力的流动转移而提出来的，现今伴随着城市化进程的加快，构建社会主义和谐社会的需要，农民工市民化已成为社会各界关注的焦点。党和政府虽然已出台了一系列与农民工相关的措施方针，从政策上引领了农民工市民化的发展方向，推动了农民工市民化进程。但是，在农民工市民化进程中应处于主导地位的政府，却存在着责任的缺失，比如，制度供给不完善、管理理念偏差、思想认识错位、服务缺位等。本书认为，在政府经济增长导向的绩效考核模式与户籍制度的刻意安排下，新生代进城农民工的弱势地位是上一代农民工社会地位的延续与发展，是政府行为安排的必然结果。

2. 改革现有户籍制度，实现服务均等化对促进新生代进城农民工的城市融入作用有限

户籍制度改革对于当前我国加快城镇化进程、破解城乡二元结构意义重大。解决新生代农民工融入城市的关键是彻底打破城乡分割的二元体制，彻底消除农民的身份障碍，保障和落实宪法赋予每一个公民的正当权益。户籍制度的改革不可能一蹴而就，在继续深化户籍制度改革的同时，要积极推进基本公共服务均等化。早在2014年7月，公开发布的《国务院关于进一步推进户籍制度改革的意见》提出了户籍制度改革的目标："进一步调整户口迁移政策，统一城乡户口登记制度，全面实施居住证制度，加快建设和共享国家人口基础信息库，稳步推进义务教育、就业服务、基本养老、基本医疗卫生、住房保障等城镇基本公共服务覆盖全部常住人口。到2020年，基本建立与全面建成小康社会相适应，有效支撑社会管理和公共服务，依法保障公民权利，以人为本、科学高效、规范有序的新型户籍制度，努力实现1亿左右农业转移人口和其他常住人口在城镇落户。"要求"各省、自治区、直辖市人民政府要根据本意见，统筹考虑，因地制宜，抓紧出台本地区具体可操作的户籍制度改革措施"。公安部于2017年2月9日召开全国户籍制度改革专题视频培训会，会议提出，要放宽落户通道，实现新生代农民工等重点群体能落尽落。"加快农业转移人口

市民化，让他们过上城里人的生活、实现市民梦，是人心所向，也是大势所趋。"公安部党委副书记、副部长黄明表示，贯彻落实好中央"加快推进户籍制度改革、加快提高户籍人口城镇化率"总体要求，首要任务就是要在"落户"上下功夫、做文章。文件指出："取消农业户口与非农业户口性质区分和由此衍生的蓝印户口等户口类型，统一登记为居民户口，体现户籍制度的人口管理功能。"

现在流行的呼声是改变现有的户籍制度，针对不同层次农民工对于公共服务的不同需求，实行统一规划，分类管理，逐步覆盖，实现流动人口与本地户籍居民的权利与义务平等。但是，实现服务的均等化是对新生代进城农民工的基本权利的救助行为，这种救助行为在其经济弱势、自然禀赋弱势与资源获取能力弱势的制约下对促进其城市融入促进作用有限。保障新生代农民工与城市市民同工同权，尽快融入城市，参与城市事务，共享发展成果，是新生代农民工的殷切期待，也是我国城市化和现代化的现实需求。

3. 构建平等的发展权利并不能改变新生代进城农民工的弱势地位

物质生活状况决定社会阶层的社会资源支配量及其所处的社会地位。当前物质生活的困窘是导致新生代农民工弱势地位和制约其提升的主要原因。农民工收入微薄、难以满足必要的消费需求，劳动权益缺乏保障，导致长期处于低质的生活状态。所以，构建平等的发展权利，虽然有利于破解限制社会阶层垂直流动的壁垒，但对于处于社会最底层的新生代进城农民工而言，只是平等地享有发展权利尚不能改变他们的弱势地位。因为，在个人禀赋弱势、经济弱势与资源获取能力弱势的制约下，他们在起跑线上已经落伍了，所以他们的弱势地位不会发生改变。所以，只有构筑优先发展的权利与资源才可能促进其弱势地位的改变。

4. 政府需要构建新生代进城农民工的优先发展权利

农民工已成为我国产业工人的主体，是推动国家现代化建设的重要力量，为经济社会发展做出了巨大贡献。党中央、国务院高度重视农民工工作，自《国务院关于解决农民工问题的若干意见》（国发〔2006〕5号）印发以来，出台了一系列政策措施，推动农民工转移就业规模持续扩大，职业技能不断提高，工资收入大幅增加，参加社会保险人数较快增长，劳动保障权益维护明显加强，享受基本公共服务范围逐步扩大，关心关爱农民工的社会氛围正在形成。新生代农民工与上一代有明显不同，其更加注重维护自身权益。尽管如此，新生代农民工在权利层面仍存在权利贫困及现有制度框架下的权利实现问题。构建新生代进城农民工的优先发展权利，才是促进新生代进城农民工改变弱势社会地位、增进城市融入的可行途径。

5. 政府行为目标与弱势群体的人力资源开发具有内在的一致性

因为弱势群体的社会地位长期得不到改变将可能酿成社会风险，这是政府行为期望尽量避免的；此外，政府有经济增长偏好与动力，有促进社会公平的责任与义务，有促进全民幸福的责任与义务，而新生代进城农民工的人力资源开发行为是符合政府的责任与义务的，所以，政府行为目标与弱势群体的人力资源开发具有内在的一致性。

6. 促进政府绩效考核的"经济增长"导向向"社会公平"导向转变

追求社会的公平与公正一直是社会主义的一个基本目标和核心价值，也是社会主义的魅力所在，更是建设社会主义不可缺少的重要因素。公平和效率是人类经济增长和社会发展过程中所面临的一对很难解决的矛盾。从历史的发展来看，这一矛盾的双方既是相互联系又是相互制约的，同时在不同的历史条件下，所内生的问题又是不同的。在特定的一段时间内，强调某个方面的重要性是应当的。如从中国改革开放30多年的历史进程来看，在我国改革开放之初，人民生活水平极其低下，国民经济面临崩溃的边缘，在当时的情况下，有所偏重效率是不得已的，也是可以理解的。经过30多年的改革开放，我国的经济社会有了很大发展，与改革开放初期的状况有了很大的不同，着力解决公平与效率的均衡已是刻不容缓的。当今世界社会发展的经验教训，中国社会主义的发展历程，都给我们一个重要的启迪，这就是以科学发展观为指导，以建设和谐社会为目标，推进公平与效率的均衡发展，强调公平与效率并重，进一步重视和解决社会公平和正义的问题。经济效率的最根本要求就是机会均等，这既是效率原则，也是公平原则。促进政府绩效考核的"经济增长"导向向"社会公平"导向转变是提升新生代进城农民工人力资源开发效率的政府行为基础。

7. 促进新生代进城农民工的政治参与，是政府提升该类人群人力资源开发行为效率的基础

随着社会主义民主法治建设及城镇化进程的推进，新生代农民工群体的政治权利意识愈加明晰，参与能力不断提升。面对新生代农民工这一新兴阶层日益高涨的政治参与需求与日益提升的政治参与能力，健全制度化的政治参与机制成为新时期社会主义民主政治建设的重要课题。就目前而言，二元化的城乡户籍管理制度下新生代农民工政治参与身份边缘化、人民代表大会选举制度的不完善以及缺乏有效领导和经验的农民工组织，都是影响新生代农民工政治参与制度化的因素。因此，党和政府必须着力完善现行的政策制度，为该群体进行合法、有序的政治参与创造良好的制度环境，积极推动城乡融合的一元化户籍制度建设，进一步完善相关的选举制度建设和法律保障，推动新生代农民工政治参与的自组织建设，从而切实维护他们的政治权益，扩大有序化的政治参与，推动民主法治建设迈向新的高度。本书的分析表明，政治权利对新生代进城农民工的弱势地位改变非常重要，但在政府制度安排下得不到社会的充分重视。

8. 政府只有管得少，才能管得好

全国政协委员、中组部副部长王秦丰曾说："转变政府职能的核心是下放权力。改革开放以来，中国已经进行了7次政府机构改革，机构改革本质是政府管理体制应由'适应传统计划经济体制转变为适应社会主义市场经济体制'。不能照搬'小政府、大社会'的观点"；"政府改革以后应该是一个强有力的政府，因为我们国家很大，确实需要政府强有力。不过，（好多事情）还是需要社会自我管理、自我服务，不能一有事情就找政府"；"如果政府管得少了，才能管得好"。转变"大政府"的执政理念，给中间组织授予部分行政权力、为其创造更大的发展空间、促使其承担更多的人力资源开发责任与义务，是提升新生代进城农民工人力资源开发政府行为效率的有效

手段。

9. 政府在新生代进城农民工的人力资源开发的多级主体之间协调机制不够清晰，影响了人力资源开发效率

王秦丰认为，政府机构改革还需理顺政府之间的关系。首先，应该理顺中央政府和地方政府的关系，实际上就是两者之间事权、财权等关系；其次，就是政府部门之间的关系，不少在党政机关工作的人员也有一个明显的感觉：办事不方便，每一项工作都牵涉很多部门，办起事情来环节多、公章多。现有的政府模式是"大政府"行为模式，对经济与社会涉及太宽太深，在人力资源开发行为中既是裁判员又是运动员，其角色不清，对其他主体的定位不清，政府越位从事具体的开发工作，使得其他主体动力不足且政府自身行为效率低。

10. 政府在新生代进城农民工的人力资源开发行为中的作用无可替代

我国的人力资源管理，尤其是新生代农民工的人力资源管理水平很低，可以说还处在西方国家人力资源管理的初级阶段。造成这样局面的原因是多方面的，有宏观的经济发展、制度与体制、就业形势、行业特征、国家法制、政府监督等原因，也有企业管理的种种原因。因此，要全面彻底地解决农民工雇用管理方面的问题，光靠用人单位的努力和能力是不可能实现的，农民工问题的解决是一个上牵涉到各级政府以及农村的土地承包制、户籍管理体制、社会保障制度等管理体制，下涉及各个相关部门和用人企业的一个巨大的系统工程。本书认为，新生代进城农民工的人力资源开发涉及政府、中间组织、企业与新生代进城农民工四大主体，而政府的主导性作用无可替代。

11. 营造公平的人力资源使用环境有利于改善政府人力资源开发行为效用

政府行为效用指数结果表明，营造公平的人力资源使用环境，使现有的资源禀赋的市场价值不受到扭曲，比提供公平的开发环境更有效。因为开发环境是创造人力资本的过程，使用环境是既有的人力资本效用实现的过程。由于政府行为造成人力资源使用的市场价值扭曲严重，且营造公平的使用环境释放的行为效用大于开发投入，而公平

的开发环境对处于弱势地位的新生代进城农民工而言并不能改变其弱势，因此营造公平的人力资源使用环境优于提供公平的开发环境。

第二节 政策启示与建议

1. 统一认识，树立弱势群体人力资源的优先开发思想

当前针对新生代进城农民工的政策均聚焦于权利平等的政府救济行为，极少涉及政府的人力资源开发行为。但相关理论与现实证明，期望新生代进城农民工融入城市并改变弱势地位，只有权利救济并不能达成目的。只有优先保障其发展权利并配置相应的开发资源，才有可能使新生代进城农民工改变现有弱势地位。

2. 理顺政府协调机制，构建配套的财税保障体系

新生代进城农民工的人力资源开发涉及中央政府与地方政府之间的权责界定、开发资源的优先配置、政府间财税资源收入与配置、户籍制度的顶层设计等一系列问题，这就要求中央政府部门牵头理顺各级政府之间的权责关系，确立人力资源开发的政府权责体系与财税资源配置体系，设计户籍制度与政策变革，推动新生代进城农民工人力资源开发资源的优先配置政策，实现新生代进城农民工人力资源开发的政策与物质保障。此外，相应的财税政策也可刺激用人单位与新生代进城农民工积极主动参与开发。

3. 转变以经济增长为导向的政府绩效考核模式，优先关注社会公平

地方政府绩效考核是一项系统工程，绩效考核若要形成合理的长效机制则要求政府树立新的价值评估理念和标准，建立科学合理、结构完整、操作易行的评估体系，实现评估主体的多元化，促使绩效考核法制化、制度化、规范化。当下地方政府绩效考核表现出浓厚的"政府本位"的价值取向，多是从政府自身的需要出发，或者说从系统内各级领导机关的考虑和需要出发，很少考虑地方政府管理活动能否满足当地社会、公众和企业的需要及其满意的程度。中国历经30

多年的"经济增长优先"的发展战略历程,在公平与效率选择中一直优先考虑效率问题,这导致了一系列的社会公平问题。新生代进城农民工的社会弱势地位就是这种绩效考核导向下制度安排的结果。只有当政府行为从"效率优先"转向"公平优先"时,新生代进城农民工的人力资源开发的政府行为才能有相应的理念支撑,因为在效率优先的理念指导下,政府优先将资源配置到见效快、经济效率高的工业或商业领域,而处于弱势地位的新生代进城农民工的人力资源开发则属于周期长、见效慢、经济效率难以测定的投资行为,自然在资源配置时处于劣势地位。而当政府奉行"公平优先"的执政理念时,情形则刚好相反,弱势地位的社会群体则会优先得到相应的开发资源。

当前要实现经济增长方式的转变,政府绩效评价值标准首先要从"政府本位"向"民众本位"转变,要促进社会公平。这种转变要求绩效考核以公共服务质量为主要标准,从注重经济发展向关注民生转变,在发展战略上,弱化项目建设在经济发展中的作用,在考核指标上,弱化经济指标在政绩考核中的作用,把民生指标纳入干部政绩考核体系中,把群众满意度作为干部政绩考核的重要因素,这有利于从根本上削弱地方政府抓项目、上投资的冲动,防止和克服哗众取宠的形式主义、劳民伤财的"形象工程"。

4. 改变救济式法律思维理念,构建发展权利保障体系

在现行户籍制度的制约下,新生代进城农民工遭遇了多重的社会不公,他们为城市发展做出了巨大贡献却难以享受城市经济发展带给市民的一般福利,他们渴望发展却受制于企业对其合法权益的漠视,超时加班挤压了他们学习与成长的空间,长期简单与重复劳动使他们学习的成果难以转化,他们难以享受用人单位的教育经费支持。虽然现行法律关注到了他们的社会弱势地位,但政府的法律行为总体体现在权利救济与权利公平保障方面,较少关注新生代进城农民工的发展权利的法律体系构建。而本书的论证说明,权利救济对新生代进城农民工弱势地位的改变作用有限,而对其进行人力资源开发则是可行的路径,因此政府的法律行为应着力于新生代进城农民工的发展权利保障。

5. 转变"管制行政"的行为理念，转变户籍导向的公共服务模式，促进公共基础服务均等化

事实证明，现有的"管制行政"的行为模式已经受到了极大的挑战。政府行为模式应该从"管制行政"转变为"服务行政"的模式。现有的政府公共服务模式本地户籍居民导向严重，以新生代进城农民工为主体的外来务工人员难以享受务工所在地政府的基本公共服务。在户籍制度的屏蔽下，要转变户籍导向的公共服务模式，还需要政府部门从顶层设计，破除制度束缚，构建新的行政理念与行为模式，实现公共基础服务均等化。

政府要进行管理创新，必须要创建多元参与的服务型管理模式。政府必须强化其服务意识，将被动管理变为主动服务，引导与激发社会力量，创新管理主体，建立以政府为主导的多元参与管理模式，更好地推进农民工市民化。在政府的主导下，建立多元参与的管理模式，充分发挥企业、社区、非政府组织、农民自组织的作用，既可以使政府压力得到缓解，又可以使管理成本得以降低。政府进一步完善公共服务职能，取消农民工和市民的差别服务，保证农民工可以与市民享受同等待遇；城市社区在计生、就业、医疗等方面能够给农民工提供更直接的服务，它的融合功能的发挥，更容易使农民工产生归属感；非政府组织的参与，起到一种舆论导向作用，因此不容忽视。这种多元化的服务型管理方式，使各种社会力量从不同的角度为农民工向市民的转变提供"助推剂"，有助于农民工市民化的顺利进行。

6. 转变"全能政府"行为理念，授权中间组织以部分行政职能，规范引导中间组织健康发展

"全能政府"的行为模式饱受诟病，主要是因为其不能适应中国现有市场经济模式下的大国国情。地域资源禀赋差异、经济总量与发展速度差异、人口与文化素质差异等诸多因素决定了"全能政府"的模式必然受到挑战。要提升弱势群体的人力资源开发效率，需要行业协会等中间组织的参与。但是，中国的行业协会缺少政府行政授权，他们对所属企业的新生代进城农民工的开发行为缺少强制约束力；此外，行业组织自身运行的不规范与相应的法律法规不健全，使得中间

组织的健康发展良莠不齐，缺少公信力。这需要政府部门通过立法与行政引导中间组织的发展，赋予相应的行政权责，促进其在新生代进城农民工人力资源开发方面发挥主导性作用。

7. 通过多种政府行为来提升农民工参与开发的动力

（1）增进开发主体的发展认知从而提升内驱力。政府与企业应加强宣传与教育，引导新生代进城农民工着眼于未来，帮助他们摆正心态，促使其深刻认知参加技能培训与素质提升改变生活与收入的重要性，帮助其进行人力资源开发规划，不断提升其人力资本，从而提升开发的热情。

（2）改善客体消极认知，提升开发推动力。各级政府应统一认识、加大宣传，将其人力资源开发放在国民教育、干部教育与城镇职工教育同等重要的位置加以重视。深化农民工教育体制改革，为新生代农民工人力资本存量提高完善制度保障。深化农民工教育体制改革，加快构建适应新生代农民工群体特征和新型城镇化发展要求，包括基础教育、职业教育和社区教育在内的新生代农民工教育体系，提高其人力资本存量和水平。一是加强新生代农民工基础教育。农村基础教育是新生代农民工获取知识的主要途径，同时也是人力资本存量的最直接来源，其发展水平决定了新生代农民工的文化素质。加快提升农村基础教育的发展水平，既是我国城乡发展一体化的现实要求，也是确保城乡教育机会公平和均等的关键环节。为此，应当在不断提高教育经费占 GDP 比重的基础之上，加大对农村基础教育的投入力度，尤其是加大对新生代农民工的教育投入，完善农村基础教育的办学环境和条件，不断提高农村基础教育的办学质量和水平。二是大力发展新生代农民工职业教育。一方面，要加大对职业技术学校建设的投入力度；另一方面，在继续推进农村中等职业技术学校免费入学的同时，采取政府补贴的形式激励更多的农村高中毕业生进入高职院校学习，提高他们的文化素质和就业技能。三是积极推进新生代农民工社区教育。要通过社区教育，使新生代农民工获得有关城市的生活常识与就业技能等，增强他们城市生活的适应能力。加大农民工职业教育的投资力度、形成全社会关心与支持新生代进城农民工的人力资源开发氛围，以此激发他们自身的内动力。企业需要从战略高度认识到其实施的重要意义，将新生代进城农民工人力资源开发与企业发展计划及整体社会效益绑定在一起，支持农民工培训，为农民工培训提供更多的便利；培训机构要降低培训成本、合理安排、精心设计培训内容。

（3）营造积极认知体验，拓展人力资源开发的吸引力。积极的体验来源于人力资源开发过程的正面感受、开发内容的实用性及有效性，建议改善人力资源开发条件，提高师资水平、采取多种教学方法以提高教学质量，提高各开发主体的声誉，引导新生代进城农民工从数量型向质量型转变。

参考文献

1. 蔡新燕：《我国社会资本状况及其对公民政策参与的阻滞》，《北京青年政治学院学报》2012年第2期。
2. 曹红钢：《政府行为目标与体制转型》，社会科学文献出版社2007年版。
3. 陈光金：《结构、制度、行动的三维整合与当前中国社会和谐问题刍议》，《江苏社会科学》2008年第3期。
4. 陈云凡：《新生代农民工住房状况影响因素分析：基于长沙市25个社区调查》，《南方人口》2012年第1期。
5. 储著源、周小华：《城镇化视阈下的新生代农民工角色定位与适应探析》，《新疆社科论坛》2012年第1期。
6. 戴烽：《农民工人力资本培训评估》，社会科学文献出版社2010年版。
7. 戴洁：《转型期中国城市社会分层机制》，《广东社会科学》2009年第4期。
8. 邓剑光、黎军：《法治政府视野下的行政行为研究》，中国社会科学出版社2007年版。
9. 邓文勇、车向清：《成人教育公益性缺失的原因及对策探析》，《职教通讯》2011年第13期。
10. 丁日成：《城市增长与对策——国际视角与中国发展》，高等教育出版社2009年版。
11. 丁元竹：《界定基本社会保障均等化的几个问题》，《行政管理改革》2010年第3期。
12. 杜林芝：《我国职业资格认证制度问题与对策》，《合作经济与科学》2012 年 4 月号下（总第 439 期）。

13. 范凤仪：《代际视角下农民工市民化差异分析与政策诉求变化》，《科技创业月刊》2011 年第 7 期。

14. 方文：《群体资格——社会认同事件的新路径》，《中国农业大学学报》（社会科学版）2008 年第 1 期。

15. 丰海英：《政府经济行为研究》，中国经济出版社 2008 年第 1 版。

16. 弗兰克·J. 古德诺著：《政治与行政——一个对政府的研究》，王元译，复旦大学出版社 2011 年第 1 版。

17. 符平、唐有财：《倒"U"型轨迹与新生代农民工的社会流动——新生代农民工的流动史研究》，《浙江社会科学》2010 年第 3 期。

18. 《政府改革理论探索》，广东省委党校图书馆网站：http://lib.gddx.gov.cn/jyxx/2003/jyxx6/602.htm，2010 年 7 月 4 日。

19. 高丙中：《中国的公民社会发展状态——基于"公民性"的评价》，《探索与争鸣》2008 年第 2 期。

20. 官锡强：《从人的发展经济学的角度看农民市民化的发展》，《改革与战略》2011 年第 6 期。

21. 郭庆松：《农民工市民化：破局体制的"顶层设计"》，《学术月刊》2011 年第 7 期。

22. 韩俊：《中国农民工战略问题研究》，上海远东出版社 2009 年版。

23. 黄颂、陈友华：《略论当代西方社会分层中关于社会流动的思想》，《思茅师范高等专科学校学报》2002 年第 2 期。

24. 黄钟：《移民问题正在撕裂中国社会》，《改革内参》2010 年第 2 期。

25. 郝大海：《社会、理论与方法——评西方社会流动研究方法的发展》，中国选举与治理网，2008 年 12 月 28 日。

26. 何菊莲、罗能生：《人力资本价值提升与加快经济发展方式转变》，《财经理论与实践》（双月刊）2012 年第 176 期。

27. 何晓红：《农民工的贡献与特区经济发展》，《特区经济》2006 年第 4 期。

28. 侯风云：《中国人力资本投资与城乡就业相关性研究》，上海三联书店 2007 年版。

29. 后小仙:《多维视角下的政府经济行为研究》,中国科技出版社 2007 年版。

30. 胡税根、盛禹正、胡旭:《公共生产力的界定、分析框架及改进》,《浙江大学学报》(人文社会科学版) 2012 年第 2 期。

31. 胡江:《新生代农民工市民化的现状与对策——以重庆为例的社会调查研究》,《中国青年政治学院学报》2011 年第 6 期。

32. 胡象明:《政策与行政——过程及其理论》,北京大学出版社 2008 年版。

33. 胡伟清、张宗益、张国俊:《农民工的贡献与分享,差距到底多大》,《探索》2008 年第 5 期。

34. 胡振京:《性别视角中教育与社会流动的关系撷探》,《教育科学》2009 年第 3 期。

35. 胡志平:《转变经济发展方式的多维解构》,《社会科学》2012 年第 4 期。

36. James J. Heckman:《提升人力资本投资的政策》,曾湘泉译,复旦大学出版社 2003 年版。

37. 加里·贝克尔:《人力资本投资理论——关于教育的理论和实证分析》,中信出版社 2007 年第 1 版。

38. 姜大源:《巴西:长于本土的职业教育》,《中国教育报》网络版,2007 年 11 月 1 日。

39. 江洪:《青年研究的发展历程和学术视野》,《北京青年政治学院学报》2012 年第 2 期。

40. 江曼琦、席强敏:《制造业在世界大都市发展中的地位、作用与生命力》,《南开学报》(哲学社会科学版) 2012 年第 2 期。

41. 井敏:《构建服务型政府——理论与实践》,北京大学出版社 2006 年版。

42. 金太军:《当代中国政府与政治论稿》,广东人民出版社 2009 年版。

43. 康和平:《新农民工社会流动的主体性障碍及成人教育应对》,

《中国成人教育》2011年12月15日。

44. 李春光：《中国劳动史话——先秦至民国》，中国劳动社会保障出版社2004年版。

45. 李桦、黄碟君：《新生代农民工离职类型及其影响因素研究》，《经济与管理》2012年第4期。

46. 李建伟：《不同政策取向对美国工业生产、家庭收入与就业的影响》，《发展研究》2012年第4期。

47. 李培林、田丰：《中国劳动力市场人力资本对社会经济地位的影响》，《社会》2010年第1期。

48. 李强：《转型时期城市"住房地位群体"》，《江苏社会科学》2009年第4期。

49. 李强：《中国城市化进程中的"半融入"与"不融入"》，《河北学刊》2011年第5期。

50. 李淑丽、常志伟：《我国成人合作学习研究的回顾与前瞻》，《教育学术月刊》2011年第7期。

51. 梁波、王海英：《城市融入：外来农民工的市民化——对已有研究的综述》，《人口与发展》2010年第4期。

52. 林顺利、张岭泉：《社会政策的空间之维——以城市贫困的空间剥夺为例》，《河北大学学报》（哲学社会科学版）2010年第4期。

53. 刘承礼：《当代中国地方政府行为的新制度经济学分析》，《天津社会科学》2009年第1期。

54. 刘奉越：《城中村改造中社区整合及成人教育应对》，《河北大学成人教育学院学报》2011年第2期。

55. 刘建娥：《中国乡—城移民的城市社会融入》，社会科学文献出版社2011年版。

56. 刘祖云：《社会转型与社会流动：从理论到现实的探讨》，《华中师范大学学报》（人文社会科学版）1998年第5期。

57. 刘庆：《增权理论视阈下对新生代农民工城市融入的介入》，《山东青年政治学院学报》2011年第3期。

58. 侣传振：《安全经济学——解释农民工市民化发展的一个分析框架》，《现代城市》2009 年第 3 期。
59. 陆学艺、宋国恺：《当代中国社会结构深刻变动的经济社会意义》，《北京工业大学学报》（社会科学版）2009 年第 5 期。
60. 罗丽艳：《人口红利还是就业压力？——论资源约束对人口红利的挤出效应》，《广东社会科学》2012 年第 2 期。
61. 马冬玲：《流动女性的身份认同研究综述》，《浙江学刊》2009 年第 5 期。
62. 马和民：《当前中国城乡人口社会流动与教育之关系》，《社会学研究》1996 年第 3 期。
63. 马岩、杨军、蔡金阳、王晓兵、侯麟科：《我国城乡流动人口教育回报率研究》，《人口学刊》2012 年第 2 期。
64. 毛新雅、彭希哲：《城市化、对外开放与人口红利——中国 1979—2010 年经济增长的实证》，《南京社会科学》2012 年第 4 期。
65. 潘晨光：《中国人才发展报告》（2008—2011），社会科学文献出版社 2008—2011 年版。
66. 潘泽泉：《底层生态和秩序建构：基于农民工问题的实证研究》，《湖南师范大学社会科学学报》2008 年第 5 期。
67. 蒲艳萍、吴杰：《转型期中国就业重构与城乡居世界居民收入分配》，《经济经纬》2012 年第 2 期。
68. 靳继东、潘洪阳：《贫困与赋权：基于公布身份的贫困治理制度机理探析》，《吉林大学社会科学学报》2012 年第 2 期。
69. 齐平：《欧盟区域性人力资源管理》，吉林大学出版社 2008 年版。
70. 钱文荣、黄祖辉：《转型时期的中国农民工——长江三角洲十六城市农民工市民化问题调查》，中国社会科学出版社 2007 年版。
71. 屈兵、李国斌：《论成人教育与终身教育的关系》，《成人教育》2011 年第 8 期。
72. 任锋、杜海锋、刘玲睿：《基于就业稳定性差异的农民工创业影响因素研究》，《人口学刊》2012 年第 2 期。

73. 任娟娟：《新生代农民工市民化水平及影响因素研究——以西安市为例》，《兰州学刊》2012 年第 3 期。
74. 任为民：《建设国家开放大学的几点思考》，《现代远程教育研究》2010 年第 3 期。
75. 任焰、潘毅：《农民工劳动力再生产中的国家缺位》，《和谐社会与社会建设——中国社会学会学术年会获奖论文集》，长沙，2007 年。
76. 任宇、谢杰：《基于培训视角的人力资本投资与企业绩效——中国非上市工业企业层面的截面数据分析》，《经济经纬》2012 年第 2 期。
77. 史成虎：《新生代农民工道德信仰的现状及现实对策》，《南方论刊》2012 年第 4 期。
78. 沈广和：《政府过度分化：路径依赖及其救治》，《南京农业大学学报》（社会科学版）2011 年第 3 期。
79. 沈汉溪、林坚：《农民工对中国经济的贡献测算》，《中国农业大学学报》2007 年第 1 期。
80. 沈杰：《当前中国青年群体的需要层次》，《北京青年政治学院学报》2012 年第 2 期。
81. 沈君彬：《促进新生代农民城市融入的社会积极政策体系：理念、特征、实践》，《中国福建省委党校党报》2011 年第 11 期。
82. 宋艳：《进城农民工弱势地位改变——政府人力资源管理的视角》，吉林大学出版社 2010 年版。
83. 孙文胜：《新生代农民工权益的法律保护》，《合作经济与科学》2012 年 4 月号下（总第 439 期）。
84. 唐海燕：《新国际分工、制造业竞争力与我国生产性服务业发展》，《华东师范大学学报》（哲学社会科学版）2012 年第 2 期。
85. 田青松：《农民工进城就业的政策变迁——兼论农民工劳动力市场地位》，首都经济贸易大学出版社 2010 年版。
86. 田润宇：《当代中国地方政府行为研究现状综述》，《天津行政学院学报》2010 年第 4 期。

87. 童列春：《论身份正义的诉求与实现》，《甘肃政法学院学报》2011 年第 2 期。

88. 王爱民、尹向东：《城市化地区多目标约束下的适度人口探析——以深圳为例》，《中山大学学报》（自然科学版）2006 年第 1 期。

89. 王彩波、丁建彪：《社会公平视角下的公共政策有效性的路径选择》，《吉林大学社会科学学报》2012 年第 2 期。

90. 王德文等：《农村迁移劳动力就业与工资决定：教育与培训的重要性》，《经济学》（季刊）2008 年第 4 期。

91. 王晶、王婕妤：《地方政府行为的研究综述》，《中小企业管理与科技》2009 年 12 月下旬刊。

92. 王金营：《中国劳动参与年龄模式变动及其未业劳动力供给结构分析》，《广东社会科学》2012 年第 2 期。

93. 王全美：《基于 ERG 需要理念的新生代农民工市民化路径分析》，《农村经济》2011 年第 10 期。

94. 王莉颖：《发展中国家农村成人教育之困境与对策》，《教育学术月刊》2009 年第 7 期。

95. 王胜利、刘莹、孟华兴：《我国企业劳工标准实施中的问题与对策》，《合作经济与科学》2012 年 4 月（总第 439 期）。

96. 王勇鹏：《教育公平与个性发展》，《求索》2012 年第 2 期。

97. 魏城：《中国农民工调查》，法律出版社 2008 年版。

98. 魏润卿、黄玉婷：《新制度经济学视角下的户籍制度改革探讨》，《开放导报》2010 年第 3 期。

99. ［英］威廉·葛德文：《政治正义论》（一、二、三卷），商务印书馆 2007 年第 6 版。

100. 吴江、王斌、申丽娟：《中国新型城镇化进程中的地方政府行为研究》，《中国行政管理》2009 年第 3 期。

101. 徐德：《人力资本对农民工城市融入的影响研究——以深圳市务工的农民工为例》，硕士学位论文，华中农业大学，2008 年。

102. 吴忠民：《论公正的社会调剂原则》，《社会学研究》2002 年第

6 期。

103. 夏国锋：《城市文化空间的再造与农民工的社会融入》，《江西师范大学学报》（哲学社会科学版）2011 年第 2 期。
104. 肖智、张杰、郑征征：《劳动力流动与第三产业的内生性研究——基于新经济地理的实证分析》，《人口研究》2012 年第 2 期。
105. 谢德金、马蔡琛：《巴西：非学历职业教育机构作用》，《中国组织人事报》2012 年 2 月 24 日第 6 版。
106. 谢桂华：《中国流动人口的人力资本回报与社会融合》，《中国社会科学》2012 年第 4 期。
107. 徐君：《促进农村弱势群体的社会融合：成人教育的应为与可为》，《教育发展研究》2009 年第 19 期。
108. 徐新林：《新生代农民工城市生存处境的非传统挑战及社会调适》，《理论导刊》2010 年第 8 期。
109. 闫恩虎：《中国模式的经济学思考》，《发展研究》2012 年第 4 期。
110. 阎志刚：《社会问题理论研究的多维视角》，《汕头大学学报》（人文社会科学版）2003 年第 6 期。
111. 杨晨：《我国学习型社会建设应该重新审视的三个"老问题"》，《远程教育杂志》2011 年第 3 期。
112. 杨光斌：《政治学导论》，中国人民大学出版社 2011 年版。
113. 杨黎源、杨聪敏：《从社会机会获得到能力提高：农民工城市职业融入研究》，《浙江社会科学》2011 年第 8 期。
114. 杨腾：《新生代农民工城市融入过程中的抗逆力研究》，《安徽农业科学》2011 年第 33 卷。
115. 杨晓军：《农民工对经济贡献与成果分享》，《人口与科学》2012 年第 5 期。
116. 杨秀云、袁晓燕：《产业结构升级和产业转移中的产业空洞化问题》，《西安交通大学学报》（社会科学版）2012 年第 32 卷（总 112 期）。

117. 杨宜音：《人格变迁和变迁人格：社会变迁视角下的人格研究》，《西南大学学报》（社会科学版）2010年第4期。

118. 姚寿福、张华：《我国城镇化、工业化的发展历程及对农民收入的影响》，《学术交流》2012年第4期。

119. 岳经纶：《社会政策视野下的中国民生问题》，《社会保障研究》2008年第1期。

120. 俞可平：《"新移民运动"：牵动中国社会的大变迁》，《北京日报》2010年第531期。

121. 于永达、战伟萍：《美国政府人力资源管理》，清华大学出版社2011年版。

122. 袁溥、陈少克：《经济自由主义发展中政府行为理论的演进》，《合作经济与科技》2008年第10期。

123. 张敦福、李红姗：《齐美尔社会形式理论对社会管理体制改革的启示》，《湖南师范大学社会科学学报》2009年第5期。

124. 张国英：《劳动就业转型与中国失业率时空变迁》，《南方人口》2012年第1期。

125. 张厚明、刘世磊：《以调整创新融合加快我国工业转型升级的思考》，《发展研究》2012年第4期。

126. 张学英：《关于提升新生代农民工城市融入能力研究》，《贵州社会科学》2011年第7期。

127. 张时玲：《农民工与城市社会的关系分析》，《黄冈师范学院学报》2006年第4期。

128. 张彦：《工作投入与自尊：一种关于组织研究的文献综述》，《社会科学管理与评论》2012年第1期。

129. 张翼、薛进军：《中国的阶层结构与收入不平等》，《甘肃社会科学》2009年第1期。

130. 张银岳：《从结构、心灵到体系：社会行动的逻辑演进》《西南大学学报》（社会科学版）2010年第5期。

131. 张原、陈建奇：《工业化进程中职业教育体系发展的国际经验及对中国的启示》，《中国职业技术教育》2012年第9期。

132. 张跃进：《中国农民工问题新解》，光明日报出版社 2011 年版。
133. 张志坤：《我国成人教育质量若干问题思考》，《现代远程教育研究》2010 年第 2 期。
134. 赵呈晨：《城市融入中的代际差异：一种人际传播视角——基于长三角外来务工人员的实证调查》，《天津农业科学》2009 年第 4 期。
135. 赵德余、彭希哲：《居住证对外来流动人口的制度后果及激励效应——制度导入与阶层内的再分化》，《人口研究》2010 年第 6 期。
136. 浙江省赴巴西、墨西哥职业教育考察团：《赴巴西、墨西哥职业教育考察报告》，浙江信息工程学校网站，2009 年 5 月 20 日。
137. 郑雄飞：《破解"土地换保障"的困境——基于"资源"视角的社会伦理学分析》，《社会学研究》2010 年第 6 期。
138. 郑淮：《社会资本：成人教育的基本功能和价值取向》，《华南师范大学学报》（社会科学版）2009 年第 4 期。
139. 朱靖：《职业教育概念、分类与使命再论》，《中国职业技术教育》2012 年第 9 期。
140. 朱劲松：《城乡收入差距、农民工数量与农民工收入：基于实证数据的分析与思考》，《孝感学报》2010 年第 2 期。
141. 朱孔来、李俊杰：《国内外对学习型社会研究的现状评述及展望》，《贵州大学学报》（社会科学版）2011 年第 4 期。
142. 朱涛：《成人教育教学模式创新统论》，《河北师范大学学报》（教育科学版）2009 年第 7 期。
143. 朱涛：《高等院校成人教育亟需转型》，《成人教育》2010 年第 1 期。

后 记

本书由作者的博士论文改写而成。

何时曾想，我何幸之至，能有机会迈入最高学府去探寻社会科学的真谛，能有机会得到大师的指点，能够将自己十多年积累的知识与工作经验进行系统梳理以促我升华，对此，我充满惶恐与期待。三年前，社科院的宽厚与包容，驻留了我这颗不曾安息的心，终偿我所愿。我能不心存感激？！能够在工作多年后重拾书本，宁心静气，思考所看所想，所感所悟，从学术殿堂中追寻真知，此情此景，其实此时无论所学所悟能否偿其所出，单凭坚持与放弃的纠缠、迷茫与曙光的交织、快乐与痛苦的更替，难得的享受与体验，我当心存感激。

回首这段艰辛而愉悦的历程，所感良多。从选题的反复到专业书籍的选读，从论文的构思到专业研究，从论文写作到数易其稿，其所经所感，将成过眼云烟。现回眸细思，顿感其中：若无诸位老师的悉心指点让我拨云见日，若无家人的理解与全力支持让我静心向学，若无同学挚友倾心帮助让我跨越屏障，我尚不知能否坚守到今天，对此，我心存感激。

在我读博三年期间，恩师潘晨光老师倾其所能，循循善诱，为我传道、授业、解惑。他宽厚、博学、慈爱，待我如父如兄。他严谨、务实、孜孜不倦，时刻激励着我在学习与工作中潜行不止，不曾懈怠与停留。他是我的老师，给我指点学习与历练的路径与方向；他是我的导师，他用宏大的思想给我导航；他是我的兄长，他倾其所能助我成长。对此，我满怀感激，却无以言谢！

在论文写作阶段，我的副导师——北京航空航天大学的方虹教授，在百忙之中多次抽出宝贵的休息时间对我进行耐心指导。正是有了她严谨细致、不厌其烦地指导，我的思路才更加清晰，论文的条目纲要才变得更加清晰明了，她对我的教导与启迪，使我终身受益。在此，我无以言谢，仅有满怀感激。李群教授也对我的论文选题、框架构建、内容立意等方面多次给予指导，还有李国强教授、刘治彦教授、周宏教授对我的论文写作都给予了细致指点，借此略表谢意。此外，也借此感谢张斌老师，农村所的程曦等 10 位同学，社科院深圳研究院的郝老师及吴劲军等 8 位同学。正是在他们的关心、支持、鼓励与帮助下，我才得以顺利完成学业。

感谢我的家人多年来对我学业的支持与理解，特别感谢我的爱人阎小红女士，她一直是我成长道路上的心灵伙伴，她为我顺利完成学业付出所有。感谢集领导、老师、兄长于一身的廖先伟先生，正是他的包容、支持与鼓励，才使我有了攻博的勇气，也正是他才使我学业与工作兼修兼收。感谢培育我们的中国社会科学院，学校宽厚与务实并修、严谨与包容兼施的育人理念让我茁壮成长。感谢贵州财经大学公共管理学院行政管理专业研究生康峻珲、汪玉莲（2016 级）和赵飞、先国鹏（2017 级）四位同学帮忙修改和完善本书。

人力资源开发关系到国家、企业与弱势群体的未来发展，也是提升其竞争优势的关键。在推进社会公平治理与政府职能转型的历史时期，人力资源开发的政府行为在理论与实践方面尚有诸多深究的内容与空间。由于本人理论水平、知识技能等诸多不足，故寄望于各位专家、学者、老师与同学不吝批评与指导，以助我在此领域蹀足潜行，也寄望于更多学者涉足并携手拓荒，以期能对未来社会有所贡献。